本书撰写人员名单

主　　编：林移刚

副主编：王　伟　汪　径

撰写人员：林移刚　姚明月　蔡茂竹　王　伟　杨文华
　　　　　陈璐玭　裴　琳　唐　佳　应唯一　汪　径

新时代中国县域脱贫攻坚案例 研究丛书

隆德

基于社会治理同构的县域脱贫攻坚

全国扶贫宣传教育中心／组织编写

人民出版社

目 录
CONTENTS

导　论

　　脱贫攻坚是乡村社会治理的重要组成部分，不仅影响着 2020 年我国全面建成小康社会的目标能否实现，也影响着乡村治理体系建设的进程。乡村社会治理水平直接影响着党的方针政策在农村基层的贯彻落实，影响着党群干群关系和群众的安全感、获得感、幸福感，事关党和政府的形象，事关党的执政基础和威信。我国的脱贫攻坚战经历了瞄准农村集中贫困地区的"救济式"扶贫、瞄准贫困县的"开发式"扶贫和瞄准贫困村的"综合性扶贫"三大历程。自 2013 年开始的脱贫攻坚战是在农村"空心化"和农民"原子化"较为突出进而导致乡村治理失序的背景下实施的。脱贫攻坚战取得的巨大成功在改变了贫困人口生存状况和实现城乡风貌的巨变的同时，也激活了农村社区治理功能，重建了农村社区治理体系。

　　作为一个位于西北民族地区的国家级贫困县，隆德县乡村社会治理失序的情形更为典型。自上而下的脱贫攻坚是一种威权式贫困治理模式，短时间内调动了大量外部资源投入县域扶贫和发展的实践中，直接促成了县域内部资源、人员、体制、机制的全方位投入、调整和重组。因此，脱贫攻坚和乡村社会治理是同步进行的，是在国家、社会的外力推动和县域内部活力被激发的基础上实现的。隆德县脱贫攻坚的巨大成功助推了乡村社会治理，重建了乡村社会治理体系，也提高了基层治理水平。

一、治理失序：乡村社会变迁中的体制困境

有效治理必须建立在政府和市场的基础之上，它可以弥补政府和市场在调控和协调过程中的某些不足，成为政府和市场手段的补充。乡村社会治理失序是指农村社区公共管理中的失灵或者失败，是社区不能有效发挥管理作用、社区内的资源不能得到充分发挥的过程和结果。[①] 一般来说，社区的"失灵"是社会或者政府为了实现特定的管理目标，在决策、执行、监督、检查等过程中存在的失误和偏差，进而产生不同程度的消极后果。但是，贫困县域的乡村社会治理失序的原因不是政府管理的偏差，而是治理主体缺失、治理机制转变所带来的国家治理的失位以及机制失灵等方面的原因。

1. 乡村空心化造成治理主体的缺失

村庄的主体结构要素是人。随着城市化与工业化的快速推进，一方面是部分村庄处于快速消失之中，另一方面是相当部分村庄的青壮年大量外流。据统计，从 2000—2016 年，中国自然村由 363 万个锐减到 261 万个，十几年间有 100 多万个自然村消失。乡村主体构成要素的大量减少，是现代化进程中乡村社会发展变迁的一个缩影，也构成了流动、开放、自由的社会结构与秩序的一个因子。但另外，乡村人口的急剧减少使得村庄在某种意义上成为一个"空壳"。在隆德县，外出务工人员占全县总人口比重达 48%，接近 80% 的农村青壮年外出打工，老人、儿童成为主要的留守人员，留守儿童占全县儿童

[①] 金家厚、吴新叶：《社区治理：对"社区失灵"的理论与实践的思考》，《广东社会科学》2002 年第 5 期，第 133—138 页。

比重达 35%。外出务工虽然带来了远超过农作物的收益，但是也带来了对乡土文明的疏远、对乡土社会的逃离、对乡村生活长远预期的消逝。乡村主体构成要素的"空心化"使得乡村社会治理缺乏了最基本的依托和动力。

2. 农户的"原子化"使乡村社会治理主体难以组织化

中国传统乡村是独特的"熟人社会"，存在由血缘、亲缘、族缘等构成的"差序格局"。以自我为中心的圈层性人际与交往扩展是维系乡村社会稳定的结构性力量。近代以来，传统的礼法宗族治理型乡土社会逐渐被解构，一种以意识形态为纽带、以国家总体性支配治理为特征的新型乡村社会结构逐渐形成。改革开放以来，随着国家治理模式的转型和市场经济的兴起，维系村庄稳定与运行的纽带呈现以松散、冷漠为特征的"原子化"趋势。市场化原则成为村庄社会关联的基本支配原则，"熟悉的陌生人社会"成为当前乡村社会网络的主要特征，金钱、利益往往成为更多"理性人"的现实选择。一方面，村民间的帮工作田、帮工起屋，都是以工钱来计算，村民间关系日益呈现"工具性圈层格局"①。另一方面，村民家庭内部结构在个性化、自由化的理性冲动中，"熟悉"的大家庭裂变成一个个"陌生"的小家庭。人与人之间、人与村庄之间的交互行为也被利益和功利撕下了传统"温情脉脉"的面纱，传统乡民间的情谊变得越来越淡。村庄社会关联呈现为"分散的原子状态"②。这种以经济利益为纽带的松散居住方式一方面导致了社会整合的情感、认同性要素逐渐减少，另一方面使得社会治理主体组织化变得非常艰难，特别是在乡村社会事业和公共性事务的参与方面、主动性和积极性方面受到极大影响，在乡

---

① 谭同学：《当代中国乡村社会结合中的工具性圈层格局——基于桥村田野经验的分析》，《开放时代》2009 年第 8 期，第 114—129 页。
② 黄海：《乡村社会"空心化"亟待治理转型》，《中国社会科学报》2016 年 9 月 28 日，第 7 版。

村社会治理中的集体生产或公共生活，都很难组织起规模化、统一化的力量。

3. 乡村治理模式的转换造成国家的失位

自1978年开始，中国在农村实行家庭联产承包责任制，社会主义的优越性得到充分体现，从地方到民众个人都享受了社会主义体制更多的独立性和自主性。虽然改革的是制度层面的内容，但是其主要瞄准的是经济资源。2006年，在中国农村进一步取消了实行数千年之久的农业税，所有农业人口都从这一政策中受益。对于贫困地区和贫困人口而言，其主要收入来源于农业，因此该政策对其意义更加显著。家庭联产承包责任制的实施和税费改革提升了农村的生产力水平，但是带来了农业社会资本的破坏。正如温铁军所言："在这种以土地为中心的财产制度创新中，政府在放弃对农村土地和其他资产的控制的同时，也放弃了对占中国人口70%左右的农村人口的社会保障，例如对村社的行政管理、抚养乡村鳏寡孤独，以及其他农村基础设施建设和一般公共品的供给。"[1] 家庭联产承包责任制的实施和税费的取消在一定层面上意味着国家从乡村社会的退出，国家治理模式在乡村社会中从总体性支配到技术性治理的转变。这种转变使得国家既没有履行政府应有的公共品供给和社会保障的职责，也很难将权力和影响过多渗透到乡村社会治理中来，由此导致了国家在乡村社会治理的失位。

4. 常态乡村社会治理机制失灵

乡村治理中存在政治、经济、社会、文化等多元领域。在传统中国乡村社会主要依赖家族—宗族—乡族三级治理体系，乡绅主导构建的社会领域基于乡村特征划定边界和提供公共物品，并部分替代了政

---

① 温铁军：《"三农"问题的认识误区》，《山东农业》2001年第11期，第10—12页。

治领域，政治领域与社会领域通过有效的协调机制相互补充。税费改革后，乡村社会的组织体系涣散，村庄的利益诉求难以通过村级组织有效表达。为了强化国家对地方社会的影响，村两委逐步行政化为国家基层机构而不是纯粹的村民自治组织，在村民中的合法性、影响力和情感关联越来越淡化。新型城镇化的日益推进导致乡村精英流失和乡村"空心化"，乡村社会中文化组织又长期缺失，严重削弱了乡村治理的内生动力。通过对隆德县的调研我们发现，乡村社会中政治组织的功能弱化，经济组织的弱小，文化、社会组织的缺失，直接导致了乡村社会治理没有了平台依托。社区没有承接外来资源的能力，社区内部系统的无力状态使外部系统资源介入时没有着力点，无法发挥效力。传统常态乡村治理机制在乡村社会治理中失灵，而新的机制又难以建立，由此导致乡村社会治理举步维艰，建立健全党委领导、政府负责、社会协同、公众参与、法治保障的现代乡村社会治理体制也就迫在眉睫。

二、脱贫攻坚：内外合力重建乡村　　社会治理体系

隆德县位于六盘山西麓、宁南边陲，地理条件较差，基础设施落后，产业基础薄弱，"空心化"非常严重，社会分化严重，基层组织软弱涣散，现代社会组织缺乏，政府社会管理落后。近年来，隆德县充分利用国家脱贫攻坚的伟大历史契机，将社会治理的理念融入贫困治理，紧密团结各级社会力量，构建党政主体、部门协作、社会参与的工作格局，内外发力，变区域劣势为发展优势，在取得脱贫攻坚战的重大成功的同时，也激活了乡村社区活力，重建了乡村社会治理体系，实现了脱贫攻坚和县域社会治理的双丰收。

1. 合理定位职能，发挥基层政权在脱贫治理中的积极作用

内部平台缺乏是乡村社会治理失序的主要客观原因，而基层政权组织功能弱化更使乡村社会治理失去了最基本的依托。脱贫攻坚首先需要强化的是以基层组织为主体的平台建设，充分发挥基层党组织的作用，构建农村基层党组织引领的社会治理，逐步健全并不断完善社会治理的制度体系，实现长期脱贫、整体脱贫和可持续发展。隆德县以脱贫攻坚为统揽，确定了"融入扶贫抓党建、抓好党建促扶贫"的思路。建立县级领导联乡、部门联村、干部联户的"三联三包"机制，围绕第一书记发挥作用，对全县所有行政村选派第一书记、驻村工作队，明确第一书记当好"五大员"职责，突出党员管理监督，扎实开展"双评双定"活动，结合推进"两学一做"学习教育常态化制度化，利用"三会一课"、主题党日等活动，积极教育引导农村党员深学实做、以学促做、知行合一，在脱贫攻坚一线当先锋。突出凝聚合力，统筹推进各领域星级服务型党组织创建。选优配强村党组织带头人队伍，培育壮大农村致富带头人队伍，促进"两个带头人"队伍有机融合。以抓党建促脱贫攻坚促乡村振兴为重点，通过健全组织体系、建强骨干队伍、创新工作载体、完善制度机制，发挥基层政权在脱贫治理中的积极作用。

2. 创新经营发展模式，发挥乡村集体经济组织的造血功能

家庭联产承包责任制的实施和税费改革后，中西部地区大多数农村集体经济组织没有了固定资产，也就没有了经营功能。集体经济组织只是在形式上拥有农村集体经济的所有权，事实上缺乏权能，没有办法得到资源，想为农民办事也变得非常困难。乡村社会治理有必要对农村的集体经济组织重新进行审视和定位，发展壮大农村集体经

济，走出社会治理失序的困境。隆德县探索出"股份合作、投资收益、服务创收"等多种村集体经济发展模式。截至 2018 年底共成立村集体经济组织 47 个，累计投入各类资金 7117 万元，通过"股份合作+自主经营""股份合作+投资收益""投资收益""自主经营"等经营方式，推进特色种养业、农产品加工业、乡村旅游和休闲农业等产业发展。同时，妥善处理好了村党组织、村民委员会和村集体经济组织的关系，逐步明晰村"两委"主要承担本村社会管理和公共服务活动职能，村民监督委员会开展村级组织民主议事监督职能，村集体经济组织主要承担管理集体资产开发集体资源、发展集体经济等功能，明确了集体经济组织和村民委员会是平等的民事主体，村集体组织"四套马车"并驾运行的组织构架开始形成，为农村产权制度改革及"投改股"顺利开展做好了承接主体的组织准备。

3. 重视主体性培育，提高村民参与脱贫攻坚和乡村治理的主动性

乡村的"空心化"和农户"原子化"使得仅存的社会主体无力脱贫也无力主导乡村社会治理。要从根本上实现脱贫，必须将精神脱贫作为核心变量，挖掘乡村原有的资源价值，改变"等靠要"的思维模式，使扶贫实现增能和赋能的功能。在脱贫攻坚过程中，隆德县不仅关注和解决弱势群体眼前的具体困难和问题，还注重从思想上引导和教育，从精神上鼓励和鞭策，着力引导他们转变发展观念，鼓励自力更生，自主创业。因地制宜，扶贫再扶智。对那些有劳动能力而无致富门路的困难户更注重智力扶持，大力宣传脱贫富民政策，介绍致富门路和经验，鼓励自主创业。对于既缺劳力又无致富门路的困难户，更注重通过送技术、送信息、送门路、送项目进行"造血"。借助致富带头人、龙头企业及村集体经济等力量，采取托管、务工及技术支持等方式增收致富。在干部联户帮扶活动中，充分发挥各自信息、技术、人才等方面的优势，帮助联系村确立思路、制定规划、引

进项目、培训实用技术。扶贫扶源，治穷更治本。扶贫中更注重从源头抓起，针对交通不便、基础条件差等现状，从改善基础条件入手，增强发展后劲，在金融扶持、技术帮助、优惠政策上向贫困户倾斜，不断提升他们发展的根本动力，完善他们的发展条件，努力提高他们的综合素质，增强脱贫意识和自我发展能力。

4. 加强激励和引导，大扶贫推动完善共建共治共享社会治理格局

乡村社会治理中的薄弱环节可以在脱贫攻坚的过程中得到强化，因为扶贫工作可以助力乡村补齐经济社会发展短板。隆德县一方面努力增强各扶贫主体的责任担当，另一方面广泛动员社会各级组织，凝聚合力助力脱贫攻坚，构建了党政主体、部门协作、社会参与的大扶贫格局。深化闽隆两地乡村交流协作，利用闽宁协作和中央、区、市、县单位定点帮扶力量，建好闽隆对口帮扶平台，如厦门大学、宁夏回族自治区水利厅、宁夏回族自治区银监局等各单位积极协调社会各方企事业单位、发展基金会、社会组织等各方力量为贫困户奉献爱心、出谋划策，致力全县脱贫攻坚工作。积极开展"三个一"联贫帮扶活动，闽宁对口协作帮扶以及社会帮扶工作进一步扩大。国际计划、红十字国际委员会、中国扶贫基金会等项目顺利实施。深化医疗对口帮扶，推进分级诊疗、医疗控费，加大医技人员交流培训，大力发展"互联网+健康"远程诊疗，开设支气管镜检查等新技术，让城乡居民在家门口享受优质廉价的医疗服务。

5. 以发展需求为重点，以完善的公共服务体系推动乡村社会治理

隆德县深入实施民生计划，人民群众得到众多实惠。大力提升教育质量。新建教学楼，实施农村薄弱学校基础设施改造工程，培训乡村教师，提升教师队伍整体素质，努力办好人民满意教育；加快改善

医疗服务，统筹城乡居民社会养老保险，新型农村合作医疗深入人心，农民群众积极参与；深入推进文化惠民，举办首届中国农民丰收节，开展各类群众文体活动，新建新华书店，开放运营"三馆"，推进村级公共文化基础设施全覆盖，让城乡居民精神文化生活更加丰富多彩；不断改善人民生活条件，修建沥青水泥路，对因地震受损的房屋进行重建，保障了受灾群众住房安全；不断完善社会保障体系，有效保障了困难群众和弱势群体的基本生活；改善农村人居环境质量，激发农业农村发展活力，积极发展农业新业态新模式，让农民成为有吸引力的职业。

　　总之，从20世纪80年代开始的具有针对性的扶贫工作，其实是对政府职能和责任的回归。国家权力一旦退出基层社会，再想回来就需要一个过程，而依托于扶贫瞄准单位不断变革过程的国家权力下沉则为国家权力的回归提供了一个很好的载体和平台。在短期内集中各项资源，借助强有力的社会控制能力高效推行的贫困治理方式，体现出社会主义制度"集中力量办大事"的优越性。隆德县将社会治理的内涵引入反贫困领域，以政府为主导，以农民为主体，激励和发动其他各类社会主体，在法律规范体系所允许的边界之内，以保障社会公平正义、维持和形成良好的社会秩序、满足全体社会成员生存和发展为目的，以主体间的多元合作和共同参与为基础，组织、协调、服务和监控社会领域其他社会主体广泛和积极参与扶贫工作，内外合力，有效整合各类社会资源，改善了贫困地区经济、社会和生态状况，协助贫困人口实现脱贫致富。在脱贫攻坚过程中，隆德县立足基层，调动农民积极性，重视基层权益保护，构建贫困治理和社会治理的新机制，激发基层党组织活力，培养基层社会治理人才，壮大乡村集体经济力量，构建了共建共治共享的社会治理新格局，实现了乡村社会治理与脱贫攻坚的高效同构。

第一章

隆德县脱贫攻坚的背景与历程

一、隆德县经济社会发展状况

（一）基本县情概况

隆德县位于六盘山西麓，地处北纬 35 度 21 分至 35 度 47 分、东经 105 度 48 分至 106 度 15 分之间，南北长 47 公里，东西宽 41 公里，全县面积 985 平方公里，耕地面积 46.7 万亩，年均降水量 502 毫米，年均气温 5.3℃，畜草、中药材、冷凉蔬菜等特色产业发展良好。

隆德县得名于羊牧隆城及德顺军两名之尾首二字。宋大中祥符七年（1014 年）筑笼竿城（今城关镇）为德顺军治地，庆历三年（1043 年）更名为隆德寨。金皇统二年（1142 年）升寨为县。新中国成立后，隶属甘肃省平凉地区，1958 年 10 月划归宁夏固原地区。东望关陕，西眺河洮，南走秦州，北通宁朔；襟带秦凉，拥卫西辅，有"关陇锁钥"之称。

截至 2018 年，全县辖 13 个乡镇、10 个社区和 99 个行政村，总人口 18.3 万人，男性 90987 人，女性 84405 人，男女性别比例为 108∶100，其中农业人口 13.9 万人，汉族人口 15.2587 万人，回族人口 2.2686 万人，其他民族如满族、藏族、蒙古族、壮族、苗族、土家族等民族共 119 人。

　　书法、绘画、剪纸、泥塑、篆刻等民间民俗文化在国家非物质文化遗产普查目录 100 多个项目中，涉及隆德的达 50 多个，其中杨氏泥塑、高台马社火、魏氏砖雕被列入国家级非遗代表作名录，民间绘画、剪纸等 11 个项目被列入自治区级非遗保护名录。先后荣获全国文化先进县、中国书法之乡、中国民间文化艺术之乡、中国现代民间绘画画乡、中国社火文化之乡、国家园林县城、中国人居环境范例奖、国家水利风景区、全国休闲农业和乡村旅游示范县、中国避暑休闲百佳县等殊荣，2018 年被评为全国农村一二三产业融合发展先导区。

　　隆德县是享誉西北的丝路古城和书画之乡。北魏石窟寺、宋金东山堡、明代六盘关、清朝"左公柳"等文明遗址至今犹存；书法、绘画、剪纸、泥塑、篆刻等民间民俗文化熠熠生辉。

　　隆德县是久负盛名的"高原绿岛"和"天然植物园"。隆德县境内六盘山雄浑巍峨、景观秀美、生态良好、物种丰富，每立方厘米空气中负氧离子浓度最高达 10001200 个，分布有黄芪、柴胡、秦艽等药用植物 618 种，是自治区命名的"宁夏优质中药材基地县"和国内医学界公认的"具有显著特色的天然药库"。黄草沟白桦林大峡谷、六盘山国际养生中心等景区，山峦重叠、树木葱郁、草甸茂盛，是集森林旅游、休闲度假、野营探险、户外写生为一体的生态旅游区。

　　隆德县是彪炳史册的革命老区和红色圣地。1935 年 10 月，毛泽东主席率领中国工农红军长征途经隆德县，翻越六盘山，写下了气贯长虹的名篇——《清平乐·六盘山》。六盘山成为全国 100 个经典红色旅游景区之一，列入全国 30 条红色旅游精品线路之中，分别被中宣部、团中央列为第三批"全国爱国主义教育基地"、第四批"全国青少年教育基地"。

（二）经济社会发展情况

隆德县位于陕、甘、宁三省会城市辐射圈几何中心，"312"国道和青岛兰州高速公路穿境而过，福建银川高速公路比肩而过，具有较为便利的立体交通网络。县内六盘山工业园区规划建设面积 6.45 平方公里，依托特色轻工业和农副产品加工业两个主导产业，主要发展医药制造业、工艺美术品制造业和农产品加工业。

1. 经济发展状况

隆德县作为一个财政收入仅占支出 3% 的国家级贫困县，存在产业结构单一、产业规模较小、财政收入欠缺等问题。为此隆德县积极学习实践科学发展观，把加快发展、科学发展、和谐发展作为最首要、最迫切、最关键的任务。努力将生态文化资源优势转化为经济优势，提高发展的规模、质量和效益，增强发展后劲，切实增加农民收入，提升县域经济核心竞争力。

产业结构单一，抗风险能力弱。隆德县产业发展以农业为主，主要培育和发展以百合、郁金香为主导的花卉（景观苗木）产业，以菊芋、枸杞为引领的中药材特色产业。工业主要以隆德县特色农产品加工为核心。同时旅游业、观光农业和特色农副产品加工业也有一定发展。整体上隆德县的产业以第一产业为主导，第二、第三产业发展较为落后，产业结构比较单一，抵御风险的能力较弱。

财政收支不平衡，县城发展缓慢。由于产业结构单一，且缺乏大规模的发展开发，隆德县仅靠农业收入为主要财政来源。农业发展受到自然条件、气候水土等影响，存在较多不可控因素，难以保证稳定收入。因此隆德县财政收入仅占支出 3%，县城财政收入入不敷出，县城基础建设缓慢，设施设备匮乏。

居民收入不稳定，贫困人口多。隆德县居民多以第一产业农业为主，由于农民缺乏发展性的思维和个性化的管理，造成种植的农作物品种单一、土地利用率不高。大量同样品种的农作物涌入市场，如果缺乏市场监管，容易出现供过于求、物价降低的风险。再加之自然气候的影响，农作物收成不稳。农民种植的单一农作物极易受到多种因素的影响，从而导致居民收入不稳定、县城内的贫困人口多。

2. 社会发展状况

"先天不足"是制约隆德发展的最大瓶颈，自然条件差、经济基础薄弱、自身造血功能较差，导致隆德县在社会发展方面存在县内基础设施建设落后、全民受教育状况较差、医疗卫生水平较低、社会保障不齐全等问题。为此隆德县紧紧围绕"秀美文明和谐新隆德"建设总目标，努力加强基础设施建设，培育发展特色产业，重视全民教育，改善民生事业。

隆德县教育资源匮乏，师资力量短缺。由于地形影响和城市建设落后，县内教育布局不均衡，且教育资源较为匮乏，难以吸引优秀教师到县内任教。隆德县缺乏高等教育基地，初级教育基地建设不完善，教育质量有待提高。为此隆德县争取把教育作为改变山区贫困落后面貌的核心，整合优化教育资源配置，加强教师队伍建设，面向全国、全区吸引优秀教师。

医疗卫生方面，隆德县城乡医疗资源分配不均，农民医疗保障困难。多数农民群众存在看病难、看病贵的问题。农村卫生医疗建设还需进一步加强，医疗救治、疾病预防控制、妇幼保健管理三大卫生体系需进一步明确。隆德县需切实加强农村卫生医疗机构建设，着力13个乡镇卫生系统改扩建和77所村卫生室建设，依法加强农村医药卫生监管，切实保障人民群众身体健康和生命安全。

社会保障方面，隆德县基本养老、医疗、失业、工伤、生育等社会保险覆盖面较低，多数城市职工和农村农民缺乏基本的社会保障，社会保障体系不完善，社会宣传力度不到位。需积极开展城镇居民医疗保障制度试点，积极探索建立农村养老保险、最低生活保障制度，加强社会治安综合治理，落实社会治安综合治理和防范措施。

二、隆德县贫困状况及其成因

（一）贫困状况及表现

1. 贫困状况

宁夏南部山区的隆德县，是全国592个扶贫开发重点县之一，也是国务院"三西"建设重点县之一。隆德县是宁夏的"南大门"，地处黄土高原丘陵带，土地沟壑纵横；隆德县生态环境脆弱、自然灾害频繁、干旱少雨、土地瘠薄、资源匮乏、交通不便、信息闭塞，经济与社会发展十分缓慢，回族人口聚集，贫困人口集中，许多农民群众长期生活在极端贫困中，素有"苦瘠甲天下"之称，是中国最贫困的地区之一，也是宁夏扶贫开发的主战场之一。

新中国成立以来，党中央、国务院始终深切关怀隆德县贫困群众的生产生活问题，历届自治区党委、政府也一直致力于发展生产、消除贫困。每逢自然灾害发生，群众生活困难之时，各级党委、政府都从多方面对受灾群众进行救济，并不断完善社会救济制度。1972年初，周恩来总理指示召开国务院宁夏固原地区工作座谈会，加大了对隆德县的扶持力度，人民生产生活出现了转机。但是由于多方面的原因，隆德县的贫困状况一直没有得到有效改善。到1982年，农民人均纯收入只有44元，70%以上的农户不能维持基本温饱。

2. 贫困表现

表 1.1　隆德县各乡镇建档立卡人口统计表

乡镇名称	求和项：建档立卡人口
陈靳乡	498
城关镇	345
奠安乡	472
凤岭乡	872
观庄乡	1470
好水乡	670
联财镇	739
沙塘镇	1118
山河乡	515
神林乡	719
温堡乡	1539
杨河乡	658
张程乡	706
总　计	10321

（1）贫困面大，贫困人口多，贫困程度深

如表 1.1 所示，全县共 13 个贫困乡镇，79 个贫困村，共计 10321 户贫困户，贫困人口为 39923 人。可见其贫困面大，贫困人口多，贫困程度深。隆德县总面积 985 平方公里，大约有 2/3 以上的面积被贫困覆盖，并且区域发展不协调，贫困地区交通闭塞，信息封闭，导致其贫困面大。而贫困地区人口聚集，因为贫穷而结婚年龄较早，生育人口较多，贫困山区人口的代际传递而导致贫困人口多、基数大。总体上讲该县贫困问题严重，需要解决的问题难度较大，加之其地形气候环境等限制，导致该县贫困程度较深。

（2）基础设施薄弱，市场体系不完善，交通和水利制约突出

脱贫之前，隆德县基础设施比较薄弱，亟须推动有效投资补短板，不仅有助于缩小区域发展差距，也可以应对经济压力。就农业而言，虽然隆德县农业产业结构调整已初见成效，但仍存在一些亟待解决的问题：农业生产品种结构单一，产品结构层次低；农产品加工业滞后，农产品增值困难；农业生产经营方式落后，难以形成规模经营；缺乏科学的区域布局；农业服务体系不健全，科技、信息等服务滞后。交通和水利制约突出，导致全县发展缓慢。全县需努力破解交通水利瓶颈制约，有效增加公共服务供给，着力补齐明显短板；还需努力建成高速公路，改变县内诸多地方交通闭塞的状况；还需改善投资环境，带动沿线相关产业的兴起和聚集。另外，全县需要积极解决农村饮水安全问题，增加耕地灌溉面积，加快推进水利科技与信息化、水利扶贫相得益彰，为经济社会发展、同步小康提供坚实的水利支撑。

（3）经济发展水平低，农民文化素质欠缺，产业发展滞后

隆德县内地理条件复杂，大多属于山区、牧区、林区，交通不便，生存环境恶劣，恶劣的地理环境限制了地区的经济发展，同时地理条件带来的生活条件较差妨碍了地区吸引其他高素质人才流入，推动了地区高素质人才的流出。人力资源不足直接影响经济发展，导致产业发展滞后。多数贫困村经济结构单一，土地抛荒严重；农村留守人员老人居多，贫困群体科技文化素质普遍不高、市场化意识不强，科技意识不强，生产经营能力较低，缺乏致富能力和发展门路，抵御风险和自我发展能力脆弱。传统的"家庭式"自产自销模式根深蒂固；贫困村生态农业产业结构单一、农民增收渠道狭窄；农技推广体系不健全，机械使用率较低；种植栽培管理粗放，产量较低，优质品种比例较小，市场竞争力低。产业发展基础落后，农民持续增收十分艰难。

（4）致贫因素多，脱贫任务指标繁重，脱贫难度大

全县79个贫困村中，部分贫困村自然条件恶劣、生态环境脆弱、

基础设施落后、生产生活条件差，交通不便，水利设施老化失修，用电质量不高，基本公共服务不到位，抵御自然灾害能力差的局面亟须得到根本改观。受到多种自然灾害、子女上学、因病就医等因素影响，贫困对象受教育程度低、综合素质低；同时中高等教育费用在农村家庭经济支出中仍占相当大的比例，"因病致贫"的现象仍十分突出；自然灾害、市场风险致贫等也占很大一部分，还有相当一部分贫困户是病残、精神障碍和无劳动力户。贫困人口脱贫与返贫相互交织，加之返贫人口增加，减贫速度缓慢，在较短时间内实现重点村贫困人口全部脱贫难度较大。

总体来看，全县贫困问题复杂多样，且面临阻碍较多，脱贫形势严峻，脱贫指标任务繁重。同时隆德县致贫原因具有复杂性、多元性，导致贫困脱贫难度大。贫困群体分布区域广，基础设施建设点多、线长、面广，造成脱贫任务重、成本高、资金需求量大，然而上级投入资金十分有限，扶贫资金整合度不高，难以发挥整体效益，互助资金量少且使用面小，发挥的作用有限。

（二）贫困成因

1. 自然条件禀赋性贫困

隆德县属于偏僻山区，可用资源贫乏，与外界的交通和联系十分困难。该县农民主要依靠有限的自然资源从事农业生产，且劳动成果受气候等自然条件影响较大。农民生产和生活的脆弱性大，生存受自然条件的不利影响，资源难以满足基本生活需要，并难以获得有效的社会支持。自然条件的匮乏，使得该地区贫困人群既难以从居住生活的环境中，也难以从社会中得到有效的生产和生活资源。

2. 生态环境恶化导致生产生活困难

隆德县贫困问题的产生与区域性生态环境的恶化以及为保护生态

而实施的保护政策相关。由于传统农业对自然资源有较大程度的依赖，农户的收入和生活水平的提高，与他们所处的生态环境密切关联。随着人类的过度开发及气候变化等因素的影响，该地区的生态环境处在不断恶化的危机状态，如该地生态退化、水土流失严重、地下水位下降等，直接削弱了当地农民的生产和生活基础，由此产生了一批农村贫困人群。

3. 发展资源匮乏的相对贫困

隆德县生态环境的变化会导致贫困人口的产生，社会经济环境的变迁也会导致贫困人口的产生。在社会经济快速转型与发展的过程中，发展机会在区域、社会群体之间的配置难免存在不均衡的问题，获得较少发展机会的区域和社会群体，实际上也就陷入欠发展的贫困境地。与发展不均衡相关的贫困问题的形成机制主要是发展机会配置的不均衡，其中主要是人的发展问题。

4. 社会经济结构性贫困

隆德县贫困人群和贫困问题主要集中在农村地区，这与社会经济结构性因素的影响有密切关系。结构性因素指社会结构和经济结构相连的因素。在市场化、城镇化、现代化的大背景下，以传统农业生产为主的农户，难以获得理想的市场机会、分享城镇发展的成果。一旦农业面临自然和市场的冲击，他们就容易陷入贫困境地。农村结构性贫困的形成机制就是传统小农生产在市场经济大势中的劣势地位和脆弱性。

5. 乡村社会治理失序导致集体性贫困

隆德县作为西北民族地区的国家级贫困县，乡村社会治理失序导致集体性贫困的情形更为典型。首先，乡村"空心化"造成治理主体的缺失。随着工业化、城市化进程的推进，农村人才大量流失，整个村庄缺乏带头人。其次，农户的"原子化"使得社会治理主体难以组织化。传统的礼法宗族治理型乡土社会逐渐被代替，村庄难以实现组织化，村民缺乏脱贫致富的动力来源。再次，乡村治理模式的转换造成国家的失位。国家的权力和影响难以过多渗透到乡村社会治理中，由此导致了国家在乡村社会治理的失位，乡村仅凭一己之力摆脱贫困，收效甚小。最后，新旧治理机制更替不顺导致乡村社会治理失序。新型城镇化的推进带来乡村精英的流失，乡村治理缺乏必要的文化、社会组织，乡村整体力量弱化。

6. 特殊个体性贫困

特殊个体性贫困是偶发的、个体性的问题。在任何社会系统中，都会存在个体性的差异问题，有些个体因为各种特殊原因，生活陷入贫困状态，如家庭缺乏劳动力、疾病、突然变故、个人懒惰等特殊情况。特殊贫困问题不仅存在于农村地区，在城镇也会存在。其形成机制是由各种偶发的、特殊的困难造成。

三、隆德县脱贫攻坚的历程和特点

（一）隆德县脱贫攻坚历程

1983 年，国家决定在宁南山区进行"三西"农业专项建设，开创我国有计划、有组织、大规模扶贫之先河；国家"八七"扶贫攻坚计划期间，隆德县被列为国家级贫困县；21 世纪之初，隆德县又作为国家扶贫开发工作重点县被重点扶持。特别是 1994 年以来，宁夏回族自治区党委、政府立足宁夏南部山区实际，先后制定并实施《宁夏西海固农业建设规划》《尽快解决西海固农村贫困人口温饱问题的决定》和《宁夏"双百"扶贫攻坚计划》等政策措施，集中人力、物力、财力，动员全社会力量，对隆德县近20个贫困乡镇、145个重点贫困村，实施有计划、有组织、大规模的扶贫攻坚。经过多年的积极努力，隆德县的面貌发生了很大变化，贫困农民的生产生活条件有了明显改善。

1. "三西"农业建设（1983—1992年）

隆德县真正意义上的大规模扶贫开发是从1983年"三西"农业建设开始的，前后经历了三个时期。实施"三西"农业建设计划时期，1982年12月，中央财经领导小组召开会议专题研究"三西"（甘肃定西、河西和宁夏西海固）地区发展问题，计划用10—20年的时间，每年拨专项资金2亿元（分配给宁夏3400万元/年）。对"三西"地区进行扶贫攻坚，从此开创了我国有计划、有组织、大规模扶贫开发之先河。1983年3月，"三西"农业建设正式开始。自治区党委、政府成立了西海固扶贫开发领导小组和农业建设指挥部，制定了《宁夏西海固农业建设规划》和《尽快解决西海固农村贫困人口温饱问题的决定》，确定了"有水路走水路，没水路走旱路，水旱路不通另找出路"的方针和"大力种草、种树，兴牧促农，因地制宜，农林牧副全面发展"的扶贫开发思路，提出"3年停止生态破坏、5年解决群众温饱、10年改变面貌"的目标，计划用10年时间，分三个阶段，进行农业专项建设，并采取一系列综合措施全面开展扶贫开发建设。

（1）第一阶段（1983—1985年），为3年停止破坏阶段。主要针对生态破坏加剧的情况，从保护环境和恢复生态两方面入手，重点着手退耕还林、种草种树、推广节能灶等项目；停止滥砍乱伐、毁林毁草，妥善解决燃料和饲料问题，有计划发展畜牧业。

（2）第二阶段（1986—1990年），为5年解决温饱阶段。主要是以人均收入300元（包括人均有粮300斤）和能经受住3年大旱的考验为标准。以加强农业基础建设为重点，进行基本农田建设、水利建设、人畜饮水工程建设、林草建设、农电建设等，增强全县抗御自然灾害的能力。

（3）第三阶段（1991—1992 年），为 2 年巩固提高阶段。主要是在前 8 年的基础上巩固已有成绩，全面完成党和国家确定的 10 年工作任务，达到"基本解决温饱，初步改变面貌"的脱贫目的。

2. "八七"扶贫攻坚（1993—2000 年）

1993 年 6 月，隆德县委、县政府组织实施了基本农田建设"4071"扶贫项目工程（为世界粮食计划署援助的项目，主要包括造林、种草、修梯田、建乡村道路和谷坊、塘坝、人畜饮水工程以及进行扫盲、技术培训、农村应用技术的研究等）、村村通工程（通公路、电话、电视、水）、"两高一优"（高产、高效、优质）农业基地建设工程、果林基地建设工程等扶贫工程。总共涉及全县北片 6 乡 60 个行政村，土地利用面积达到 31925 公顷，占全县总面积的 51.1%。项目总投资 4039.27 万元，其中援粮折款 1994.83 万元，配套资金 2244.44 万元（其中自治区项目办配套 1364.94 万元，各厅局配套 609.5 万元）。

1994 年 3 月，国务院正式颁布《国家八七扶贫攻坚计划（1994—2000 年）》，拉开了"八七"扶贫攻坚的序幕。隆德县被列为"国家级贫困县"，为落实《国家八七扶贫攻坚计划》，宁夏回族自治区党委、政府制定了《宁夏"双百"扶贫攻坚计划》，决定从1994—2000 年，集中人力、物力、财力，动员全社会力量，在西海固地区对近 100 个贫困乡（镇）、100 多万农村贫困人口实施具体的扶贫攻坚的战略决策。这是宁夏历史上第一个有明确目标、明确对象、明确措施和明确期限的扶贫开发行动纲领。

1994 年 8 月，隆德县委、县政府制定了《关于贯彻落实宁夏"双百"扶贫攻坚计划的实施意见》的扶贫开发新政策。"双百"扶贫攻坚计划从改变隆德县基本生产生活条件入手，围绕兴水治旱、以水治穷，展开综合治理和全面的扶贫开发。

1998年4月，自治区政府在彭阳县召开脱贫现场办公会议，固原地区提出保一（彭阳县脱贫）、争二（争取两个县脱贫）思路，同意隆德县1998年提前脱贫。4月11日，时任自治区主席马启智、副主席周生贤来隆德县，召开隆德县提前脱贫现场办公会，会议决定隆德县当年实现脱贫。自治区对率先解决温饱的贫困县，原有的扶持资金规模、渠道、优惠政策保持不变；对脱贫后又返贫的，国家继续给予扶持，主要采取社会救济和社会保障。6月24日，隆德县召开脱贫会议，提出扶贫攻坚的主攻区域是尚未解决温饱的贫困村，扶贫攻坚的主攻农户是除社会救济户之外尚未解决温饱的贫困户。

3. "千村"扶贫开发（2001—2010年）

21世纪之初，隆德县扶贫开发翻开了新的一页。2001年5月，中央制定了《中国农村扶贫开发纲要（2001—2010年）》，其对新时期的扶贫开发工作进行了全面部署，隆德县开始实施"千村扶贫开发工程"。宁夏回族自治区党委、政府把扶贫开发作为关系全区经济发展和社会稳定的大事摆在更加突出的位置，制定《宁夏农村扶贫开发规划（2001—2010年）》和《宁夏千村扶贫开发规划》。确立以邓小平理论和"三个代表"重要思想为指导，抓住国家实施西部大开发战略的机遇，坚持开发式、开放式和可持续发展，尽快解决尚未解决温饱的少数特困人口的温饱问题。巩固已经基本解决温饱人口的扶贫成果，加强贫困地区的基础设施建设，改善生态环境，改善贫困地区基本生产生活条件，增强抵御自然灾害的能力。初步建立起能够带动贫困地区经济发展的优势主导产业，提高贫困人口的生活质量和综合素质，逐步改变贫困地区经济、社会、文化的落后状况，最终实现稳定解决温饱、向小康迈进创造条件的方针。

（1）计划启动阶段。按照《宁夏农村扶贫开发规划（2001—

2010年)》要求，隆德县从2001年，启动实施了惠及全县22个乡镇，273个行政村，828个村民小组，21万人的"千村扶贫开发工程"。这是继《宁夏"双百"扶贫攻坚计划》之后又一项重大扶贫战略决策。工程计划在2001—2010年，按照一次规划设计，统一评估标准，分期分批实施的原则，集中人力、物力、财力，对145个贫困村进行综合开发，对该区域人均年收入在1000元以下的1.3万贫困人口进行有计划、有步骤、全方位的重点扶持。为确保"千村扶贫开发工程"的顺利实施，在不同贫困区域，选择特困村进行试点，在试点的基础上，按照村级规划对第一批重点村实施扶贫开发。经过5年的努力，第一批重点村生产生活条件有了明显改善，贫困群众人均收入稳步增加。

（2）计划调整阶段。2005年，隆德县按照国务院扶贫办的统一部署，本着"突出重点、集中投入、缩短时间、提高效益"的原则，对千村扶贫开发工作进行了战略调整，启动了整村推进扶贫开发工作。隆德县还组织实施了自治区制定的"十万贫困户养羊工程"和"百万亩种草工程"等扶贫配套工程。通过实施"十万贫困户养羊工程"，全县在2001年羊只存栏达25167只，羊的改良以引进高产小尾寒羊种母羊和种公羊，开展杂交改良为主，共引进小尾寒羊基础母羊2100只、种公羊100只。养羊工程的顺利实施，为实现草畜平衡，启动"百万亩种草工程"，逐步把以牛羊为主的草食型畜牧业发展成为山区最有竞争力的支柱产业。

（3）计划完善阶段。隆德县在实施千村扶贫开发工程的基础上，又启动自治区制定的扶贫开发"十大工程"。县委、县政府抓住国家实施西部大开发和实施退耕还林还草工程的良好机遇，重点实施农村人畜饮水工程、农田水利建设工程、退耕还林还草工程、生态建设工程、异地移民工程等。实施以小流域为单元的山、水、田、林、路的综合治理开发，并采用生物、技术、工程措施来提高生态建设的整体水平，加速实施"生命工程"建设，解决山区人畜饮水问题，实施兴水治旱，利用水库、塘坝、机井、小高抽、土圆井、蓄水窖，稳定解决贫困群众的基本生活问题。

4. 区域发展与扶贫攻坚（2011—2020 年）

2011 年党中央、国务院颁布实施《中国农村扶贫开发纲要（2011—2020 年)》，召开中央扶贫开发工作会议，吹响了新一轮扶贫攻坚的号角。即将启动实施的六盘山片区区域发展与扶贫攻坚规划，覆盖大部分"三西"地区，隆德县所在的六盘山区被列入到全国 14 个集中连片特殊困难地区，作为国家"十二五"乃至今后十年扶贫开发的主战场之一，开启了扶贫开发新的伟大征程。宁夏回族自治区第十一次党代会明确提出了实施沿黄经济开发区和百万贫困人口扶贫攻坚"两大战略"，体现了党中央、国务院新时期扶贫开发"区域发展带动扶贫开发，扶贫开发促进区域发展"的总要求。

近年来，在区市党委、政府的坚强领导下，隆德县委、县政府团结和带领全县人民坚持以习近平新时代中国特色社会主义思想为指导，发扬"不到长城非好汉"的六盘山精神，按照"团结鼓劲创新上台阶"的总体要求，全力实施"生态文明立县、产业富民强县、科教文化兴县、诚信和谐治县、凝心聚力建县"五大战略，着力建设"四大产业带"，培育特色优势产业，改造提升传统产业；着力构筑生态环境、农民增收、社会保障、城乡基础设施、工业经济、社会事业六大系统工程，加快工业化、城镇化和农业现代化进程，卓有成效地推进了经济社会统筹协调、全面可持续发展。按照"区域发展带动扶贫开发，扶贫开发促进区域发展"的基本思路和"雪中送炭、突出重点"的原则，以增加贫困群众收入为核心，以减少贫困人口为主要任务，坚持开发式扶贫方针，对深度贫困地区实行差别化重点扶持政策，着眼于解决制约隆德经济社会发展的瓶颈问题，改善发展环境，增强公共服务能力，突出特色产业发展，确保各类资源向最困难的区域投入、向最困难的人群倾斜，使贫困群体优先受益，努力实现整体脱贫致富，推动全县经济社会又好又快发展。

（二）隆德县脱贫攻坚工作的特点

隆德是一个以农业为主的县，也是宁夏农业人口密度最大且人均耕地最少的县之一。由于地处六盘山区，山大沟深，交通、信息不畅，经济发展缺乏活力；矿产资源匮乏，工业发展落后，加之属典型革命老区、少数民族地区和贫困地区，经济发展基础非常薄弱。地区生产总值、财政收入、农民人均纯收入、城镇居民人均可支配收入等主要经济指标与发达地区相比差距甚远，与全国平均水平相比亦有明显差距。同时，各项主要经济指标也落后于自治区平均水平，扶贫开发的任务还十分艰巨。改革开放以来，隆德县高度重视扶贫工作，采取了一系列重大措施，成立专门扶贫工作小组，安排专项资金，出台专门的优惠政策，长期致力于脱贫攻坚工作，为实现脱贫作出了巨大努力。近年来，隆德县坚持精准扶贫、精准脱贫基本方略，紧紧围绕"两不愁、三保障"脱贫标准，按照"六个精准""五个一批"要求，狠抓责任、政策、工作"三个落实"，深入实施脱贫富民战略，脱贫攻坚工作取得了显著成效，具备了脱贫退出条件。

1. 思想高标，坚持基层党建引领

抓好党建促扶贫是贫困地区脱贫致富的重要经验。隆德县把扶贫开发同基层组织建设有机结合起来，抓好以村党组织为核心的村级组织配套建设。把基层党组织建设成为带领乡亲们脱贫致富、维护农村稳定的坚强领导力量，深入推进抓党建促脱贫攻坚工作。选好配强村"两委"班子，培养农村致富带头人充实一线扶贫工作队伍。发挥贫困村第一书记和驻村工作队作用，在实战中培养锻炼干部，打造一支能征善战的干部队伍发展经济、改善民生，建设服务型党支部，寓管理于服务之中，真正发挥战斗堡垒作用，为全县脱贫攻坚提供坚强组

织保证。各级党委和政府高度重视扶贫开发工作，把扶贫开发列入重要议事日程，把帮助困难群众特别是革命老区、贫困地区的困难群众脱贫致富列入重要议事日程，摆在更加突出的位置。

2. 统筹兼顾，促进产业协调发展

以增收致富为重点，打好产业发展"攻坚战"。隆德县牢记习近平总书记视察宁夏时"把培育产业作为脱贫攻坚的根本出路来抓"的殷切嘱托，立足资源禀赋、产业基础、群众意愿，坚持一、二、三产业融合发展，按照"普惠+特惠"原则，出台特色产业扶持政策，大力发展草畜、中药材、冷凉蔬菜、文化旅游和劳务为主的脱贫主导产业，不断拓宽增收渠道。立足当地资源，宜农则农、宜林则林、宜牧则牧、宜商则商、宜游则游，通过扶持发展特色产业，实现就地脱贫。

一是培育壮大支柱产业，聚焦草畜、冷凉蔬菜、中药材三大特色产业，以新型经营主体和龙头企业为带动力量，推进产加销一体化发展，农业产业化水平不断提升。二是不断优化营商环境，加大招商引资，大力发展生态友好型工业，工业经济发展后劲持续增强。三是有效利用田园风光、红色旅游、民俗文化等自然人文资源，大力发展文化旅游产业，带动了餐饮、商贸、物流等现代服务业快速发展。四是不断壮大村集体经济，把发展壮大村级集体经济作为破解农民增收"天花板"的重要手段，以农村产权制度改革为抓手，探索出"股份合作、投资收益、服务创收"等多种村集体经济发展模式。

3. 多措并举，激发群众脱贫动力

隆德县在扶贫中，突出扶志扶智，不断拓宽社会帮扶路子。因户施策，扶贫先扶志。在帮扶过程中，不断关注和解决弱势群体眼前的具体困难和问题，注重从思想上引导和教育，从精神上鼓励和鞭策，着力引导他们转变发展观念，鼓励自力更生，自主创业。因地制宜，扶贫再扶智。在帮扶中不局限于帮钱帮物，对那些有劳动能力而无致富门路的困难户更注重智力扶持，大力宣传脱贫富民政策，介绍致富门路和经验，鼓励自主创业。对于既缺劳力又无致富门路的困难户，更注重送技术、送信息、送门路、送项目进行"造血"。

借助致富带头人、龙头企业及村集体经济等力量，采取托管、务工及技术支持等方式增收致富。在干部联户帮扶活动中，充分发挥各自信息、技术、人才等方面的优势，帮助联系村确立思路、制定规划、引进项目、培训实用技术。扶贫扶源，治穷更治本。扶贫中更注重从源头抓起，针对交通不便、基础条件差等现状，从改善基础条件入手，增强发展后劲，在金融扶持、技术帮助、优惠政策上向贫困户倾斜，不断提升群众发展的根本动力，完善发展条件，努力提高综合素质，增强脱贫意识和自我发展的能力。

4. 精准识别，实现扶贫动态管理

隆德县以精准识别为基础，打好扶贫对象"精准战"。严格按照国家评定标准，持续推进精准扶贫精准脱贫工作。始终把扶贫开发作为全面建成小康社会的首要任务，坚持示范带动和机制创新，更加注重整体推进与精准到户，优先让最贫困农户得到发展项目和资金，率先让民族乡镇脱贫致富。巩固提升"四个一"示范带动和"三带四联"帮扶成果，村集体经济实现全覆盖。

一是严格识别退出程序，全面推进"五看十步法"，按照"户申请、两评议、一比对、两公示、一公告"的精准识别程序及"村民小组提名、村民代表评议公示、乡镇审核公示、县级复审公告、区市备案"程序和"445"责任人签字背书后精准退出，确保"应纳尽纳""应退尽退"；二是坚持动态管理，建立有进有出的动态管理机制，分年度制订动态调整方案，将因病、因灾等致贫、返贫人员及时纳入建档立卡范畴，深入推进精准扶贫信息数据共享比对机制，定期核实比对，定期更新维护，确保扶贫路上不落一户，不少一人；三是

创新"4个10户"精准识别比对机制，通过精准摸排分析一般户中条件最差的10户、脱贫户中发展最好的10户、脱贫户中脱贫标准较低的10户和贫困户中条件最差的10户，尤其是对一般户中条件最差的10户和脱贫户中脱贫标准较低的10户，分类排序、跟踪监测、精准扶持，及时解决漏评、错退问题，有力推进贫困人口的精细化管理、扶贫资源的精确化配置、贫困户的精准化扶持。

5. 攥指成拳，凝聚社会扶贫力量

隆德县高度重视社会扶贫工作，采取多项措施，拓宽多种渠道，构建"党委领导、政府落实、部门实施、社会参与"的帮扶工作格局，有力地推动了全县脱贫攻坚工作。突出靠实责任，认真落实帮扶工作机制。隆德县把脱贫攻坚作为第一民生工程，健全脱贫责任体系、政策体系、工作体系、监督体系，紧密团结各级社会力量，举全县之力，确保脱贫攻坚工作实效。积极协调各方社会力量助力脱贫攻坚，深化"闽隆"两地乡村交流协作，利用协作和中央、区、市、县单位定点帮扶力量，建好"闽隆"对口帮扶平台，广泛动员社会各级组织，凝聚合力助力脱贫攻坚，构建了党政主体、部门协作、社会参与的大扶贫格局，如厦门大学、自治区水利厅、自治区银监局等各单位积极协调社会各方企事业单位、发展基金会、社会组织等各方力量为贫困户奉献爱心、出谋划策，致力全县脱贫攻坚工作。国际红十字会、中国扶贫基金会等项目顺利实施。

雄关漫道真如铁，而今迈步从头越。三十年扶贫开发，创造了一个又一个典型范例，取得了显著成效，实现了历史性转折。隆德县已经从解决温饱为主要任务阶段转入巩固温饱成果、加快脱贫致富、改善生态环境、提高发展能力、缩小发展差距的新阶段。隆德的每一点进步，无不凝聚着党中央、国务院的深切关怀，无不凝聚着区、市历届党委、政府带领全区人民在扶贫开发道路上的探索与实践。相信随着国家新一轮西部大开发战略的深入推进，隆德的明天一定会更加美好。

第二章

脱贫统揽：内外机制
助力社会治理

隆德县的脱贫体系机制是一套综合而非孤立的机制，是服务并服从于乡村社会治理大战略的组成部分，是从机制与政策层面设计脱贫攻坚的全县战略机制，是与乡村社会治理产生良性互动的驱动机制，是县委、县政府紧紧围绕党和国家脱贫方针政策，以本县域具体情况为依据，逐步在实践中建立起的一套行之有效的综合脱贫体系机制和社会治理配套机制。该机制以政治责任为统领，以党建机制为引领，以党中央脱贫政策为指针，以重点工作与常规工作结合为特点，以全面监督与重点问责相结合的监督体系为保障，以脱贫为统揽，以消灭绝对贫困实现社会治理为最终目标。

脱贫体系机制的建立，使隆德县脱贫攻坚工作从政治上强化了责任意识，使全县上下深刻认识与领会国家脱贫攻坚的坚定信念，逐步在全县自上而下建立了一套行之有效的政策体系与具体工作模式、方法，在强有力的问责机制保证下，全县的扶贫攻坚和社会治理工作都取得了令人瞩目的成就。

一、压实脱贫攻坚责任体系

隆德县党委、政府深刻认识到脱贫攻坚是习近平总书记亲自带领省、市、县、乡、村五级书记一起抓的一把手工程，是一项极其重大、极为严肃的政治任务，更是各级党政干部不可推卸的重大政治责任。县委、政府深刻领会到习近平总书记要求，始终加强党对脱贫攻坚的领导，把全面从严治党要求贯彻脱贫攻坚全过程，进一步落实脱贫攻坚责任制，强化使命担当的重要政治要求。因此，隆德县党委、政府构建了以政治责任为基础，以主体责任为核心，保障先行，督查强化的脱贫攻坚责任体系。

（一）各级脱贫攻坚领导机构压实主体责任

在脱贫攻坚的征途中，政治责任是基础，而主体责任则是责任体系的核心内容。隆德县党委、政府领导班子以身作则，将脱贫攻坚作为县委、县政府重大政治任务，县委书记、县长自担主体责任，领导带头、以上率先、逐级示范，层层压实责任，逐级落实推动，努力形成抓党建促脱贫的政治自觉和思想自觉。

1. 重要工作、重大事项强调主体责任

县委、县政府主要领导亲自研究、亲自挂帅、亲自督办，坚持对脱贫攻坚重要工作、重大活动、重点任务及时安排部署，特别是对农村"两学一做"学习教育、星级服务型党组织创建、三大三强、农村"两个带头人"工程、第一书记管理、落实为民服务资金、提高村级办公经费、落实驻村补贴待遇等重点工作、重要事项由主要领导负责，通过集体研究方式安排部署。

脱贫攻坚过程中各政府职能部门所承担的扶贫任务中，也确立了部门领导的重大事项主体责任。2017—2018 年脱贫攻坚方案中，隆德县将涉及县各职能部门的脱贫攻坚工作分解到各职能部门，确立由职能部门领导负责的任务分解与执行机制，强调任务履行不利或出现偏差时，主要领导将被追究主体责任。

2. 具体工作压实主体责任

除县委、县政府主体责任外，扶贫攻坚过程中繁杂的具体事务需要各职能部门与乡镇干部实施完成。因此，隆德县在布置扶贫攻坚工作时强调具体工作中的主体责任。如 2018 年隆德县在脱贫攻坚动员会中提出要"夯实乡镇的主体责任"，强调"各乡镇党委书记和乡镇长要筑牢强烈的责任意识和担当意识，树立重中之重的战略思想，真正在精准施策上出实招、在精准推进上下实功、在精准落实上见实效"。

3. 各级领导机构切实履行主体责任

隆德县党委、县政府认识到：脱贫攻坚组织建设，特别是基层组织的建设，不仅仅是脱贫攻坚工作本身的组织保障，也是脱贫攻坚责任体系得以落实的必要条件。因此，县委、县政府在围绕配班子强队伍，建强基层组织上下功夫，提出将乡镇一级领导班子建设成为脱贫攻坚战的"主力军"，将村级党组织建设成为脱贫攻坚战的"战斗堡垒"，从而使责任体系的建立有了充分的组织保障。

隆德县党委、政府围绕脱贫攻坚，建立了县级领导联乡、部门联村、干部联户的"三联三包"机制，选配一批政治素质过硬、善抓党建、能促发展的干部到重要岗位任职，不断激发各级党员干部"抓党建促脱贫"的工作激情，从而发挥基层组织在脱贫攻坚中的战斗堡垒作用。

村级党组织建设也是脱贫攻坚责任体系落实的重要内容，隆德县把村党组织书记、第一书记、大学生村官、村级后备干部作为村级党组织带头人队伍来抓，选育、储备村级后备干部，建立动态调整、梯次培育的机制，科学储备年轻干部，严格按照标准配备村干部。围绕第一书记作用发挥，对全县所有行政村选派第一书记、驻村工作队全覆盖，明确第一书记当好"五大员"职责，严格落实第一书记伙食补助经费等保障待遇，建立了第一书记微信群和分片网格化学习交流管理机制，落实季考核、半年小结、全年考评管理机制，加强对第一书记和驻村帮扶工作队的考核管理，实行季度督查通报制度。

基层党组织建设完善，使隆德县脱贫攻坚工作在实施末端有了责任落实的保障，使脱贫攻坚责任体系成为有机的统一整体，为隆德县脱贫攻坚责任体系后续内容制定打下了基础。

（二）层层强化脱贫攻坚的责任清单

隆德县围绕脱贫攻坚总任务，建立全覆盖、有清单，针对问题，人事对应的脱贫攻坚责任体系的督查强化制度，将其作为责任体系建设的重要保障内容予以明确。

脱贫攻坚工作一开始，隆德县就科学制订各级领导班子和成员的督查方案，将督查与任务整改结合起来共同推进。提出督查中要明确整改目标任务、责任人、整改具体措施以及完成时限，并集中攻坚复杂遗留问题。将督查和整改落实情况作为季度绩效考评的赋分依据，每季度对基层党委（党组）抓党建促脱贫工作进行"地毯式"督查指导，通过下发问题整改督办、函询单位主要负责人限期整改等方式，对各级党组织整改落实情况进行跟踪问效。强化各级党组织书记抓党建促脱贫的责任。

为了将督查强化落实到人，隆德县建立了强化考评述职制度，将其作为督查工作的重要一环予以完善。隆德县将观摩评比、述职评议部分基层党建工作，特别是农村"6322"工程（突出强化政治功能，严格落实六项基本制度；突出建强基层组织，深入开展"三大三强"行动；突出党员管理监督，扎实开展"双评双定"活动；突出引领脱贫富民，大力加强"两个带头人"队伍建设）实施情况作为观摩督查的事项，采取"述职+点评"的方法，从严落实党建述职评议考核制度。创新"一述职两点评两质询一评议"方法，乡镇党委书记述职，县委书记、各常委点评，把专项述职考评落到实处。

脱贫攻坚责任体系既是脱贫攻坚工作的基础，也是脱贫攻坚工作的重要内容。隆德县脱贫攻坚责任体系的建立与完善，使脱贫攻坚政策制定、任务安排等工作的落实有了重要的基础与责任着力点，为脱贫攻坚后续工作顺利实施提供了坚实保障。

二、构建脱贫攻坚政策体系

针对具体的扶贫工作，隆德县党委、政府责成各职能部门与乡镇基层组织，制定详细的权责范围内的政策体系，这些政策体系紧紧围绕扶贫攻坚总体工作中的"抓重点、补短板、强弱项、控风险"的工作基本内容，内容包括"1+12+（99+10）"脱贫攻坚总体规划，以及根据"两不愁三保障"、"三率一度"、教育扶贫、健康扶贫、金融扶贫等重点工作，以及"十项清零行动""十个专项行动""四抓四促整治行动"等全面排查政策。同时这些政策还包括措施落实、项目资金管理等问题，确保逐项整改清零，各项涉农扶贫政策落地生根等保障政策。

（一）脱贫攻坚总体政策

隆德县党委、政府紧紧围绕国家及自治区扶贫政策中的核心问题，即"扶持谁、谁来扶、怎么扶、如何退"等问题，制定了脱贫攻坚总体规划、年度脱贫攻坚实施方案等一系列政策文件，明确了全县脱贫攻坚时间表、路线图、任务书、责任单，指导全县脱贫攻坚工作。

自2016年，隆德县依据国家及自治区有关脱贫攻坚的时间表与工作节奏，结合本县脱贫攻坚基本情况，每年制订本县年度"脱贫攻坚实施方案"。特别是2017—2018年，隆德县脱贫攻坚进入关键阶段后，隆德县党委、政府在每年制定的实施方案之外，还针对本县脱贫攻坚中的突出与总体问题，分别制订统领全县的政策文件，这些文件整体成为隆德县脱贫攻坚的政策体系的基础，共同发挥总体工作部署与监督落实的效果。

如2018年隆德县《脱贫攻坚实施方案》将习近平总书记"精准扶贫、精准脱贫"的战略思想，以及"四个切实""五个一批""六个精准"的要求作为隆德县脱贫攻坚工作的指导思想，并提出了"解放思想、创新机制""分类实施、整村推进""因地制宜、精准施策""群众主体、社会参与"的脱贫攻坚工作基本原则。在基本原则指引下，隆德县确立了县、乡综合贫困发生率最低标准及贫苦户实现"两不愁、三保障"的脱贫目标任务。随之制定的《脱贫攻坚实施方案》还明确了财政措施及33项重点工作，并确定了该方案顺利实施的保障机制。

（二）脱贫攻坚具体政策

针对具体的扶贫工作，隆德县党委、政府责成各职能部门与乡镇基层组织，制定详细的权责范围内的政策体系，这些政策体系紧紧围绕扶贫攻坚总体工作中的抓重点、补短板、强弱项、控风险的工作基本内容，以及"两不愁、三保障"、"三率一度"、教育扶贫、健康扶贫、金融扶贫等重点工作进行布置，开展了"十项清零行动""十个专项行动""四抓四促整治行动"，全面排查政策措施落实、项目资金管理等问题，逐项整改清零，确保各项涉农扶贫政策落地生根。

1. 完善脱贫攻坚基层组织政策

隆德县党委组织部根据隆德县党委、县政府关于脱贫攻坚统一部署，制定了《关于开展"三大三强"行动 深化"两个带头人"工程促脱贫富民实施方案》《关于在全县基层党组织中开展"双评双定"活动强化正向激励反向监督的实施方案》等政策，加强农村基层党建，加强农村基层领导班子等基层农村常设组织的建设，并通过评定星级、制定特殊选拔政策等激活农村基层常设组织及基层工作人员的脱贫攻坚工作热情。《隆德县扶贫开发驻村工作队及农村基层党组织第一书记管理暂行办法》等政策还对"驻村工作队"及农村第一书记的设置及职责、召回等问题进行了明确的规定。

通过完善农村基层组织建设相关政策，加强了农村基层党建，改善了农村基层组织及干部群众的工作条件，使农村脱贫攻坚有了坚强的组织保障。

2. 完善脱贫攻坚各项产业政策

隆德县根据国家产业扶贫的政策精神，制定了《隆德县产业扶贫实施方案》，规定了隆德县各项产业扶贫的基本政策。首先，隆德县制定了"聚力到户，收益精准""因地制宜，产业精准""科学设计，项目精准""示范带动，扶持精准"等产业政策基本原则，规定了"四个一示范带动工程"，规定这些示范带动工程的"十三五"目标与 2018 具体目标。其次，隆德县还制定了培育产业扶贫新业态的相关政策，对全县各乡村发展乡村旅游与休闲农业、电子商务、现代物流及冷链运输以及实施品牌战略制定了相应的扶持政策。再次，根据全县实际情况，制定了职业农民培育、技术团队服务、农村农业信息化、农机农艺深度融合的相关政策。最后，隆德县还制定了资产收益扶贫、金融扶贫等金融及衍生品发展扶贫政策。

除了上述具体产业扶贫政策，隆德县还制定了相应的财政保障与相关制度保障的产业扶贫保障政策，使全县产业扶贫政策能得以顺利贯彻实施。

3. 制定脱贫攻坚产业技术保障政策

隆德县加大政策扶持力度，制定和落实产业扶持政策。如2018年对建档立卡贫困户，制定了详尽细致的禽畜类养殖补贴政策，对适宜进行冷凉蔬菜种植的种植户加大扶贫补贴力度，全年共兑付产业扶贫资金3232.52万元。同时隆德县还优化技术服务，成立产业服务、信息咨询、市场开拓3个技术服务团队，对贫困户巡回开展产业培育指导、技术培训、政策信息咨询、市场销售等服务。建立农牧技术人员驻村蹲点，开展"一对一、点对点、手把手"的技术帮扶，提高农户经营效益。

通过创新产业发展模式，落实产业扶贫政策措施，自2018年起，全县建档立卡贫困户种植冷凉蔬菜、中药材、经济农作物，以及种植、农业禽畜养殖与初级产品加工产业有了大幅增长，有力地带动和保障了贫困群众脱贫致富。

4. 壮大农村集体经济政策

隆德县积极探索发展壮大村集体经济运行模式，稳步推进农村集体产权制度改革试点工作，坚持集体所有、市场导向、改革创新、因地制宜和村为主导五条基本原则，创新村级集体经济运行机制。在产业形态上逐步实现一、二、三产业共同发展，在发展路径上实现多种发展模式并存，在经营方式上实现多种形式并举，以创业创新提升村级组织自我"造血"功能，努力使村级集体经济收入稳定增长，村级组织为民服务能力明显增强。建立将财政扶持农业农村发展资金按比例以股份形式量化给村民和村集体经济组织持有，实现"资源变资产、资金变股金、农民当股东、收益有分红"的运行新机制，有效提高了扶持资金使用效益，使其保值增值，构建了紧密的利益联结机制，实现了财政扶持、企社发展、集体壮大、农民增收的多方共赢的新格局，有力地推进了全县脱贫攻坚工作。截至2018年，全县先后整合资金 7117 万元，聚集注入 102 个村（社区）发展壮大村集体经济，年终预计收益 299.16 万元。全县发展壮大村集体经济工作，真正解决的是农民和集体资产的关系问题。这项改革措施，构建起了隆德县发展村集体经济比较紧密的利益联结机制，变"一次性"投入为"可持续性"增收，有效激活和放大了财政资金使用效率，在最大限度实现村集体资金保值增值的同时，实现了政府财政投资效益与农民利益的有效连接，赋予了农民更多财产权利和获得感。

三、完善脱贫攻坚工作机制

脱贫攻坚工作机制是政策机制的落实，也是整个脱贫攻坚工作取得成效的具体保障。隆德县创新"321"帮扶责任落实机制，建立了"领导干部帮扶贫困户"的贫困户帮扶全覆盖工作机制，还选派优秀干部担任驻村第一书记和工作队员的行政村帮扶全覆盖。利用国家统筹推进中央定点帮扶、闽宁对口帮扶机制。内部帮助机制与外部帮扶机制的密切结合，构建了立体化的脱贫攻坚工作落实机制，形成了党政主体、部门协作、社会参与的大扶贫工作机制格局。

（一）脱贫攻坚工作主体

隆德县将明确脱贫攻坚的主体作为整个脱贫攻坚工作体系的基础内容，紧紧围绕"谁来扶"的问题，围绕脱贫攻坚总目标，结合各职能部门与乡镇的基本工作，构建了综合立体的工作组、工作队制度。通过明确责任，强化职能，严格制度，形成综合、立体、有效的脱贫攻坚工作主体。

隆德县成立了以县委书记任组长、政府县长任第一副组长、县委分管副书记和政府分管副县长专门负责的全县脱贫攻坚领导小组，领导小组下设"两个带头人"工作组、基础设施建设组、产业扶贫组等11个专项工作组，分别由各分管县级领导担任组长，牵头部门具体负责主抓，统筹推进全县脱贫攻坚工作。乡、村两级组建了由乡镇分管扶贫工作的领导任队长，扶贫干部、村三职干部、第一书记、致富带头人以及帮扶责任人组成的扶贫工作队，具体负责各乡（镇）脱贫攻坚任务落实。

为了落实主体工作，强调主体责任，隆德县还建立了"一月一观摩、一督查、一评比、一通报"的脱贫攻坚观摩例会制度，将工作主体的考核落实在平时，总结在当月，在此基础上严格落实督查工作，严格进行追责，确保扶贫攻坚工作主体能紧紧围绕脱贫攻坚各项内容开展行之有效的工作。

（二）隆德县脱贫攻坚工作对象

隆德县紧紧围绕脱贫富民这个目标，制定了《隆德县贫困人口精准识别精准退出动态管理工作实施方案》，对一般户、脱贫户和建档立卡贫困户进行全面核查摸底，探索出"4个10户"精准识别比对法，确保一户不少、一人不落，精准推进脱贫攻坚工作对象的确定。

1. 确保对贫困户的动态精准识别

隆德县创造性地提出"4个10户"精准识别机制，将每个村核查出的一般户最差的10户与建档立卡贫困户最差的10户、脱贫户最差的10户进行横向对比，结合贫困线标准，对新产生的贫困人口及时纳入建档立卡扶贫范围。这种识别机制，既能够做到依据国家标准对贫困户进行有效识别，又能够依据地方标准，杜绝国家标准在个别识别上的误差，实现贫困户最大化地精准识别排查。

2. 创立贫困户识别与脱贫方法确立的联合工作机制

隆德县通常将核查出的脱贫户中发展最好的 10 户、最差的 10 户，进行纵向对比，找出差距，分析原因，总结产业配套、社会保障、自主发展等方面好的做法和经验，指导和推动全县脱贫攻坚工作。通过对脱贫户召开脱贫推进会，设立脱贫致富光荣奖，在全县进行脱贫宣传，激发群众脱贫致富的内生动力。同时，将脱贫户中产业基础薄弱、发展后劲不足、容易返贫的比选出来，继续加大精准扶持力度。隆德县还将核查出的未脱贫户最差的 10 户与脱贫户最好的 10 户进行纵向对比，在精准识别贫困户的前提下，深挖脱贫制约因素，及时调整扶持措施。精准识别的工作成为为脱贫政策提供依据的前提工作，为后续脱贫攻坚工作的顺利开展提供重要政策依据。

（三）隆德县脱贫攻坚工作内容

隆德县党委、政府认识到，脱贫攻坚工作基本内容就是解决农民，特别是贫困户"富民增收"的基本问题。而全县不同乡镇、不同村及农户，致贫原因有共因，也有特殊性。因此，全县脱贫攻坚的内容就是依据党和国家的时间线，精分细缕致贫原因，因地制宜、因事制宜地寻求解决问题的办法。因保障不足而致贫，则应着力"补短板"、强保障；因内生动力不足而致贫，则应着力扶志扶智提内力；因产业发展滞后而致贫，则应着力提升产业层次，培养产业主体。

1. 交通、水利、危房改造"补短板"

隆德县将农村交通改造、水利工程发展、危房改造作为改变农村大环境，提升农村资金、人员"走进去、留下来"的重要举措，将扶贫"补短板"的工作重点放在这三个方面着力进行。

在交通方面，隆德县强化了脱贫攻坚农村公路建设项目规划意识，根据国家政策导向和全县脱贫攻坚规划，储备公路建设项目，并加强项目建设的前期准备工作，及时完成建设方案、勘察设计等文件报批，争取区、市交通主管部门的支持，落实项目补贴资金，有力推进了扶贫公路项目建设。

隆德县所处的地理位置以及历史上对农村水利问题，特别是人畜饮水问题的欠账是制约全县脱贫攻坚的重要问题，因此，隆德县党委、政府将解决农村饮水困难和安全问题作为解决民生实事、保障脱贫攻坚的重大举措。县党委、政府凝神聚力，科学规划，精心实施农村人饮解困、人饮安全工程，强化管理，形成了覆盖全县、运行高效、管理到位、群众满意的农村供水网络体系。将解决水利问题，发挥水资源对经济社会发展的效益，作为全县脱贫攻坚重要工作内容予以规定。

隆德县把农村危房改造作为重点民生工程，作为打赢脱贫攻坚战、实现乡村振兴的重中之重，重点针对"建档立卡户、低保户、分散供养特困户、贫困残疾人家庭"四类改造对象，以农户自筹为主，采取政府补助、政策扶持和社会参与等措施，整合资金，落实责任，精准到户，整体推进，切实做到应改全改、不漏一户。

2. 教育、健康及扶贫保险强保障

教育落后是制约脱贫攻坚的重要障碍之一，也是贫困代际传递的重要原因。因此，强化全县的教育工作，坚持把教育作为优先发展战略，把教育扶贫作为推进精准扶贫、拔掉穷根的有效举措，是隆德县脱贫攻坚的重要工作内容之一。隆德县在全县凝聚共识，决心扶贫扶志、扶贫扶智，全面实施教育扶贫攻坚计划，推动学前教育、义务教育、高中教育、职业教育、特殊教育协调发展，让每个孩子享有公平而有质量的教育，推动教育强民和技能富民，阻断贫困代际传递。

由于历史原因，及农村地理、社会环境相比城市较差，因此健康问题是导致农村贫困的重要原因之一，也是阻碍农村脱贫的重要障碍之一。因此，隆德县把健康扶贫作为打赢脱贫攻坚战的有力抓手，以及脱贫攻坚重要工作内容之一在全县予以明确，积极推进医药体制改革，加快推行分级诊疗，创新医保支付方式，持续深化公立医院改革，实施精准医疗扶贫，确保健康扶贫作为重要扶贫工作有序开展。

提高贫困户抵御风险能力，防止脱贫户因病、因灾、因重大事故和意外返贫，也是提高精准扶贫、精准脱贫重要内容之一。隆德县依据中国保监会、国务院扶贫办《关于做好保险业助推脱贫攻坚工作的意见》，制定《隆德县"扶贫保"实施方案》，将"政府引导、市场运作、保本微利、共谋发展"作为保险扶贫的重要原则，从实际出发，紧紧围绕贫困村、贫困人口、重点扶贫产业，开展保险扶贫工作。

3. 扶志扶智提内力

农村贫困户，特别是长期处于贫困状态的贫困人群，往往在内心逐步丧失致富的冲动，缺乏改变贫困的决心，也因贫困而没有致富的手段与技能。因此，隆德县不但将教育作为优先发展战略，将教育发展作为拔掉穷根的长期举措坚定贯彻，而且将本县的高中教育、职业教育、特殊教育作为脱贫攻坚重要内容予以规定，力求通过上述教育的协调发展，提高贫困户的知识水平与致富技能，提升贫困户脱贫的内生动力。

除常规教育外，隆德县还将提升农民，特别是贫困户的思想政治、政策法规、实用技术等的专门主题培训作为扶志扶智的重要内容予以规定。如 2018 年以来，隆德县举办新时代农民（市民）讲习所，把新时代党的声音传递到基层，通过培训教育农民"知党恩、感党恩、听党话、跟党走"来激发群众脱贫致富的内生动力。

另外，多种措施、多种渠道的帮扶、培训工作，也是隆德县提升贫困户内生动力的重要内容，隆德县党委、政府也将这些活动作为重要的脱贫攻坚工作内容予以规定。如隆德县将构建"党委领导、政府落实、部门实施、社会参与"的帮扶工作格局，作为全县脱贫攻坚重要工作内容予以规定。隆德县还在征求建档立卡户培训意愿的基础上，择优推荐适合自身的培训工种和定点培训机构，也鼓励常年外出务工且不能回家参加培训的贫困户参加当地或企业组织的各类培训，对取得证书的给予培训补贴，确保每位贫困劳动力掌握一门职业技能等。

4. 多种途径强产业

解决农村贫困问题的核心还是要采取有力措施，推动农村产业升级，培育新型农村产业主体，增强农村产业致富的能力。因此，隆德县将产业发展作为脱贫攻坚的重要内容予以规定。

（1）产业发展内容的中心是发展本县传统优势产业

隆德县充分利用现代产业技术的发展以及现代企业制度，促进传统产业发展融合以及提档升级。隆德县根据宁夏回族自治区相关文件，将本地优势传统一、二、三产业发展作为脱贫攻坚的重要工作内容，将传统的草畜产业、蔬菜集散地、休闲农业示范点、农产品加工作为脱贫攻坚重要产业发展内容予以规定，明确财政资金支持，明确企业发展目标与效益，同时还对产业发展的带动效应做了全县层面的预估与判断。通过上述措施，使隆德县传统产业发挥龙头带动作用，在促进农村整体产业发展的同时，也推动了农村脱贫致富整体发展。

（2）产业发展的核心是农村集体经济的发展

农村集体经济整体发展是带动贫困户增产增收的重要途径，也是改变整个农村贫困面貌的重要手段。因此，隆德县将发展农村集体经济作为脱贫攻坚的重要内容。隆德县结合县情实际，逐步发展推动以资源利用（土地承包经营权折股入社）、提供服务（村集体创办生产经营实业，为农户提供有偿服务）、物业管理（村集体将闲置或低效使用房屋、仓库、厂房等集体财产租赁经营）、股份合作（组建村级股份经济合作社，投资入股农业企业，取得股权分红）为主的经营模式。农村集体经济发展后，隆德县通过多种途径推进集体经济产权制度改革，带动贫困户入股分红，并吸引有劳动能力的贫困户就业，带动贫困户脱贫致富。

（3）特殊群体制定特殊产业政策

推动产业发展不应当将部分丧失产业发展能力的农村贫困人口遗忘，农村中的"单老户、双老户、兜底户、散居五保户"等特殊困难贫困户、残疾人群体、留守妇女与老人等特殊群体，也应当制定特殊的产业发展政策，争取特殊的产业发展方法，带动他们脱贫致富。因此，隆德县脱贫攻坚的工作内容还包括，通过"闽宁合作"等多种方式，建设村级扶贫车间、"人造花"等特殊扶贫车间，以及专门为残疾人托养、工疗、康复、就业、创业而建设的综合性托养机构等。通过特殊产业发展政策，隆德县将实现有劳动能力的贫困户逐步发展1—2项可稳定增收的致富产业，无劳动致富能力的特殊群体，通过集体产业发展、特殊产业形式实现个人自立能力提升与个人价值凸显，在物质层面贫困减轻的同时，实现精神脱贫。

（4）顺应新理念，创建新产业模式

目前我国互联网产业迅猛发展给农村带来了新的发展机遇，党的十八大将生态文明建设纳入"五位一体"总体布局，为隆德县脱贫攻坚提供了产业发展的新机遇与新理念。因此，隆德县充分利用国家在农村加快发展电子商务的政策，凭借地处宁夏南部山区六盘山的特殊地理位置，发挥传统中药材资源以及冷凉蔬菜资源丰富的农产品种植优势，加快电子商务与精准扶贫的有机结合，努力推动农村电商产业发展，同时大力发展生态文化旅游扶贫产业，共同推动脱贫攻坚工作创新发展。

（四）隆德县脱贫攻坚工作重点

脱贫工作时间跨度长，具体工作内容琐碎，为了脱贫攻坚严格按照国家要求的时间节点，严格按照党中央、国务院及宁夏回族自治区的部署分阶段、有步骤地逐步落实，需要确定一段时间脱贫攻坚的工作重心与工作重点。因此，隆德县党委、政府在历年脱贫攻坚工作方案中均提炼与总结脱贫攻坚工作重点。

第一，"一个核心"，即全县脱贫攻坚工作紧紧围绕线下贫困人口全部脱贫这个核心来进行，这既是一切脱贫攻坚工作的目标，也是衡量判断工作成效的标准。

第二，"三个重点"，即全县贫困村销号、脱贫村回头看、非贫困村补短板。脱贫攻坚不是数字游戏，不是短期行为，全面立体地解决贫困问题，将贫困解决与乡村振兴衔接起来，实现彻底脱贫是脱贫攻坚工作的重要内容。

第三，全面夯实"六个基础"，即全县脱贫攻坚具体工作的基础是解决全县交通、水利、教育、生态、危房改造、信息化这些重大问题，为脱贫富民具体措施的顺利实施提供保障。

第四，大力实施"六大工程"，即致富产业培育、基础设施建设、易地扶贫搬迁、金融扶贫、社会保障扶贫、村集体经济壮大。

四、强化脱贫攻坚监督问责机制

习近平总书记明确指出，对扶贫开发工作要加强督查问责，把导向立起来，让规矩严起来。因此，隆德县负责脱贫攻坚各项工作的各级职能部门、各乡镇党政负责人层层立下"军令状"，签下"责任书"，建立完善的脱贫攻坚监督问责机制，将扶贫攻坚督查"杀威棒"和"指挥棒"的作用充分发挥出来，真正达到督查各项工作顺利实施的效果。

（一）从思想上强化监督问责

监督问责机制的首要内容是真正在思想上强化监督问责意识。隆德县党委、政府自 2016 年，不断在脱贫攻坚方案、脱贫攻坚工作布置，以及县主要领导面向全县针对脱贫攻坚讲话中突出监督问责的思想强化问题。如 2018 年县委袁秉和书记在全县脱贫摘帽"十项清零行动"启动大会上的讲话中强调要严格落实责任。他指出："县级领导要以身作则、率先垂范""乡镇党委书记要切实履行第一责任人职责""村支部书记要充分发挥主阵地、主力军的作用""第一书记、帮扶工作队必须以党性作担保，切切实实扎根各村和帮扶户家中"。他还指出："要坚持工作安排到哪里，督查就跟进到哪里，县委督查室、政府督查室和县扶贫办要采取明查暗访等方式，到一线查，到群众家中访，对于扶贫政策落实和反馈问题整改等进行全过程跟踪督查。对不按要求和不负责任的要及时通报。要强化纪律约束。"

（二）加大日常督导考核

隆德县党委、政府建立并加大日常督导考核力度，采用常态化组织联合督查、专项督查、第三方评估等多种督导考核方式，对脱贫攻坚中的各种工作进行考核，确保全县脱贫攻坚各项目标按照各阶段确定的任务要求实现。如 2017 年隆德县《关于开展三大三强行动深化"两个带头人"工程脱贫富民实施方案》中，对"两个带头人"工程中的任务进行了专项督查。2018 年隆德县又在印发的《关于在全县基层党组织中开展"双评双定"活动，强化正向激励反向监督的实施方案》中，对全县基层党组织的脱贫攻坚工作进行星级评定，并提出了反向监督以及惩罚措施。同年《关于进一步做好脱贫攻坚查漏补缺"回头看"工作的紧急通知》也规定了对"回头看"中反映出来的问题强化督查。

隆德县政府也多次发文要求在全县针对脱贫攻坚工作强化日常督导。如隆德县政府办在印发的《关于印发隆德县农村低保专项治理工作实施方案的通知》中指出，要推广运用"互联网+监督"，利用"331"监管平台对低保对象信息公示进行长期监督。还要求各乡镇列出重点案件，进行督查督办与专项督查，要求县民政局会同纪委、监察委工作人员成立督察组，深入村镇、村组进行督查。根据2017年以来隆德县脱贫攻坚工作总结，隆德县针对脱贫攻坚工作开展的专项督查主要在精准识别工作、扶贫政策落实工作等方面。其中2017年隆德县还邀请第三方督查评估整改过程中自查的若干问题，邀请九三学社宁夏区委会对脱贫攻坚中反映出的问题进行督查。此外，隆德县也通过接受上级机关的脱贫攻坚督查组的督查，从而强化日常或专项督查。

（三）重要环节严督严查

除了县委、县政府强化日常督查、专项督查外，隆德县各职能部门，特别是民政局、县纪委、县督查室等也针对脱贫攻坚工作的重要内容与环节进行严督严查。如隆德县民政局2018年发布"隆民发〔2018〕286号"文《民政局精准扶贫精准脱贫自查自评情况汇报》对本部门负责的精准识别贫困户问题进行自查、自评并严格督查、处理。"隆民发〔2018〕311号"文《关于对民政救助政策"回头看"的紧急通知》对农村低保和临时救助政策的落实情况进行严督严查。此外，隆德县精神文明办公室也在2017年发布"隆文明办〔2018〕11号"文《关于建立"一约四会"制度的通知》中，明确时限，对"一约四会"制度的落实情况进行严格督查。中共隆德县委宣传部2018年向全县发出了《关于进一步做好脱贫攻坚查漏补缺回头看自查整改情况通报》，对脱贫攻坚中自查出来的问题，严格督查并追究相关人员的责任。隆德县扶贫办也阶段性地针对脱贫攻坚工作的重点问题与事项，发布相应的复核、复审工作通知，要求对查出的问题严格督查整改解决。

（四）严格落实责任追究

隆德县强化督查工作的有效性不仅表现在严格督查，更表现在对督查结果的处理、督查责任的追究上"动真格、不护短"。县委主要领导在多次全县脱贫攻坚会议上讲话指出，"对工作落实不力的，及时提醒，限期整改，对问题比较突出、完不成脱贫任务的，要严肃追究责任"。隆德县将督查的结果计入考评，不断完善扶贫成效考核评价体系，按照自治区《脱贫攻坚督察巡查工作办法》要求，出台了《隆德县脱贫攻坚政策措施落实督查巡查及屡查屡犯问题处理办法（试行）》，对各乡镇、部门（单位）工作完成及政策落实情况、驻村帮扶工作开展情况和群众满意度及屡查屡犯问题的责任单位和责任人，及时通报，限时整改，严格处理。

除了职能部门外，隆德县还建立精准帮扶督查工作常态机制，每半月开展一次帮扶成效和满意度督查，对帮扶成效不显著、满意度低的单位和乡镇主要负责人进行约谈问责。如隆德县制定了《农村党组织第一书记和扶贫开发驻村工作队员召回调换办法（试行）》，对工作落实不到位、作用发挥不明显的16名第一书记及驻村工作队员进行撤换和调整。隆德县还制定了基层组织星级评定反向监督机制，将监督结果与基层组织的等级评定、基层负责人的绩效、奖励挂钩，将督查落到实处。每年年底，结合基层党组织星级创建和年度"亮黄星"情况，综合评定等次。其中，年度被"亮黄星"达到2次的，当年考核时要在上年度基础上予以降星；年度被"亮黄星"达到3次及以上的，或达不到1星级标准的基层党组织，当年考核时定为0星级，列为软弱涣散党组织进行专项整顿；年度评为0星级的基层党组织，年终不发放一次性绩效补贴；连续 2 年被评为 0 星级的软弱涣散基层党组织，要对党组织书记进行调整；连续 2 年降级的基层党组织，要视情况对党组织书记进行诫勉或调整。

督查的追责还体现在对脱贫攻坚关键点严格执纪问责。如 2018 年隆德县出台了《关于隆德县 2018 年至 2020 年开展扶贫领域腐败和作风问题专项治理的实施方案》和《关于隆德县 2018 年开展扶贫领域腐败和作风问题专项治理的工作安排》。按照横向到边、纵向到底的工作要求，充分发挥审计、纪检监察、财政监督和社会监督作用，贫困村第一书记、驻村工作队、村"两委"深度参与涉农扶贫资金和项目的管理监督，形成了多层次、多方位、多形式的监督方式，落实"花钱必问效，无效必追责"的监督机制，确保扶贫资金使用成效。2018 年，全县共查处扶贫领域腐败和作风问题 55 起，给予党纪政务处分 28 人，移送司法机关 5 人。综上，通过强化脱贫攻坚监督问责机制，隆德县建立了一套行之有效的监督问责体系，促使脱贫攻坚工作落到实处，对脱贫攻坚目标的顺利实现起到了关键性作用。

五、坚持党建引领脱贫机制

隆德县以习近平新时代中国特色社会主义思想为指导，紧紧围绕中央及区市党委关于抓党建促脱贫攻坚促乡村振兴的决策部署，以脱贫攻坚为统揽，按照"融入扶贫抓党建、抓好党建促扶贫"的思路，以实施"6322"工程（突出强化政治功能，严格落实六项基本制度；突出建强基层组织，深入开展"三大三强"行动；突出党员管理监督，扎实开展"双评双定"活动；突出引领脱贫富民，大力加强"两个带头人"队伍建设）抓党建促脱贫攻坚促乡村振兴为重点，通过健全组织体系、建强骨干队伍、创新工作载体、完善制度机制，充分发挥基层党组织的战斗堡垒和党员先锋模范作用，为全县脱贫攻坚提供坚强组织保证。

（一）健全抓党建促脱贫的责任机制

隆德县党委、政府把脱贫攻坚作为重大政治任务，认真履行主体责任，坚持领导带头、以上率先、逐级示范，层层压实责任，逐级落实推动，努力形成抓党建促脱贫的政治自觉和思想自觉。

1. 县委、县政府主要领导亲自研究、亲自挂帅、亲自督办，坚持对党建重要工作、重大活动、重点任务及时安排部署。特别是对"两学一做"学习教育、星级服务型党组织创建、"三大三强"行动、农村"两个带头人"工程、第一书记管理和落实为民服务资金、提高村级办公经费、落实驻村补贴待遇等重点工作、重要事项进行集体研究。

2. 对基层党建组织强化督查整改。全覆盖式建立党组织书记抓党建促脱贫责任、任务、成绩、问题四个清单，对存在问题，坚持与人对应、与事对应，科学制订各级领导班子和成员整改方案，明确整改目标任务、责任人、整改具体措施以及完成时限，并集中攻坚复杂遗留问题。将督查和整改落实情况作为季度绩效考评的赋分依据，每季度对基层党委（党组）抓党建促脱贫工作进行"地毯式"督查指导，通过下发问题整改督办、函询单位主要负责人限期整改等方式，对各级党组织整改落实情况进行跟踪问效。强化各级党组织书记抓党建促脱贫的责任。

3. 强化考评述职。进一步完善观摩评比、述职评议、党建联系点等制度，把党建工作特别是农村"6322"工程实施情况作为观摩督查的事项，以观摩评比推进党建工作。将党建工作作为乡镇、部门目标管理考核和党（工）委书记专项述职重要内容，采取"述职+点评"的方法，从严落实党建述职评议考核制度。创新"一述职两点评两质询一评议"方法，乡镇党委书记述职，县委书记、各常委点评，把专项述职考评落到实处。坚持统筹抓好党建工作，将基层组织建设与脱贫攻坚、美丽乡村建设、产业发展、全域旅游、社会治安综合治理等工作结合起来，发挥党建引领发展的核心作用。

（二）建强基层组织引领精准脱贫

打赢脱贫攻坚战，关键在人，关键在干部，关键在基层党组织作用发挥。乡镇一级领导班子是脱贫攻坚战的"主力军"，基层党员干部是脱贫攻坚战的"冲锋队"，村党组织是脱贫攻坚的"战斗堡垒"，配齐建强基层班子队伍是脱贫攻坚决战决胜的关键。

1. 坚持大选拔，实现强班子。隆德县严格按照区市党委、政府的决策部署，围绕脱贫攻坚，建立了县级领导联乡、部门联村、干部联户的"三联三包"机制，积极深入脱贫攻坚一线助力脱贫攻坚。选好一批政治素质过硬、善抓党建、能促发展的干部到重要岗位任职，不断激发各级党员干部"抓党建促脱贫"的工作激情，从而发挥基层组织在脱贫攻坚中的战斗堡垒作用。把村党组织书记、第一书记、大学生村官、村级后备干部作为村级党组织带头人队伍来抓，切实选优、育强、管好、用活，确保党组织带头人个个能力强、作风实。选育、储备村级264名后备力量，确保每个行政村有2—3名，动态调整、梯次培育，科学储备年轻干部，严格按照每村不少于5人标准配备村干部。围绕第一书记作用发挥，对全县所有行政村选派第一书记、驻村工作队全覆盖，明确第一书记当好"五大员"职责，严格落实第一书记伙食补助经费等保障待遇，建立了第一书记微信群和分片网格化学习交流管理机制，落实季考核、半年小结、全年考评管理机制，加强对第一书记和驻村帮扶工作队的考核管理，实行季度督查通报制度。

2. 坚持大投入，实现强保障。隆德县制定标准，每年足额拨放为民服务资金与村级办公经费并依据上年度农民人均可支配收入的不同倍数发放村干部报酬待遇，还制定了任职满 20 年村干部的补贴标准。财政局对全县经费拨付及使用情况进行严格督查，确保了基本经费足额保障到位。

自 2017 年以来，隆德县还制定标准，整合资金发展村级集体经济，将资金折股量化到村经济成员和村集体经济组织，通过"股份合作""投资收益""服务创收""股份合作+投资收益"等经营模式，支持所有行政村发展壮大集体经济。

3. 坚持大培训，实现强素质。坚持把教育培训作为提升村干部特别是村党组织带头人工作能力和综合素质的重要举措，将村干部教育培训纳入全县干部教育培训计划，做到培训任务同重视、培训经费同预算、培训安排同部署。采取"走出去"与"请进来"相结合的方式，加大培训力度，着力增强干部能力素质。每年做到第一书记、帮扶责任人、村干部培训全覆盖，且平均培训天数不少于 15 天。严格基本制度落实，强化党员教育管理，每月按期召开支部主题党日，结合基本制度落实，通过党员冬训、现代远程教育等培训党员，增强党性修养及能力素质，切实激励党员发挥先锋模范作用。

（三）筑牢堡垒凝聚脱贫攻坚合力

隆德县采取各种措施，健全基层党建组织，强化基层党建组织职能，形成脱贫攻坚合力。

1. 突出党员管理监督，扎实开展"双评双定"活动。隆德县出台了"双评双定"工作方案，由组织部领导，结合基层党建调研，针对"双评双定"活动中存在的理解不透彻、评定不规范、程序不严格等问题进行点对点、面对面指导，出措施、教方法，制作印发了《"双评双定"工作台账》，督促各基层党组织建立健全规范化评定机制，对自治区第三巡视组发现的组织生活会开展不规范、对村"两委"班子成员出现违规违纪行为的 24 个基层党组织亮"黄星"。对违规违纪受到处分、长期外出务工且不参加组织生活又不向党组织汇报、移民搬迁后不主动接转组织关系又不参加组织生活及符合"十项否决"标准其他情形的 609 名党员亮"黄星"，通过"双评双定"强化正向激励反向监督，督促党员履职尽责、发挥作用。

2. 突出党员教育培训，提升党员引领脱贫致富能力。结合推进"两学一做"学习教育常态化制度化，利用"三会一课"、主题党日等，积极教育引导农村党员深学实做、以学促做、知行合一，在脱贫攻坚一线当先锋。有针对性地开展实用技术培训活动，进一步提高党员种养、致富技术。以"321"干部联户帮扶机制及"两个带头人"工程为抓手，以党员带动群众致富为目的，与贫困户结成帮扶对子，向群众宣传脱贫富民政策、传授致富经验、解决群众生产生活问题，构建党员带头、干部带动、群众积极参与的精准扶贫模式，带动贫困群众致富。

3. 突出凝聚合力，统筹推进各领域星级服务型党组织创建。在机关，扎实开展"三强九严"工程；城市社区建立联合党委，推行"四联四化"运行机制，争创星级和谐社区。依托六盘山工业园区建设非公企业党群活动服务中心，扎实开展"双强六好"党组织创建活动，通过联建方式推进城乡基层党组织创建星级服务型党组织，通过星级服务型党组织创建进一步推进基层党组织作用发挥，引领各领域党员发挥作用，凝聚合力致力脱贫攻坚。

（四）搭建平台服务精准扶贫

以农村"两个带头人"队伍建设为重点，以壮大村集体经济为抓手，把推动精准扶贫作为基层服务型党组织建设的主要目标，从满足群众多样化需求出发，立足实际、积极创新，运用多种形式和手段，引导基层党组织和党员干部服务发展、服务群众。

1. 选优配强村党组织带头人队伍。加大对"三低"型村党组织书记调整力度，选拔264名致富带头人、复退军人、专业合作社和产业协会负责人担任村级后备力量，为每个行政村选派了由第一书记和驻村工作队员组成的驻村工作队，建强了一支政治素质好、发展能力强、带动作用大、群众威信高的农村党组织带头人队伍。

2. 培育壮大农村致富带头人队伍。加强致富带头人队伍建设，做好扩面、提质、增效文章，扩大和拓展农村"两个带头人"数量，围绕特色产业，发展壮大农村致富带头人1051人，实行梯次培育、动态管理，每年开展观摩学习培训，提升带动能力。

3. 促进"两个带头人"队伍有机融合。按照"小的争中、中的争大、大的走龙头"思路，对村党组织书记中的致富带头人支持做大做强，发挥"龙头"带动作用，推动带头致富、带领群众致富的"双带型"村级党组织建设。进一步加强农村党员队伍建设，坚持政治标准和带富能力并举，把优秀致富带头人作为入党积极分子、党员后备力量培养。

4. 充分发挥"两个带头人"带动作用。紧紧围绕基层服务型党组织创建、农村产业项目发展、基础设施建设等重点工作，组织致富带头人根据带动能力采取"1+1+X"（1个支柱产业+1个致富能人+X个建档贫困户）模式结对帮扶，助力全县脱贫攻坚。努力培育"两合一"带头人，坚持党组织带头人、致富带头人带领广大群众抱团发展。

（五）招才引智助推精准脱贫

隆德县在强化基层组织的同时，积极招才引智，推动脱贫攻坚顺利进行。

1. 精心组织实施人才培养"四大工程"。实施"两个带头人"

创业培训工程。围绕草畜、林下经济、全域旅游和中药材、冷凉蔬菜等特色产业，依托项目、基地培育，通过"培训提高、吸引召回、扶持培育"等方式召回、培训致富带头人，有效解决农村发展人才不足的问题。

2. 实施农村特色产业人才发展工程。围绕草畜、中药材、冷凉蔬菜三大产业，确定主导品种和主推技术，建立农业科技试验示范基地、科技扶贫基地、"五好"乡镇农业科技服务中心，辐射带动农户发展产业，有力助推精准脱贫工作。

3. 实施劳动力素质提升培训工程。围绕转移就业和特色产业发展需求，结合各乡镇产业分布和劳动力类型，全面抓好劳动力素质提升培训和技能鉴定。实施新型职业农民培训工程。以直接从事农业生产的种养大户、科技示范户、生产能手，从事农业产前、产中和产后服务的农民，以及从事农业经营管理的农民为主进行培训，重点突出旱作农业、冷凉及设施瓜菜生产、马铃薯脱毒种薯应用、测土配方施肥、草畜产业开发、重大动植物病虫害防治、农产品质量安全等农业实用技术培训，围绕生产经营型、专业技能型、社会服务型等，培训新型职业农民和科技型实用人才，带动更多贫困户就地就业，带领广大群众致富增收，加快脱贫步伐。

综上所述，隆德县将脱贫攻坚作为总揽，紧密结合乡村综合治理的目标，制定了体系化的脱贫机制，该机制是对党的十八大、十九大精神和习近平总书记关于扶贫工作的重要论述精神的实践落实，是中央和区市党委、政府决策部署的具体体现。该机制紧紧围绕"两不愁三保障"脱贫标准，制定严格的责任体系，形成体系化的政策与扶贫方法，使隆德县顺利实现脱贫攻坚目标，同时激活了乡村社会活力，重建了乡村社会治理体系，并为未来乡村振兴工作奠定坚实基础。

第三章

内培外引：发展产业稳脱贫

2016 年 4 月，习近平总书记在安徽考察时强调，贫困地区"要脱贫也要致富，产业扶贫至关重要，产业要适应发展需要，因地制宜、创新完善"，"发展生产脱贫一批"是打赢脱贫攻坚战的基本路径。产业扶贫作为一种内生发展机制，通过激活贫困人口的内生发展动力，培育可持续发展的产业，使贫困人口获得稳定收入来源，实现了"输血"式扶贫向"造血"式扶贫的转变。产业扶贫贯穿我国脱贫攻坚工作始终，是农村地区实现稳定脱贫的必由之路。

2016 年 7 月，习近平总书记在考察宁夏回族自治区时强调："发展产业是实现脱贫的根本之策。要因地制宜，把培育产业作为推动脱贫攻坚的根本出路。"隆德县以习近平总书记关于精准扶贫的重要论述作为指导，认真贯彻习近平总书记视察宁夏时的重要讲话精神和对宁夏工作的重要指示批示精神，全力以赴推进精准脱贫攻坚战。在打赢打好脱贫攻坚战过程中，隆德县坚持把产业扶贫作为脱贫致富的主要抓手。但是，在社会治理视角下隆德县产业精准扶贫实践还面临一些亟待突破的现实困境，其中贫困农户主体性缺位和社会主体不足问题尤为突出。如何深入挖掘隆德县内部资源与潜力，充分利用精准扶贫相关政策引进各种外部力量和资源成为解决问题的关键。为此，隆德县在脱贫攻坚实践中积极探索，立足资源禀赋和产业基础，创建了"内培外引"的产业发展模式，内外合力大力发展农村经济，促使农民收入持续稳定增长，从根本上解决贫困农户脱贫致富问题。

一、创新产业扶贫机制，培育壮大
三大支柱产业

社会治理视角下隆德县脱贫攻坚的制度建设是根本，它规范和保障着体系的运行。其主要内容是与扶贫脱贫相关的各种政策、法律法规，目的是引导并规制参与主体的行为方式和准则。为此，隆德县坚持精准扶贫精准脱贫基本方略，创新产业扶贫机制，在宏观体制机制、产业发展思路、产业定位等方面进行了诸多变革和创新，并且通过一系列具体扶贫措施将资源精准配置到贫困户，为贫困户发展提供符合其自身条件的产业项目，充分激活贫困户脱贫的内生动力。

（一）落实精准扶贫战略，建立产业扶贫"三大机制"

为了将中央扶贫政策在地方予以落实，隆德县根据贫困村的产业结构、资源禀赋、地理位置等因素建立了有关扶贫脱贫的"三大机制"，规范贫困地区有关扶贫款项的使用与分配、扶贫脱贫项目的实施、贫困人口的识别、贫困户的帮扶以及如何评估扶贫绩效等，为产业扶贫提供了良好的外部政策环境。

1. 建立产业精准帮扶机制

隆德县产业扶贫坚持精准核查，做到一户一档。了解贫困户关于脱贫的真实意愿和脱贫需求，引导他们主动反馈脱贫中面临的困难，做到制订帮扶计划具有针对性，以切实激发贫困户参与脱贫的积极性。每年年初，隆德县委、县政府均召开产业扶贫核查动员会，由县级领导带队，抽调各村第一书记、乡镇负责人、技术人员深入农户家中，全面核查摸清建档立卡贫困户耕地、劳动力、种养产业、外出务工、土地流转、分红收入、金融贷款和村集体经营主体带动等产业发展现状及需求，并建立入户统计、会议评估、反馈意见3个产业核查工作机制，通过贫困户会议评估、乡镇反馈意见等形式，因户因人建立产业发展档案，做到产业项目设计精准。

2. 实施"三带四联"利益联结机制

隆德县创新扶贫模式，在全县实施产业扶贫"三带四联"利益联结机制。"三带"是指龙头企业、产业大户、合作社等经营主体对社会兜底贫困户带动增收。联财镇联合村积极盘活县财政注入的200万元壮大村集体经济资金，通过"内股外租"形式投入到联合村民安农产品综合开发有限公司和隆德县毛家沟农家乐，设置集体股、企业股和个人股（贫困户土地折价入股）三类，按照7:2:1比例配股，收益按2:2:6分配，有效提高农户家庭收入。

"四联"是帮扶企业等经营主体与贫困户拥有的土地、劳动力、集体资产及国家扶持资金项目合理联结起来，形成联业、联股、联产、联营四种利益联结方式，实现贫困户增收由"输血"型向"造血"型转变。

联业得薪金。经营主体吸纳安置有基本劳动力的兜底户，获得工资收入。全县共有47人通过在合作社长期务工获得稳定收入。

联股得股金。针对无业可扶、无力脱贫的失能、弱能贫困户，将其土地、林地、扶贫贷款资金或农户权益资本化、股权化，相关经营主体利用这类资产获得收益后，按照固定利息或股份给兜底户分红。

联产得酬金。动员贫困户在力所能及的范围内参与产业链中的相关环节，联系产量或以产量计酬，获得经营性收益，共有274户587人直接或间接参与企业、合作社的生产获得收入。

"联营"得租金。让贫困户充分利用既有资源、资产，以土地流转或托管、代养的方式参与产业发展，获得分红或租金。2018 年，共有 413 户 794 人通过将土地流转、将产业托管给企业、合作社，由企业、合作社代种、代养，获得收入。

3. 构建产业脱贫长效机制

脱贫攻坚的主要任务是实现"两不愁三保障"目标，但是，如果没有稳定脱贫的长效机制，很容易出现返贫现象。为防止返贫和减少返贫，隆德县在脱贫攻坚期间还采取了一些有力的措施加强监测，防止和减少返贫，特别强调要增强贫困户的内生动力，为贫困户提供各种政策精准扶持，鼓励贫困户靠发展产业、转移就业等方式来脱贫，注重培育贫困户的自我发展能力。

（二）精准定位产业，培育壮大三大支柱产业

在解决了产业精准扶贫体制机制层面的问题之后，接下来就是厘清产业发展思路，精准定位产业。其中，支柱产业选择极其重要，很大程度上决定着一个地区经济今后发展的走势，所以必须因地制宜，根据自身特点进行选择。隆德县立足于本地资源禀赋，坚持"一村一品""一户一案"，围绕草畜、中药材、冷凉蔬菜等支柱产业，因地制宜地探索出了具有地方特色的产业发展模式。

1. 草畜产业："龙头企业+合作社（致富带头人）+农户"模式

草畜产业是隆德县的三大支柱产业之一。隆德县紧扣农业供给侧结构性改革工作主线，以脱贫攻坚为总领，大力调整种植业结构，推动家家种草、户户养畜，构建种养结合、粮草兼顾、科学饲养的新型农牧业结构，提高种养效益，促进草畜产业发展和农民增收。隆德县草畜产业发展采取"龙头企业+合作社（致富带头人）+农户"等多

种发展带动模式，以农户自繁自育与规模养殖场育肥相结合，引进西门塔尔、安格斯等肉牛品种，建立基础母牛补贴机制，提高基础母牛比例。加快推进青贮玉米、紫花苜蓿等多元化饲草料种植加工，着力构建粮经饲统筹、种养加一体、一二三产业融合发展的现代农业产业发展新体系，形成家家种草、户户养畜的产业格局。

隆德县发展草畜产业的主要做法有：

（1）推动标准化示范建设

一是养殖示范园区建设。发挥杨河牧业、兴鸿旺牧业、正荣肉羊繁育公司、串河村集体等养殖企业的引领示范作用，建设养殖示范园区，带动周边农户尤其是建档立卡贫困户发展草畜产业，逐步形成"大户带全村、园区带全乡、龙头带全县"的良好局面。二是养殖示范村建设。建成沙塘锦屏，凤岭李士、冯碑，杨河穆沟、红旗等10个肉牛养殖示范村，主要以基础母牛补栏、饲草料基地建设和饲草调制为重点，兼顾圈舍、青贮池等基础设施建设。

（2）加快良繁体系建设

2019年，隆德县按照"做强主导品种、做大特色品种、开发地方良种"的要求，引、繁、推相结合，建立完善肉牛良种繁育体系，大力推广黄牛冷配改良技术，充分发挥99个畜牧改良点作用，新增繁育犊牛2万头，实行建档立卡在线管理，补栏基础母牛6240头，有效带动全县农户扩大基础母牛饲养，创建家家种草、户户养畜的养殖产业集群模式。

（3）加大优质饲草种植

隆德县建设以青贮玉米、紫花苜蓿为主，一年生禾草为补充的多元化饲草基地，加大"粮改饲"推进试点工作，全县种植青贮玉米7万亩，多年生牧草2万亩、一年生禾草1万亩，调制饲草20.4万吨，其中实施粮改饲项目6.7万吨，全县逐步形成以北片张程、杨河为引领，中南片神林、沙塘、联财、凤岭、温堡为突破，贯通南北的草畜产业带。

2. 中药材产业："企业+基地+合作社+农户"模式

隆德县发展中药材产业采取"企业+基地+合作社+农户"的经营模式，实现中药材规范化种植，实施中药材规范化种植基地优化升级工程建设。开展中药材种植资源保存、种质鉴定、品种提纯复壮技术、病虫草害绿色防控技术、中药材水肥耦合与药材质量保障、全程机械化种植，完善地道中药材标准化栽培技术体系。修订黄芪、柴胡、秦艽、党参、板蓝根等标准化栽培技术规程，六盘山区发展以黄芪、柴胡为主的优势品种，确立全国优质中药材生产基地优势。

隆德县发展中药材产业的主要做法有：

（1）构建中药材一、二、三产业融合机制

隆德县创新运行机制的思路是遵循市场经济规律，统筹整合项目科技资源，推行"产、学、研"相结合，构建中药材一、二、三产业融合机制。运用市场机制激活龙头企业市场开拓功能，培育中药材营销队伍，通过开拓市场盘活资源修复、牵引种植、带动种子种苗繁育，开展产地初加工和精深加工，延长产业链，增加附加值。通过《技术服务合同》规定项目技术依托单位工作目标、任务和岗位责任，具体负责制订技术方案、控制中药材质量和编制软件资料。项目各方有机结合，共同构建中药材产业技术研发项目结构、机制、功能三者有机统一的结构规划模式、技术规范模式、管理运行模式，明确政府鼓励科技研发、企业经营管理、农民合作经济组织（农民）种植生产的环节、部位和靶向，做到企业一手牵市场，一手牵基地，协调推进农业产业纵向融合发展。

（2）开展技术培训，提高建档户素质

隆德县充分利用冬春农闲季节集中开展中药材种、加、销技术培训，同时宣传中药材惠民政策，解读市场行情。脱贫攻坚期间累计开班10期，培训约800人次。每逢春播期间，技术人员深入到田间地头面对面、手把手对当地村民进行技术指导，累计开展技术咨询、指导与服务约 1000 余人。通过理论知识、现场实操，提升了建档立卡贫困户种植技能和田间管理水平，提高了种植积极性。

（3）完善补贴政策，调动种植户积极性

为加大产业扶持力度，隆德县委、县政府制定优惠政策，大力扶持建档立卡贫困户产业发展。对建档立卡户移栽中药材每亩补贴 1000 元，色素菊每亩补贴 500 元，露地中药材育苗每亩补贴 600 元，覆膜育苗每亩补贴 1500 元；对新购买的中药材种植加工机械的农户，按销售价（造价）的 50% 予以补贴。对通过 GMP、地理标志认证、SC 认证及著名商标的，分别给予 20 万元、10 万元、10 万元、5 万元以奖代补资金，对促进隆德县中药材产业脱贫攻坚发挥了重要作用。

3. 冷凉蔬菜产业："专业合作社+基地+农户"模式

冷凉蔬菜产业以设施蔬菜、露地瓜菜为重点，加强新设施、新品种、新技术综合配套，完善冷链储运体系，打造"六盘山冷凉蔬菜"品牌。隆德县冷凉蔬菜产业采取"专业合作社+基地+农户"的发展模式。以专业合作社为示范，带动、组织广大农户生产受益，采取统一种苗供应、统一提供技术服务、统一产品收购的管理办法，实现技术定期化服务、产品市场化经营、质量标准化管理，和菜农结成"风险共担、利益共享、互利互惠、共同发展"的利益共同体。将分散的种植户蔬菜集中销售，为菜农保驾护航，彻底解决产业调整后农村蔬菜"卖难"问题，为农民增收奠定坚实基础，推进脱贫富民步伐。

隆德县发展冷凉蔬菜产业的主要做法有：

（1）调整农业产业结构，推进农业内部融合发展

隆德县通过蔬菜集散地建设，改变传统农业生产结构，构建集蔬菜育苗、种植、产地加工、冷链储运、销售于一体的全程产业链，加快冷凉蔬菜产业由粗放型向集约型、数量型和效益型转变，带动冷凉蔬菜产业增效、农民增收，推进现代农业提质增效、转型升级，促进

农村一、二、三产业融合发展。

（2）加快农产品加工转化，推进产业链融合发展

完善蔬菜生产、仓储、物流、信息等配套服务水平，建设筛选分级、清洗烘干、包装贴牌等产地初加工设施，提高商品化处理能力。在蔬菜加工环节上实现不同层次的首尾相连、上下游衔接，使相关企业以产业链为核心，形成相互融合、互促共进的新格局。

（3）加强现代农业产业园建设，推进产业融合发展

隆德县立足当地资源条件，发挥区域优势，大力发展以冷凉蔬菜种植、加工、销售为主的优势特色产业，推广"订单种植"模式，发展无公害产品，倡导使用有机肥，优化园区品种结构，引进推广名特优新、加工专用品种，做好品种熟期搭配，积极发展中高端、个性化农产品，实现反季上市和集中上市有机结合，推动特色产业发展壮大，实现产业集聚融合发展。

（三）在龙头企业与能人带动下支柱产业扶贫成效显著

脱贫攻坚期间，草畜产业成为隆德县助推农民增收的首选产业。肉牛产业以项目资金为依托，以示范村和规模养殖场为抓手，狠抓基础设施建设，突出巩固基础母牛群和夯实多元化饲草基地建设两个重点，主推黄牛冷配改良和饲草加工调制两项技术，全力推进肉牛产业提质扩量增效。2018年底，肉牛饲养量达7.5万头，存栏52816头，其中基础母牛29049头，出栏22261头，草畜产业总产值7.2亿元，总纯收入1.76亿元，实现人均纯收入1381元，

冷凉蔬菜和中药材产业也成为隆德县带动贫困群众脱贫致富的重要产业。2018年，隆德县完成蔬菜种植3558.27亩，平均亩产2744公斤，亩产值4933.47元，总产值1788.46万元，户均增收1771.63元，人均增收427.93元。2018年，按照中药材产业扶贫方案，与各乡镇村组对接，落实建档立卡贫困户中药材种植面积5200亩，完成

任务面积 6500 亩的 80%，其中联财镇赵楼、观庄乡田滩、林沟 3 个中药材示范村种植大田中药材 718.9 亩。建档立卡户中药材总产值 1659 万元，户均增收 1643 元，人均增收 410.8 元。

二、构建劳务产业扶贫新路径

隆德县把激发贫困户脱贫致富的内生动力作为精准扶贫的发力点和落脚点，大力发展劳务产业。实践中摸索出了一套劳务产业扶贫新路径，即"内培外引"模式。"外引"方面：加强与对口帮扶的福州市闽侯县进行劳务协作，解决产业发展的资金、技术、人才等瓶颈；"内培"方面：立足于本地劳务资源特点，创建"扶贫车间"和"残疾人托养中心"扶贫模式。

（一）加强闽宁劳务协作，解决产业扶贫瓶颈

近年来，隆德县坚持精准扶贫精准脱贫，积极探索就业扶贫的新路径，通过技能培训提升就业能力、就业扶贫基地和扶贫车间等吸纳就业、创业带动就业、公益性岗位兜底安置、外出转移就业、支持自主创业等方式，累计培训贫困劳动力 9293 人，转移就业 10830 人，实现了以就业促增收、真脱贫脱真贫的效果。

1. 加强闽宁劳务协作，建立就业扶贫示范基地

隆德县因地制宜，依托就业扶贫基地带动贫困户就业。加强与对口帮扶福州市闽侯县劳务协作，推进社会各行业深层次交流合作，通过两县多次互访、签订劳务协作协议。两县紧密配合，相互挂牌成立了隆德县·闽侯县劳务协作工作站，积极落实各项就业补

贴政策，充分发挥优势互补作用，提供环境好、薪酬高的工作岗位，引导鼓励贫困劳动力到福建稳定就业。同时，积极发挥市场引导作用，积极鼓励劳务经纪人、中介组织市场灵活作用，利用"亲缘""乡缘"关系，及时掌握县外用工需求，不断提高转移就业的组织化程度，2019年，共向福建等区外稳定转移就业贫困劳动力914人，区内稳定转移就业970人。同时双方还加强劳务协作，购买公益岗位安置就业。

2. 强化政策保障，加快致富步伐

隆德县先后出台了《隆德县六盘山工业园区稳岗补贴及招工奖励暂行办法》《隆德县农村劳动力转移就业务工收入统计调查实施方案》《隆德县农村人造花扶贫车间及外发点稳定就业奖励办法》《隆德县进一步推进就业扶贫促进贫困群众增收的实施细则》等一系列政策性文件，推动提升转移就业质量、提高农村劳动力务工收入和组织化程度。对转移就业的建档立卡贫困劳动力给予交通补贴、就业奖励和创业补贴；对劳务中介组织带动建档立卡贫困劳动力就业10人以上的，给予一定的就业奖励；对就业扶贫载体和各类用工企业吸纳建档立卡贫困户就业10人以上的，给予一定资金的就业奖励和提升培训补贴。

3. 开展定向培训，保证稳定就业

隆德县在征求建档立卡户培训意愿的基础上，择优推荐适合自身的培训工种和定点培训机构，做到受训对象和培训机构精准。每期培训班要求培训机构联系至少2家以上企业介入培训课堂，开展现场招聘登记，培训合格后直接带领就业，做到受训对象与用工企业双向选择，定向就业。通过一对一的联系，鼓励常年外出务工且不能回家参加培训的贫困户参加当地或企业组织的各类培训，对取得证书的给予培训补贴，确保每位贫困劳动力掌握一门职业技能。

4. 线上线下结合，无缝牵手服务

隆德县建立了乡镇协理员工作微信群、隆德就业工作微信群、各村建档立卡贫困户微信群等网络平台，及时将区市县就业创业政策、社保政策、用工信息、培训信息等发布，为建档户提供信息服务。通过城镇公益性岗位，为每个乡镇安置2—3名协理员，配合乡镇劳务干事专门负责劳动力就业及收入动态监测。印制了《劳动力务工登记卡》《贫困劳动力转移就业交通补贴明白卡》《劳务中介组织带动就业政策明白卡》《扶贫载体用人单位帮扶就业政策明白卡》《灵活就业人员社会保险补贴政策明白卡》等10类明白卡，让群众熟知政策、便于就业、实现增收。

（二）立足劳务资源特点，聚焦精准"造血式"扶贫

1. 扶贫车间："企业+车间+贫困户"模式

2017年以来，隆德县紧紧围绕脱贫富民战略，聚焦精准"造血式"扶贫，以壮大贫困村集体经济、解决贫困人口就地就近就业为目的，针对农村留守老人、妇女有就业意愿，无就近就业渠道的突出问题，积极探索农村扶贫车间助推就业增收的新路径。依托隆德县人造花工艺有限公司，采取"政府投资+社会帮扶+企业自筹"和"村建、企用、乡管、县补"的模式，围绕"有土"和"无土"扶贫，综合考虑农村人口分布、交通条件等因素，充分利用废旧村室、学校等闲置资源，建成了人造花、小杂粮、食用油、醋等一批扶贫车间，通过"四送"（送项目到村、送就业到户、送技能到人、送政策到家），实现"四扶"（扶贫、扶就业、扶产业、扶集体经济），达到"四赢"（群众赢、集体赢、企业赢、产业赢），推动老百姓在"家门口"就业，实现上顾老、下顾小，赚钱顾家两不误。截至2018年底，

全县共建成人造花、小杂粮等村级扶贫车间 25 个，配套人造花扶贫车间外发点 12 个。

前庄村人造花村级扶贫车间因扶贫成效显著而受到全国关注。地处六盘山集中连片特困地区的隆德县观庄乡前庄村通过引进扶贫项目，建立闽宁人造花扶贫车间，有效解决农村贫困户和留守妇女脱贫增收的难题。前庄村扶贫车间是按照"政府引导、农户自主发展生产"的原则，在闽宁对口协作扶持下，由当地政府和一家福建企业联合建设，该企业 2014 年通过招商引资进驻隆德县六盘山工业园，从事人造花的制作加工和营销，产品远销欧洲、中东等地。前庄村闽宁人造花扶贫车间占地 300 多平方米，主要以生产人造花为主，技术含量不高，劳动强度不大，适合农村妇女就业。目前，该"扶贫车间"吸纳当地约 40 名留守妇女稳定就业，其中半数来自建档立卡贫困户。扶贫先扶志，扶贫车间让前庄村有劳动能力的贫困群众能就业，使他们通过自己的劳动付出获得报酬，实现脱贫，增强了获得感。当地妇女在扶贫车间上班，人均月增收 2000 元左右，实现了脱贫增收与照顾家庭两不误。

扶贫车间采取订单式生产，车间女工只负责生产。一方面，扶贫车间是"政企合作"的产物，地方政府与企业签订合作意向之后，车间女工再进行订单式的生产，这样一来，老百姓不仅拥有了一份相对稳定的工作，更可以通过生产规模的扩大来获得更高的经济收益；另一方面，扶贫车间为车间女工提供相应的职业技能培训，弥补了当地妇女在职业技能领域的短板，收获在脱贫道路上的一技之长。2018 年底，中央电视台《焦点访谈》栏目对其进行了报道。

2. 残疾人托养中心："托养+辅助性就业"模式

党的十八大以来，在中央、自治区脱贫攻坚政策大力支持下，隆德县坚持精准扶贫精准脱贫基本方略，创新"托养+辅助性就业"模式，带动残疾人脱贫致富。坚持精准扶贫精准脱贫，针对残疾人这一特殊群体，建设县残疾人托养中心，打好康复、教育、就业、创业、托养促脱贫的组合拳，助推残疾人脱贫。目前，县残疾人托养中心托养残疾人108名，其中建档立卡贫困残疾人53户58人，是全区唯一一家县级集残疾人托养、工疗、康复、就业、创业为一体的星级综合性托养机构。近年来，隆德县以"全面建成小康社会，残疾人一个也不能少"为目标，紧盯"两不愁三保障"核心脱贫指标，创新"托养+辅助性就业"模式，助推残疾人脱贫，达到了"托养一人、解放一家，托养一户、幸福一生"的效果。

（三）内培外引，劳务产业扶贫成效显著

扶贫车间实现贫困户收入持续增长。截至2018年底，隆德县共建成人造花、小杂粮等村级扶贫车间25个，配套人造花扶贫车间外发点12个，带动1130多名农村留守妇女、有基本劳动能力的残疾人就地就近就业，其中贫困户420人，人均月收入达1600元以上，让农民身不出村实现务工增收、脱贫致富。

残疾人托养中心托养效果良好。隆德县残疾人托养中心"托养+辅助性就业"一体化发展模式，做到了能托能养能致富，助推了残疾人脱贫工作。隆德县残疾人托养中心自2017年8月运营以来，累计接待区内外各类考察观摩30多场次；先后受到经济日报、人民网、新华网、宁夏广播电视台、宁夏日报、固原日报等新闻媒体的大力宣传报道；2017年12月3日，全区残疾人工作现场会在隆德召开，将隆德县"托养+辅助性就业"一体化发展模式命名为"隆德模式"向全区推广；2018年11月，中残联副理事长程凯作出了"隆德县的做法认真切实地落实了近年来国家关于残疾人脱贫攻坚的要求，要将隆德的做法以适当方式在全国交流"重要批示。

三、发展新兴产业，推进"造血式"精准扶贫

（一）立足资源禀赋，发展文化旅游

1. 隆德县发展文化旅游的资源基础

隆德县历史悠久，文化积淀深厚，自宋设县，已有一千年历史，是享誉西北的丝路古城和书画之乡，书法、绘画、彩塑、砖雕、剪纸、刺绣等民间民俗文化源远流长，先后荣获全国文化先进县、中国书法之乡、中国民间绘画画乡、中国（社火）文化艺术之乡等殊荣，现有国家级非物质文化遗产项目3项，国家级非物质文化遗产项目传承人3人，杨氏泥彩塑传承基地被评为国家级非物质文化遗产生产性保护示范基地；自治区级非遗项目12项22人，自治区级传承基地（传承点）2处；固原市级非遗项目22项34人，传承基地（传承点）7处；不可移动文物243处，其中国家级文物保护遗址1处，自治区级文保单位6处，县级文保单位14处。

隆德县不仅拥有多样化的文化资源，旅游资源也很丰富。隆德县生态环境优美，全县森林覆盖率达26.5%，是黄土高原上名副其实的"高原绿岛"和"天然动植物园"，也是健康养生和休闲避暑的理想之地。森林峡谷、六盘天池等自然景观与伏羲神崖、北魏石窟寺、清朝"左公柳"等人文历史遗址交相辉映，具有发展生态文化旅游产业的独特优势，城关镇红崖村和陈靳乡新和村入围全国乡村旅游重点村，奠安乡梁堡村被评为全国古村落。近年来，隆德陆续建成杨家店和新和民俗文化村、六盘人家文化广场、老巷子历史文化名村、六盘山文化城、六盘山隆德博物馆、六盘山隆德民间书画收藏馆、三山公

园、古柳公园、凤岭于河魏氏砖雕民俗文化村、陈靳新和等 12 个旅游特色示范村、大型生态餐厅 5 家、农家乐 68 家；建设了魏氏砖雕、杨氏泥彩塑、老巷子和新和村研学基地，完成了隆泾、隆庄、隆张三条旅游环线等文化旅游基础设施，建成旅游厕所 35 座；开发出文化旅游产品 100 多种，全县文化产业经营实体达到 300 多家，从业人数达到 2000 多人，2018 年底文化旅游社会总收入达到 4.6 亿元。

2. 隆德县发展文化旅游的做法及成效

隆德县依托高台马社火、魏氏砖雕、杨氏泥塑等非物质文化遗产，采取"非遗+旅游"的发展方式大力发展文化旅游，取得了较好的成效。一是温堡乡杨氏泥彩塑传承基地。2018 年底共接待参观、研学、交流调研人员 500 多人，研发新产品 20 多件套，增加产值 8 万余元。二是凤岭乡于河村利用国家级非物质文化遗产——魏氏砖雕。截至 2018 年底，实现创收 32 万元，接待研学旅行 300 余人，接待各级领导考察调研及零散游客约 5600 余人次。三是隆德县人民秦腔演艺有限公司作为国家级非遗项目秦腔区级传承基地，通过开展秦腔培训、秦腔传承展演等实现良好的经济收益。

其中，魏氏砖雕通过"非遗+旅游"的发展方式取得了很好的扶贫成效。下面介绍其主要做法及成效。据《魏氏家谱》记载，固原砖雕发展至今已有 120 多年的历史，其技艺创作手法分为软雕和硬雕两种。软雕，就是先用酿制加工好的泥巴，以手和辅助工具制成龙、凤、狮、鸟、花等图案的坯子，阴干后入窑焙烧成成品。硬雕，就是在精选烧好的青砖上用各种刻刀刻制成各种图案。2014 年魏氏砖雕被列入国家级非物质文化遗产代表性项目名录，经过了 5 代人的传承和发展。魏氏砖雕在继承传统工艺的基础上不断创新、开发，将传统非遗项目与产业化相结合，摸索出了一条可持续发展道路，在传承保护非遗的同时带动当地村民经济发展，助力脱贫攻坚。

魏氏砖雕保护措施及主要成效有：

（1）摒弃落后观念，公开授艺，壮大传承人梯队

随着社会的发展，固原砖雕在传承中逐渐凸显缺陷，出现传统技艺因人而亡、人亡则艺绝的局面。第三代传承人在近80岁的时候破除陈旧传承理念，通过口授身传，将砖雕艺术传授给女儿和女婿，使这一传统艺术得到传承。第四代传承人在传承技艺的基础上成立发展公司，带动村民学习砖雕技艺，就业创业。现魏氏砖雕第四、五代传承人共同传承发展非遗事业，通过不断的努力最终使这门濒临失传的手艺得以延续。自2017年开始在注重砖雕技艺的传承的基础上，通过各种形式和方法开展传承保护，面向社会举办砖雕技艺培训班。每年举办两期技艺培训班，面向社会招收学员160人，通过学习培训来宣传和普及砖雕技艺，并从中挑选优秀学员进入传承人梯队，深入学习砖雕技艺，壮大传承人梯队，同时也为产业化发展注入新鲜血液。

（2）"艺术+科技"助推魏氏砖雕产业化

魏氏砖雕在近年的发展中，锐意创新，对砖雕材料和生产工艺进行了大胆革新和改进，取得了显著成效。一方面在内容和形式上不断调试使之适应现代生活和人们的审美需求。另一方面由于传统的砖雕以高密度青砖为载体，其雕刻由传承人手工完成，这极大地提高了砖雕的造价，造成普及的难度，砖体的烧制在一定程度上对环境造成了污染。为此，通过改进生产工艺，借助科技手段选择新型材料，提高产品生产效率，降低成本。将传承人手工制作的砖雕作品作为模种，利用软模技术和新型砖雕材料进行批量生产，提高生产效率的同时降低成本，让砖雕走向寻常百姓家，走进普通百姓的生活中，拓展砖雕的消费人群。通过"艺术+科技"的模式，解决了非物质文化遗产与产业化之间似乎"志不同道不合"的矛盾。通过区别对待和动态保护，使砖雕这种传统手工艺的生存语境不断得到改善。

（3）开展非遗进校园活动，活态传承魏氏砖雕

一是和各院校合作，举办非遗进校园进课堂，向学生们普及讲授

非遗砖雕文化和工艺流程等。二是面向中小学生举办砖雕公益兴趣班，将非遗传承从娃娃抓起落到实处，现已完成3期培训，共培训中小学生92人。与隆德县职业中学、杨河小学、凤岭中心小学等院校合作，共举办5期，向5000多名中小学生普及砖雕文化知识和发展历程。

（4）"文化+旅游"助力贫困人口脱贫

接收研学旅行、夏令营团体和旅游团体开展研学活动，2018年共接收研学旅行学生约9000人，夏令营学生1200人，通过实地参观砖雕作品和生产工艺初步了解砖雕。再自己动手，亲身体验砖雕的制作工艺，更进一步地融入砖雕文化中，在宣传和传承的同时还带动了当地旅游业的发展。旅游和研学、夏令营团体在魏氏砖雕传承保护基地参观体验后，走进农家食宿在农家，体验农家生活，带动了当地旅游业的发展。

（二）依托"绿水青山"，发展休闲农业和乡村旅游

隆德县依托良好的自然生态环境、优美的乡村风光，大力发展休闲农业和乡村旅游。编制完成《隆德县促进旅游业发展扶持奖励办法（试行）》《隆德县扶持文化产业发展政策及办法（试行）》，修订完善《隆德县全域旅游发展规划》。近年来，随着旅游市场的升温，隆德县推出了更多的旅游产品，加快开发红色文化、历史民俗、生态度假、乡村旅游等特色旅游资源，先后建成了神林山庄、盘龙山庄、陈靳新和、观庄前庄等乡村旅游示范村，乡村旅游实现了从无到有、从小到大的发展。

1. 隆德县发展乡村旅游与休闲农业的主要做法

（1）组织引导，强力推进

县委、县政府高度重视休闲农业和乡村旅游产业，将其作为丰富

全域旅游、促进农民就业增收的重要产业来抓，多次组织相关单位召开专题会议和现场办公会，研究解决新点建设和旧点改造提升工作中存在的问题，形成了"政府主导、企业主体、市场运作、社会参与"的休闲农业发展模式。

（2）整合资金，形成合力

隆德县积极整合各类项目资金支持休闲农业与乡村旅游示范点建设。2018年休闲农业投资总额达到5800多万元，一批以历史文化休闲采摘、民俗体验、书画交流、观光旅游、休闲小吃为主体的休闲农业示范点初见端倪。

（3）创新模式，引领带动

充分挖掘休闲农业在产业融合、助农增收方面的潜力和优势，积极探索产加销每个环节增收的有效模式，推行"农业园区+公司+农民合作社+贫困户"等多种扶贫模式。采取土地入股、入园务工、种养合作等多种形式带动农户特别是建档立卡户增收。盘龙山庄依托隆德县山河花卉苗木专业合作社共带动农户122户，其中建档立卡户13户，年人均工资性收入1.5万元，从业人员年人均增收0.65万元；陈靳新和民俗文化村将农户纳入儿童乐园、马场、药用植物花卉园等各个休闲体验区，使农户畅享产业带来的收益。

（4）多措并举，助推脱贫

通过改造提升盘龙山庄、神林山庄等8个休闲农业示范点，逐步形成了3条一日游和一条3日游县域休闲农业与乡村旅游精品线路，各示范点独具特色、形式不一。同时，积极举办以农民丰收节、冬季年俗和夏季生态为主的多样化旅游推介活动，以此宣传推介隆德，吸引更多游客旅游观光，形成了示范点产、加、销一体、一、二、三产业融合发展和农民就业增收的新亮点。

2. 隆德县发展乡村旅游与休闲农业的成效

脱贫攻坚期间，隆德县通过大力发展休闲农业和乡村旅游，促进了农村美和农民富。截至2018年底，隆德县农家乐从业人员1500多人，接待游客118.7万人（次），同比增长13.4%。实现旅游社会总收入4.74亿元，同比增长13.1%。温堡乡新庄村与盘龙山庄抱团发展，采取"公司+农户"的经营模式，依托隆德县山河花卉苗木专业合作社，充分利用六盘山地区食用百合及鲜切百合生长得天独厚的自然环境和优越的地理位置，着力打造西部百合爱情谷主题景点，发展果蔬花卉种植、林下特色养殖和食用百合加工销售、生态餐饮服务，建有生态餐厅、乡俗宾馆、果蔬采摘、休闲垂钓、景观长廊、观景游步道、林下生态养殖，形成"吃、住、行、游、购、娱"为一体的多功能生态旅游、休闲农业示范点，解决11名建档立卡户就业问题，实现经济收入8.9万元。神林乡辛平村发挥神林山庄龙头带动作用，充分发掘当地民俗文化、农耕文化，改造发展农家乐，打造"看得见山、望得见水、记得住乡愁"的312国道沿线乡村旅游中心区，通过"公司+农户"的模式，使农民变工人、农院变宾馆、农产变特产、农村变景区，解决安置建档立卡贫困户285名，每人月工资2000元，资助3.6万元帮扶3户贫困户进行了危房改造，捐助1.5万元救助了5户特困贫困户。陈靳乡新和村以村集体经济为龙头，充分利用高台马社火非物质文化遗产资源，把乡村旅游与人文环境、民族特色融合，把自然风景与休闲农业、田园风光紧密结合，发展成一种新的"田园综合体"，打造了美丽乡村和文化旅游示范村，带动就业70余户，其中建档立卡贫困户60户，年终实现分红4万元，增加贫困户就业收入12.8万元。

四、"以强带弱"，积极培育新型农业经营主体

新型农业经营主体是带动现代农业发展的第一动能。2017年和

2018 年中央一号文件多次强调以农业供给侧结构性改革为主线，全面支持新型农业经营主体发展，带动整体农业发展现代化。十九大报告中也提出农业、农村、农民问题是关系国计民生的根本问题，并围绕乡村振兴战略，鼓励培育新型农业经营主体，促进农业供给侧结构性改革。在相关政策的支持和引导下，隆德县新型农业经营主体得到了蓬勃发展，已成为隆德县现代农业发展的重要力量。

（一）构建政策体系，着力培育新型农业经营主体

1. 制定系列培育新型农业经营主体的扶持政策

隆德县充分利用国家对农业扶持的"绿箱"政策、"黄箱"政策、"蓝箱"政策，支持新型农业经营主体培育，出台系列新型农业经营主体进行政策扶持，通过"确定家庭经营的基础性地位""三权分置"经营权可流转、研究"承包期延长 30 年"、统筹城乡发展"工业反哺农业"等政策手段确保新型经营主体培育的可操作性和科学性，为新型农业经营主体的发展提供平台、空间，为现代农业的经济、生态和服务功能发挥提供渠道，为现代农业新型经营主体提供明确稳定的未来发展预期。

2. 制定新型农业经营主体认定和扶持办法

大力培育新型农业经营主体是关系农业现代化的重大战略。为进一步推进农业供给侧结构性改革，引领农业适度规模经营发展，带动农民就业增收，隆德县出台了相应的扶持政策，在政策、资金、服务等方面加大扶持力度，加快培育隆德县新型农业经营主体，激发了农业农村新活力。譬如，隆德县对于四星级以上的示范农场每家扶持 6 万元；国家级合作社 1 家 25 万元；扶贫产业合作社 13 家，每家扶持 5 万—10 万元。

（二）"以强带弱"，发挥新型农业主体示范作用

隆德县脱贫攻坚实践过程中，积极发挥新型农业主体示范作用。采取的模式主要有两种：

一是"新型主体+产业+贫困户"发展模式。譬如隆德县中药材的产业发展模式能够发挥中药材龙头企业的示范带动作用，通过贫困户入园务工、土地流转、订单种植销售、土地入股分红等形式，完善利益链接机制，把贫困户捆绑在产业链上，提升贫困户脱贫致富能力；同时，可以发挥公司（合作社、种植大户、农民经纪人）在种植、收购、销售等方面的引领带动作用，他们收购农户种植的中药材、切片加工，延伸了中药材产业链，提高了中药材的附加值，并且有利于打造"六盘山中药材"区域公用品牌。

二是"村集体经济组织+新型经营主体+贫困户"发展模式。联财镇联合村积极盘活县财政注入的200万元壮大村集体经济资金，通过"内股外租"形式投入到"联合村民安农产品综合开发有限公司"和"隆德县毛家沟农家乐"，设置集体股、企业股和个人股（贫困户土地折价入股）三类，按照7:2:1比例配股，收益按2:2:6分配，在有效提高农户家庭收入的同时，力争村级集体经济收入增长到10万元，有效带动了贫困户脱贫致富。目前共吸纳47户建档立卡户以土地入股，14户以托管现金入股，64户参与生产经营。

致富带头人、专业合作社、家庭农牧场等新型经营主体，通过技术服务、土地流转、订单种植（销售）、入股分红、代耕代种等模式，实现产业发展，贫困户增收，成效显著。

（三）分类发展，新型农业经营主体初具规模

农村经济的蓬勃发展带动了新型农业经营主体的不断壮大，其发

展潜力日益凸显，逐渐成长为现代农业发展中的核心力量。新型农业经营主体包括家庭农场、专业种养大户、农民专业合作社、农业龙头企业和农业社会化服务组织等。近年来，隆德县以发展现代农业为契机，实施"四个一"示范带动工程，即建设产业扶贫示范村，培育扶贫龙头企业，扶持产业扶贫新型经营主体，发展致富带头人，提高农业产业经营组织化程度。农业新型经营主体得到较快发展，一批农民专业合作社、示范农场和龙头企业等先后涌现。

1. 专业大户及家庭农场

专业大户及家庭农场均是在家庭承包经营的框架中发展起来的，以农户家庭为主体，有较大经营规模，采取集约化生产和商品化经营。专业大户在有项目需要、规范要求时，可及时申办注册办证刻章转为家庭农场而开展业务经营。2014 年以来，隆德县专业大户及家庭农场发展较快，这部分群体在当地往往被称为"致富带头人"，隆德县累计培育致富带头人 1051 人。2018 年底，隆德县围绕草畜、中药材、冷凉蔬菜、马铃薯等特色种植和牛羊、生猪、蜜蜂、生态鸡等林下养殖，在全县精准培育 270 名农村致富带头人。

2. 农民专业合作社

农民专业合作社可将自由零散的家庭经营个体合理组合，拥有管理组织架构，推进标准化生产，统一供应种苗、农资、饲料，提供农业生产技术、经营方法、前沿信息互助，实现一人智慧众人分享，一家风险集体分担，既统筹资源合理利用，又降低个人风险系数。农民合作社发挥出小农户与大市场及各农业经营主体的桥梁纽带作用。2014 年以来，隆德县累计培育合作社 62 个。围绕特色种植、养殖、营销、加工、保鲜和农机服务等方面，多层次、多领域、多方位培育农民合作社和家庭农（牧）场。2018 年底隆德县新培育振兴养猪专业合作社、隆德县强盛农机作业专业合作社等 10 家新型经营主体，巩固提升隆德县鑫磊苗木专业合作社、隆德县百花鲜中蜂养殖专业合作社等20家。

3. 农业企业

农业企业往往通过"公司+农户"或"公司+基地+农户"等联结方式，既稳定了原料供应，又带动了周边农户，成为现代农业发展的龙头。在规模上，龙头企业比一般的经营主体要复杂庞大，管理上也更为正规系统，并且贴近市场需求，注重品牌建设，在资金来源方面主要依靠银行或信贷，大多农业企业有能力开拓和稳定自己的产品销售渠道，有助于在市场竞争中居于有利位置。2014年以来，隆德县累计培育龙头企业17个。2018年底，隆德县选取宁夏隆德县六盘山中药资源开发有限公司、宁夏杨河牧业发展有限公司、宁夏黄土地农业食品有限公司等10家企业为区（市）级龙头企业，带动贫困户发展特色产业。

五、多措并举，壮大农村集体经济

集体经济是农村经济的重要组成部分，是促进农业增效、农民增收的重要物质基础。隆德县一直把发展壮大村级集体经济作为破解农民增收"天花板"的重要手段，以农村产权制度改革为抓手，探索出"股份合作、投资收益、服务创收"等多种村集体经济发展模式。

（一）进行产权制度改革，突破村集体经济瓶颈

1. 建立集体经济组织，搭建运营承接主体

隆德县按照中央关于农村产权制度改革的意见要求，由农牧局对

具备农村股份制改革条件的村，首次核定并颁发农村集体经济组织登记证书，完成集体经济组织赋码登记备案工作。妥善处理好村党组织、村民委员会和村集体经济组织的关系，逐步明晰村"两委"主要承担本村社会管理和公共服务活动职能，村民监督委员会开展村级组织民主议事监督职能，村集体经济组织主要承担管理集体资产开发集体资源、发展集体经济等功能作用，明确了集体经济组织和村民委员会是平等的民事主体，使村集体组织"四套马车"并驾运行的组织构架开始形成，为农村产权制度改革及"投改股"顺利开展做好了承接主体的组织准备。

2. 多渠道聚集资金，搭建股权化建设平台

财政涉农资金大多投入农业企业，但投入的资金难以得到有效监管，农户和村集体也难以分享产业链增值收益，财政资金使用的公益性和公平性体现还十分有限。如何将政府财政投资的效益更好地与农民的利益捆绑在一起，赋予农民更多财产权利，是隆德县必须破解的难题。在经营方式上从投资收益逐步向自主经营转变，如田滩村建立梅花鹿养殖基地、杨河村借助帮扶资金发展肉牛养殖等；在产业定位上从传统种植业向农产品加工迈进，如李士村建立粮油醋加工作坊、农村超市和农机作业服务公司，许沟村建设粮油加工厂等；在资产利用上从量化资金向盘活资源性资产突破，如桃园村入股土地1300亩进行规模化种植、锦华村流转土地400亩种植青贮玉米和糜子等；在发展布局上从独立的村级实施向整乡推进过渡，如凤岭乡对全乡8村发展村集体经济进行整体规划布局，村村有产业，个个有特色，实施整乡推进目标。实现"转化薄弱村、壮大一般村、提升富裕村"的发展目标。

3. 搞好股权量化设置，搭建利益联结机制

隆德县在坚持农民集体所有制的前提下，遵循股份合作制的原

则，按照"成立组织、制订方案，界定身份、确定资格，资金量化、配置股权，完善制度、强化监管"程序稳妥开展，有序推进。股权设置中，坚持成员股为主，也设置了集体股，股权管理实行不随人口增减变动而调整的股权管理方式，即"生不增、死不减"。明确村集体经济组织是集体资产管理的主体。特别突出发挥村"两委"班子引领带动作用，使村民牢固树立起股份合作理念。在壮大村集体经济的同时，让更多村民共享农村改革发展成果。

4. 创新经营发展模式，搭建利益发展桥梁

按照县委、县政府制定的扶持发展壮大村级集体经济实施方案要求，各乡镇结合乡情村情，因村因势施策，探索出了不同的集体经济发展模式，主要的运作模式有五种：一是"股份合作"运作模式，如凤岭乡李士村，在村股份经济合作社统领下，建立昌兴农家超市、凤河醋厂、意兴油坊、小杂粮加工和农机服务队，实行村集体自主经营。二是"投资收益"运作模式，村集体不搞直接经营，而是投资或入股给本村有经营实力、产业效益好的企业（合作社）来经营，村集体获得经营主体上缴的投资收益。在村集体还没有好的思路和项目的情况下，这种模式不失为一种"没有好的办法的办法"，优点是取得收益比较直接，风险不大，缺点是获取的收益低，村"两委"班子的带动引领作用发挥不够。三是"股份合作+投资收益"运作模式，如联财镇联合村，由股份经济合作社管理，将资金投入本村民安蔬菜公司和毛家沟生态农家乐。四是"服务创收"运作模式，如城关镇三合村借助村举办的三合养殖专业合作社，建立养殖基地，建圈舍16栋，养猪200头。五是"自主经营"运作模式，如观庄乡姚套村成立村经济合作社，养殖中蜂126箱，种植油菜120亩，带动无产业和建档立卡贫困户。

（二）村集体经济发展壮大，带动农民脱贫致富

隆德县村集体经济发展采取"三变一有"发展模式，有效解决了村集体经济发展的诸多困难，主要体现在以下三个方面：

一是有效破解了村集体经济发展"无人管事"的难题。

通过发展壮大村集体经济，把村干部、群众的潜力挖掘出来，积极性调动起来，切实抓好思想观念的转变，形成发展集体经济有人抓、有人管、有人推的强大合力。全县涌现出了一批创新发展农村集体经济的农民企业家式的优秀村干部。

二是有效破解了村集体经济发展"无本办事"的难题。

有效整合各类资金，充分发挥财政资金的杠杆撬动作用，为村集体经济持续发展注入了不竭动力，社会经济效益得以充分显现，尤其将发展壮大村集体经济的资金折股量化到村经济成员和村集体经济组织的"投改股"做法，得到自治区农牧厅、财政厅等厅局的充分肯定，农业部在安徽天长市举行全国农村集体资产股份权能改革座谈会，隆德县"投改股"做法在会上进行了汇报交流。

三是有效破解了村集体经济发展"无业成事"的难题。

通过发展壮大村集体经济这一载体，整合资金，村级集体经济实现了从无到有、由弱到强的突破性发展，成功探索出了"群众受益"与"集体创收"双赢的新路子，推动了集体资产的保值增值和利益联结机制的构建，一个"财政扶持、企社发展、集体壮大、农民增收"的多方共赢新格局初步形成。

截至 2018 年底，隆德县共成立村集体经济组织 47 个，累计投入各类资金 7117 万元，通过"股份合作+自主经营""股份合作+投资收益""投资收益""自主经营"等经营方式，推进特色种养业、农产品加工业、乡村旅游和休闲农业等产业发展。2018 年隆德县村集体收益达 290 万元，带动农户务工收入 1200 万元，土地流转收入 600

万元，农民分红收入 100 万元以上。凤岭乡李士村成立股份经济合作社，推行"党支部+合作社+农户"的村集体经济发展模式，建立起"资金变股金、农民当股东、收益有分红"的运行新机制，整合资金 210 万元，按照 500 元每股标准折股量化，认定股民 286 户 1144 人，设置 4000 股，建成昌信农家超市、凤河醋厂、意兴油坊和小杂粮磨坊，组建农机服务队，目前 5 个经营实体实现净利润 21.9 万元，预计年营业额 120 万元，年净收益 30 万元以上，全村 286 户常住户（股民）户均可分红 850 元以上。2018 年，隆德县被确定为国家级农村集体产权制度改革试点县。

结语

产业扶贫作为开发式扶贫的一项重要措施，旨在通过发展产业来带动更多的贫困户摆脱贫困。隆德县在打赢打好脱贫攻坚战过程中，坚持把产业扶贫作为脱贫致富的主要抓手，创建了"内培外引"的产业发展模式，既立足于隆德县内部资源禀赋，充分激活和发挥贫困户的内生动力，又创造性地运用政策引入各种外部力量和资源，解决产业发展中的资金、技术、人才短缺问题，解决了隆德县产业精准扶贫中贫困户主体性缺位和社会主体不足问题，同时解决了社会治理的经济主体问题。

在此过程中，隆德县采取了一系列产业扶贫的具体举措：首先，隆德县建立了产业扶贫的"精准帮扶"机制，针对不同贫困户制定不同的产业发展规划，切实做到产业扶持到户，然而受各方面条件制约，"精准帮扶"的政策落实效果还不太理想。其次，隆德县创建了新的产业扶贫模式，创建了"三带四联"、"扶贫车间"、"残疾人托养中心"、一二三产业融合发展等，扶贫成效显著。再次，隆德县大力培育新型农业经营主体，培育了一批专业大户及家庭农场、农民专业合作社、农业企业等，不过数量较少，以强带弱的作用不太明显，并且未建立新型农业经营主体参与扶贫开发的准入制度。最后，隆德县不断壮大农村集体经济，创建了"三变一有"集体经济发展模式，制定了合适的集体经济发展项目，盘活了农村存量闲置资产，使得乡村社会治理有了经济组织的依托。总体而言，脱贫攻坚时期隆德县产业扶贫在体制机制、政策落实、扶贫模式，以及龙头企业与能人带动方面均取得了较好成效，为实施乡村振兴战略积累了经验。在乡村振兴阶段，隆德县应建立产业扶贫的长效机制，做好产业扶贫与乡村振兴阶段"产业兴旺"的衔接工作，构建由多部门参与的产业扶贫治理体系，在巩固已有产业扶贫成果的基础上，确保产业扶贫的可持续性。

第四章

彻内彻外：资金统筹
整合保脱贫

财政作为国家治理的基础，是精准扶贫专项资金的主要来源，对于贫困地区发展和贫困人口减少具有重要影响。财政扶贫也一直是最重要的扶贫手段之一，近年来，随着脱贫攻坚进程的不断推进，各级政府财政扶贫资金投入规模不断增大，显著促进了贫困人口的减少和贫困现象的发生，但在各地的脱贫实践中财政扶贫资金的使用与管理依然存在一些问题，如"跑冒滴漏"现象的存在、扶贫资金使用效益较低、资金使用与考核评价不切实际、扶贫资金目标偏移、扶贫资金筹措制度不完善等。这些问题的存在来自多方面的原因，如对资金整合的认知不够、工作合力不足、协调配合不到位、规范统领和约束作用不强等。一言以蔽之，由于缺乏制度性的机制设计，在扶贫的实践中部分地区出现了治理失序问题。2016 年国务院发布的审计报告显示，被冒领和违规使用的扶贫资金共 1.5 亿元，全国检察机关立案侦查的涉农领域腐败案件中，涉及资金管理的案件占同期立案总量的 55.3%。资金治理的缺乏势必影响扶贫成效，因而，对扶贫资金进行有效治理，实现扶贫资金筹集渠道的多元化、资金管理的强化、资金使用的规范化和效益化、资金投放的精准化是推动脱贫工作进一步发展的关键。

从 2013 年习近平总书记精准扶贫概念正式提出，我国贫困治理政策开始从"解决温饱""区域整治"向"全面小康""精准突破"转变。① 反映在财政扶贫政策上，强调资金使用精准，要求按照贫困

---

① 许传坤、王昕：《财政扶贫专项资金投入的精准性问题——以云南为例》，《开发研究》2019 年第 5 期。

人口和扶贫项目的需求来整合和分配不同来源的资金，提高资金使用效率，挖掘和撬动更多的社会资源投入到脱贫攻坚事业中。2014 年中央提出改革扶贫专项资金管理机制，2017 年新修订的《财政专项扶贫资金管理办法》，要求中央财政专项扶贫资金安排更加贴近贫困地区和贫困人口实际需求，进一步打破限制资金使用的束缚，突出资金精准实用的要求，真正做到"投入实、资金实、到位实"。

扶贫是一项综合性的工作，财政扶贫是一个"授人以渔"而非"授人以鱼"的过程，不是简单地向贫困者或贫困地区单向输入资金，是政府财政职能的运行与发挥。扶贫资金的筹集、分配、使用、监督管理需要各级政府、村镇及贫困个体与家庭的共同协调，资金的统筹与整合与乡村反贫困工作结合在一起，已经不是一个单一的经济问题，而演变为与乡村振兴紧密结合而展开的一项综合性的社会治理活动。

按照中央、自治区的文件要求，隆德县逐渐形成了"多个渠道引水、一个龙头放水"的扶贫投入新格局，实行财政资金精准扶贫。在自治区、市财政的大力支持与指导下，建设了公开、透明、科学、实效的整合运转体系，整合外部资金，统筹内部资金，各部门按照"谁安排、谁使用、谁负责监管"的原则把资金向贫困村整村投入、向贫困户倾斜，紧紧围绕产业发展、基础设施建设、金融扶贫三个重点，集中发力，扎实推进，形成整体合力，涉农资金统筹整合工作取得了阶段性成效。

一、从"毛毛雨"到"集中灌溉"

（一）财政涉农资金整合的历程与现状

整合工作紧紧围绕政府的重大决策和重要部署。隆德县按照

"制度一个笼子、资金一个盘子、项目一个单子"的思路，统筹整合贫困县财政涉农资金。2016—2019 年共统筹整合涉农资金185383.95 万元，其中：2016 年统筹整合涉农资金 12169.06 万元；2017 年统筹整合涉农资金 65002.76 万元；2018 年统筹整合涉农资金 70092.98 万元；2019 年计划统筹整合涉农资金 38119.15 万元。

财政专项扶贫资金收支情况

	2016年专项扶贫资金	2017年专项扶贫资金	2018年专项扶贫资金
收到资金总量	17230.5	27215	30974
支出数	17230.5	27215	30945.7

图 4.1　隆德县财政转型扶贫资金收支情况（2016—2018 年）

统筹整合使用各级财政安排用于农村基础设施建设、农业生产发展及其他建设等方面资金，主要用于贫困村基础设施建设、生态环境改善、安居工程、水利工程、人居环境改善、特色优势产业发展、资产收益、壮大村集体经济、技能培训、扶贫车间、雨露计划、扶贫贷款贴息、扶贫保、扶贫扶志等方面，财政涉农资金整合试点工作经历了从初步试点、稳步推进到规范整合三个阶段。

1. 初步试点

2016 年，隆德县稳步推进试点工作开局，共收到财政专项扶贫资金 17230.5 万元，统筹整合财政涉农资金 12169.06 万元，对农村基础设施建设和农村扶贫的部分项目先行试点。资金类别涉及农村环境综合整治资金、脱贫攻坚地方债资金等。资金整合投向包括：

表4.1 隆德县2016年资金整合投向一览表

项目类别	投入金额（万元）	项目具体内容
基础设施建设任务	9272.06	道路项目、危房改造、环境整治、美丽乡村绿化、生态移民、其他基础设施建设等
农业生产发展任务	1472.6	农业产业发展、农业生产等
其他建设任务	1424.4	技能培训、雨露计划、扶贫保、壮大村集体经济等

2. 稳步推进

2017年方案经过年初、年末两次调整，年度统筹整合财政涉农资金65002.76万元。其中：基础设施建设任务55062.76万元，包括安居工程28511.96万元、水利工程10234.8万元、环境整治480万元、路网工程15673万元；农业生产发展任务6671万元；其他建设任务3269万元，包括劳动力素质提升1046万元、电商工程15万元、扶贫保508万元、金融扶贫330万元、壮大村集体经济1370万元。具体见表4.2。

表4.2 隆德县2017年资金整合投向一览表

项目类别	投入金额（万元）	项目具体内容
基础设施建设任务	55062.76	安居工程28511.96万元、水利工程10234.8万元、环境整治480万元、路网工程15673万元；农业生产发展任务6671万元
农业生产发展任务	6671	农业产业发展、农业生产等
其他建设任务	3269	劳动力素质提升1046万元、电商工程15万元、扶贫保508万元、金融扶贫330万元、壮大村集体经济1370万元

3. 规范整合

2018 年起，进一步推进涉农资金的规范化整合。遵照有关整合规定，明确整合资金范围，落实资金自主使用政策，立足整合资金预算编制工作，紧密围绕全区脱贫攻坚目标任务，编制统筹整合工作实施方案，资金整合实施方案经过年初、年中、年末三次调整，根据实际到位整合资金。年终确定统筹整合财政涉农资金 70092.98 万元。

表 4.3　隆德县 2018 年资金整合投向一览表

项目类别	投入金额（万元）	项目具体内容
基础设施建设任务	56041.03	道路项目 19187.2 万元、水利工程建设项目 11355.91 万元、安居工程 4394.7 万元、生态建设项目 6944.67 万元、人居环境改善项目 14158.55 万元
农业生产发展任务	7968.2	农业产业发展、农业生产等
其他建设任务	6083.75	雨露计划 230 万元、贷款贴息 1671 万元、扶贫车间 647 万元、壮大村集体收入 1200 万元、扶贫保 750.75 万元、技能培训 915 万元、风险补偿金 670 万元

所有整合资金严格依据区脱贫攻坚办下达部门扶贫项目计划拨付，围绕产业帮扶措施，带动支持扶贫对象发展农业产业；鼓励龙头企业、专业合作社带动贫困户发展产业；加大对村集体经济扶持力度，着力提高贫困户就业和生产能力；积极帮助贫困户缓解生产资金短缺困难，建立了扶贫小额贷款贴息和风险补偿金工作机制。

2018 年具体整合资金来源见表 4.4。

表 4.4　2018 年隆德县整合转向资金一览表

项目名称	毕业生	拨入金额（万元）
中央财政专项扶贫资金	中央财政资金	11678.25

续表

项目名称	毕业生	拨入金额（万元）
水利发展资金	中央财政资金	7625
农业生产发展资金	中央财政资金	1916.6
林业改革发展资金	中央财政资金	1161.4
农业综合开发补助资金	中央财政资金	1408
农业综合改革转移支付	中央财政资金	4182
新增建设用地土地有偿使用费安排的高标准基本农田建设补助资金	中央财政资金	2000
车辆购置税收入补助地方用于一般公路建设项目资金（支持农村公路部分）	中央财政资金	4119
农业资源及生态保护补助资金	中央财政资金	961
中央预算内投资用于"三农"建设部分	中央财政资金	3199.8
财政专项扶贫资金	省级财政资金	6466.45
脱贫攻坚地方债	省级财政资金	9745.00
农业综合开发补助资金	省级财政资金	563.00
农村危窑危房改造补助资金	省级财政资金	3728.70
农业产业化发展	省级财政资金	554.20
农业科技创新与推广	省级财政资金	97.60
农产品质量安全监管	省级财政资金	10.00
农业执法与监管	省级财政资金	27.30
一、二、三产业融合发展资金	省级财政资金	1100.00
农村综合改革转移支付	省级财政资金	3700.00
林业优势特色产业项目	省级财政资金	44.00
县级财政资金	县级财政资金	1658.68
总计		65945.98

总体说来，财政涉农统筹整合使用资金，是围绕精准扶贫、精准脱贫目标，中央、区、市、县财政安排用于农村基础设施建设、农业

生产发展和农村公共服务等方面的资金。当前隆德县资金整合的范围包括中央涉农项目资金整合范围 20 项和自治区涉农项目资金整合范围 17 项。

中央 20 项是：财政扶贫专项资金、农田水利设施建设和水土保持补助资金、现代农业生产发展资金、农业技术推广与服务补助资金、林业补助资金、农业综合开发补助资金、农村综合改革转移支付资金、新增建设用地有偿使用费安排的高标准基本农田建设补助资金、农村环境连片整治示范资金、车辆购置税收入补助地方用于一般公路建设项目资金（支持农村公路部分）、农村危房改造补助资金、中央专项彩票公益金支持扶贫资金、产粮（油）大县奖励资金、生猪（牛羊）调出大县奖励资金（省级统筹部分）、农业资源及生态保护补助资金（对农民的直接补贴除外）、服务业发展专项资金（支持新农村现代流通服务网络工程部分）、江河湖库水系综合整治资金、全国山洪灾害防治资金、旅游发展基金，以及中央预算内投资用于"三农"建设部分。

宁夏回族自治区涉农项目资金整合范围 17 项是：自治区财政专项扶贫资金、农业产业化发展资金、农业科技创新与推广资金、农产品质量安全监管资金、农业执法与监督资金、自治区财政林木良种补贴资金、林业生态造林补助资金、林业有害生物防治项目资金、林业优势特色产业项目资金、大田粮食作物高效节水灌溉一次性滴灌带补助资金、水利专项资金、县级公益资金、农业综合开发项目地方配套资金、农村综合改革资金、一二三产业融合发展资金、自治区农村危房改造补助资金，以及中央安排地方债务中用于扶贫开发的资金。

（二）财政涉农资金整合取得的成效

自 2016 年 4 月国务院办公厅印发《关于支持贫困县开展统筹整合使用财政涉农资金试点的意见》以来，为优化财政涉农扶贫资金供给机制、提高财政涉农资金使用效益、减少资金闲置、保障集中资源打赢脱贫攻坚战，隆德县连续 3 年进行涉农资金整合，推行"多个渠道进水，一个池子蓄水，一个龙头放水"的资金整合和管理机制，有效解决了"每个部门手里都攥着一把米"导致的涉农资金管理中权力部门化、项目随意化、资金碎片化、效益低下化等问题。

1. 县政府调控能力进一步增强

过去，涉农投入渠道较多，涉及农业、农机、民政、人力资源与保障、文化、教体、卫生、扶贫等十几个部门。县域范围内，耕地保护由农牧局负责，贫困生资助由教育局负责，城市低保与农村五保、抚恤伤残补助、自然灾害救济等由民政局负责，养老金补贴、医疗保障由人社局负责管理，农民小额贴息贷款由人社局和金融机构共同管理，扶贫资金由县扶贫办负责管理。基本信息资料涉及千家万户，横向相关业务部门，纵向县、乡、村、组、人，真实性审核复杂，难免出现信息不对称的情况。项目资金尤其是涉企资金分配在使用方向、实施范围等方面有相当程度的重复和交叉，导致一些项目多头申报。涉农资金既不能形成资金合力，又增加运行管理成本，严重影响了使用效率。通过资金整合，县政府能够依托发展规划自主确定项目，统筹安排资金，集中精力促改革，定政策，谋发展。有效增强了自主统筹安排资金的能力，将整合范围资金精准投入脱贫攻坚，以前一些因为资金困难而无法推进的项目，纷纷得到重大突破。

2. 壮大优势特色产业，促脱贫效益显著

隆德县围绕草畜、中药材、冷凉蔬菜等支柱产业，着力打造"四个一"工程——10 个扶贫产业示范村、10 个扶贫龙头企业、100家新型经营主体和培育 1000 名致富带头人，推行"龙头企业+基地+科技+贫困户"的产业发展模式。2014 年以来，在全县累计培育产业示范村 50 个、龙头企业 17 个、合作社 62 个、致富带头人 1051

人，带动 6500 余户贫困户发展产业。2018 年全县完成农牧业总产值 13.7 亿元，增加值 6.2 亿元，农民人均可支配收入 9277 元，分别增长 0.7%、1.7%、9%，其中建档立卡贫困户人均可支配收入预计达到 7440 元，增长 12%。在财政的大力支持下，当前全县肉牛饲养量 9 万头以上，其中 4950 户建档立卡贫困户饲养肉牛近 2.6 万头，养牛收入占农民人均可支配收入的 20% 以上。县中药材种植规模达 1.5 万亩以上，加工转化率达到 40%，中药材产业收入占农民人均可支配收入的 10% 以上。

3. 农村基础设施条件显著改善

隆德县围绕贫困村退出目标，统筹推进农村饮水、道路、住房等基础设施和公共服务建设，全力打通服务群众"最后一公里"。实施整村推进计划，累计完成村组道路硬化 424 公里、村庄巷道硬化 1257 公里、田间生产道路拓宽铺砂 352 公里，改造危房 24283 户，自来水入户 13099 户、动力电入户 2778 户，实现安全住房、自来水入户全覆盖，贫困户自来水入户率、安全饮水保障率、生活用电和广播电视入户率均达到 100%，99 个行政村道路硬化率和客车通达率达到 100%，村容村貌焕然一新，农村住房危、行路难、饮水缺、环境差问题得到彻底解决。累计建成农村文化广场 87 个、文化舞台 64 个、标准化村卫生室 99 个、电商服务中心 99 个、经济合作组织 165 个，配套健身器材 153 套，全县 99 个行政村文化广场、电商服务中心、文化体育设施、标准化卫生室、经济合作组织等基本公共服务配备齐全，极大改善了农村群众生产生活和公共服务设施条件，加快了美丽乡村建设步伐，提升了农村文明发展水平。

4. 财政涉农资金管理更加规范，资金使用更加快速、精准、安全

通过三年多以来的整合试点，隆德县初步建立起了整合资金协调

保障工作机制，落实盘活存量，用好增量，对政策规定纳入整合范围的各类涉农资金，财政、扶贫、主管部门及时会商，资金实现"大类间打通、跨类别使用"，整合突出"规模"、管理突出"放活"、使用突出"精准"、结果突出"成效"，为全区打赢脱贫攻坚战提供了有力的资金保障。2014年以来累计整合各类涉农资金20亿元，全部用于脱贫攻坚工作，涉农资金整合率达100%。建立财政专项扶贫资金支付率月度通报制，加快资金拨付进度和支付率，中央及自治区扶贫专项资金支付率达100%。

项目立项权、审批权和资金管理办法制定权下放后，各地方可以围绕自身发展和脱贫规划，将涉农资金统筹使用，确保资金用到最急需的地方。同时，能主动采取更加灵活主动的监管措施，确保资金安全。如资金实行台账、预算系统动态实时监管、项目库规范监管、部门实行专账管理，能够全面掌控整合资金的来龙去脉。通过将资金、项目计划在政府门户网站上公示公告，各项目实施责任单位在执行扶贫项目行政村进行公示公告，资金分配更加透明公开，社会监督更加全面深入，很大程度上提高了资金安全水平。

二、六轮驱动统筹整合涉农资金

（一）机制为基：建立健全资金整合决策和执行机制

隆德县为了加强对全县涉农项目资金整合工作的领导成立了统筹整合使用财政涉农资金领导小组，由县政府主要负责人任组长，分管农业、财政、扶贫的副县长担任副组长，发改、财政、审计、农牧、水务、林业、住建、交通、文广、教育、国土等涉农部门的主要领导为成员，建立联席会议制度，形成"政府领导、部门实施、配合协作"的组织协调制度。仅 2018 年，隆德县委常委会研究扶贫工作及扶贫资金管理方面的会议达 16 次，政府常委会专题研究扶贫资金安排使用及监管方面的会议 30 次，扶贫领导小组共研究扶贫资金使用及项目调整的会议 40 余次。隆德县财政局局长表示，由于领导重视，各部门对整合资金由不理解不支持变为主动沟通，积极配合，使隆德县涉农资金整合工作得以顺利进行。

领导小组各成员单位按职责分工，具体落实领导小组决策的重大事项。领导小组定期召开会议，研究解决相关问题，确定统筹整合涉农资金范围、年度涉农资金重点投向，推动工作落实。而各部门则各司其职，密切配合，按照上级的要求和部署，把涉农项目资金整合作为脱贫攻坚工作的重要抓手，抓紧抓实。县扶贫、发改、财政部门编制统筹整合资金使用计划。县财政局负责编制统筹整合资金来源方案，参与资金监管。县监察、审计部门要将涉农资金整合管理使用情况作为审计和监督检查的重点内容，做到事前、事中、事后全程跟踪监督检查，每月督查一次，县审计局每季度专项审计一次。项目主管部门及项目建设单位是整合资金使用者，对资金的安全负主要责任。各部门间实现了良好的合作与互动。

（二）建章为据，编制涉农资金整合实施方案、制定资金管理办法

根据中央和宁夏回族自治区有关整合使用财政涉农资金总体部署，即贯彻落实《国务院办公厅关于支持贫困县开展统筹整合使用财政涉农资金试点的意见》《财政部、国务院扶贫办关于进一步做好贫困县涉农资金整合工作有关事宜的通知》《自治区人民政府办公厅关于支持贫困县开展统筹整合使用财政涉农资金试点的实施意见》精神，隆德县在维持现有各类涉农资金投入相对稳定的前提下，将中央、自治区、市、县财政安排用于农村基础设施建设和农业生产发展

等方面的资金纳入统筹整合范围内，包括中央 20 项、自治区 17 项内容及县级政府认为本级应纳入统筹整合范围内的专项资金。并且紧密结合本地实际和经济社会发展五年规划及相关涉农专项规划，编制当年度涉农资金统筹整合实施方案，明确了整合范围、部门分工、整合程序、资金使用管理、监管措施等内容，搭建起统筹整合使用财政涉农资金的运行框架。

在制订年度整合实施方案的同时，隆德县按照中央、自治区对"三农"工作的总体部署，结合本地经济社会发展规划及乡村振兴总体项目规划，汇集多方智慧和意见，制定了《隆德县涉农专项资金管理暂行规定》《隆德县财政专项扶贫资金管理暂行规定》《隆德县专项资金监督管理办法》等 9 项涉农扶贫领域资金管理办法，出台了《隆德县统筹整合使用财政涉农资金管理办法》。明确了统筹整合资金使用管理的目标和基本原则、整合资金来源和使用范围、资金分配使用和管理要求、项目申报审核实施监管和验收要求、各部门职责分工和绩效考核要求等。

此外，隆德县在资金整合过程中不断探索并最终确定了资金整合原则：第一，坚持政府主导、统筹规划原则。充分发挥政府在统筹整合涉农资金中的主导作用，重点抓好上下衔接、组织协调、督促检查。第二，坚持多渠道整合、统筹使用原则。在统筹整合涉农资金过程中，做到"多管道进水、一个池子蓄水、一个出口放水"，整合所有能整合的涉农资金，全力推进精准扶贫。第三，坚持因地制宜、量力而行原则。针对各贫困村自然条件、人文特点、资源优势确定扶贫项目，结合本级财政状况和贫困村所需建设项目规模，确定建设资金额度，实行总量控制，量力而行。坚持精准发力、注重实效原则。将财政涉农资金统筹整合使用与脱贫目标、脱贫成效紧密挂钩，针对制约脱贫的突出短板和主要因素，科学决策，精准施策，着力加强基础设施建设，改善生产生活条件，增强贫困人口自我发展能力。

（三）预算为先：归并涉农资金专项，设立任务清单

在预算编制环节，隆德县对涉农项目资金整合做到"横向并盘，纵向拼盘"。横向并盘，是在同行政级次内，凡是已有相近项目的，不论部门内还是部门间都坚决不再设立新项目，不只看项目名称，更看项目本质，将相应的资金并入已有的项目资金盘中统一使用；纵向拼盘，就是在不同行政级次间，只要上级已经设立了相近的资金项目，就不再设立新的项目，在原项目的基础上调整实施规模和范围，将本级财政资金纳入上级项目资金盘中进行统一使用。通过归并、分类化零为整，对性质相同、用途相近、使用分散的涉农资金进行整合，或按资金用途重新进行分类。对交叉重复的涉农资金予以清理整合，将现有涉农资金归并设置为农村基础设施建设、农业产业发展、金融扶贫等多个大类，相应制定涉农资金统筹整合专项目录，明确每类资金牵头部门并实施动态调整。

表4.5 隆德县涉农资金统筹整合专项目录

涉农资金统筹整合专项目录			
序号	资金分类	主要任务	责任单位
1	农业产业发展	构建现代农业体系，完善农业支持保护制度，如种养产业项目、家庭农场建设等	农牧局牵头，扶贫办、财政局等参与
2	农业农村基础设施建设	推进基建类和非基建类项目建设，如道路硬化、农村饮水安全巩固提升工程、水利工程、安居工程等	交通局、水务局、住建局、扶贫办等
3	生态建设	建设山水田林湖综合体，推进生态建设与大扶贫、大产业融合发展，培育林业资源，对重点村庄节点、道路进行绿化提升	林业局牵头，财政局、扶贫办、国土局、文广局等参与
4	人居环境改善	整治农村环境"脏乱差"，改造农村危旧房，进行环境综合整治，消除安全隐患，改善贫困人口生产生活条件	扶贫办牵头，住建局、环保局等参与

续表

涉农资金统筹整合专项目录			
序号	资金分类	主要任务	责任单位
5	教育培训	支持教育事业发展，用于支持教育培训、技术培训等，包括雨露计划、劳动力素质提升工程等	财政局、扶贫办、教育局等
6	金融扶贫	对扶贫项目实行贴息贷款，支持农业产业发展；建立村级互助资金；建立扶贫开发融资平台等	财政局、扶贫办、农牧局等
7	其他	规定的其他与脱贫攻坚工作有关的项目	各部门

在清理整合涉农资金的基础上，由县级统筹实施的涉农专项转移支付实行"大专项+任务清单"的管理模式。任务清单由县级主管部门编制，按照任务清单实施项目建设。任务清单详细列明了当年度涉农资金投向的所有项目的名称、类别、资金来源、资金规模、实施单位、实施地点、实施时间、责任人、项目主要内容及年度任务。任务清单分为约束性任务和指导性任务，实施差别化管理。约束性任务需进行考核，指导性任务不作为考核硬性指标。约束性任务需切实保障中央和自治区部署的重大改革、重要政策和重点项目落实，并与所对应的资金规模相匹配。2018年任务清单（部分）见表4.6。

表4.6 隆德县2018年涉农专项转移支付任务清单（部分）

项目名称	项目类别	资金来源	资金规模（万元）	实施单位	年度任务
金融扶贫贷款贴息	金融扶贫	中央财政专项扶贫资金	681	扶贫办	金融扶贫小额借贷借款贴息
农机具补贴	农业生产发展	中央财政专项扶贫资金	23.1	扶贫办	用于发展草畜产业的建档立卡贫困户购买铡草机、揉丝机补贴
2018年贫困村基础设施建设项目	农村基础设施建设	脱贫攻坚地方债资金	650	住建局	温堡乡夏坡村敷设排水管网1480m；城关镇竹林村整治村庄排水沟350米；观庄乡田川村道路硬化820米，敷设排水管网1090米

续表

项目名称	项目类别	资金来源	资金规模（万元）	实施单位	年度任务
危房危窑改造项目	农村基础设施建设	农村危房改造补助资金	3728.7	住建局	新建安全住房2360座

（四）项目为要：加强涉农项目谋划与管理

财政部副部长胡静林说："贫困地区涉农资金整合对政府部门来说是一场'刀刃向内'的自我革命。"实践中需要贫困县作为实施主体做好"接"和"用"的文章，完善制度保障，做好规划衔接。在国家顶层设计已完成的情况下，隆德县通过对涉农资金的项目制运作，妥善地解决了"接"与"用"的问题。以扶贫项目为例，在传统的资金管理模式下，从项目初步的设计到最后的落地往往要经过项目设计、项目申报、项目立项、资金审批、项目实施、项目监管和项目验收等七个环节。在这些环节中，各部门相对独立，在项目规划管理中，呈现出的是一种线性的管理方式，尤其是在资金审批环节上，项目资金来源单一，仅能从该部门的上级部门中层层申报审批，效率水平低下的同时，落实到具体项目上的可用资金，其规模也往往较小，缺乏规模效率。

为了改变这一局面，隆德县建立完善了涉农项目库。按照"渠道不乱、用途不变、各司其职、集中使用"的原则，把分散在各部门的涉农项目集中起来，建立分年度的财政涉农资金整合项目库。涉农项目库的质量决定着涉农整合工作的整体质量，是整个整合工作的关键一环。各乡镇、街道办事处和相关部门根据辖区和行业扶贫需要组织申报财政涉农资金项目，财政各业务归口股室对单位申报的项目库进行审核，审核后的项目按照轻重缓急原则排序汇总至领导小组，由领导小组商议决策涉农项目的挑选。领导小组接到申报项目材料后，在综合考虑项目的实施条件、预期扶贫效果等方面情况的基础上，将符合全县脱贫攻坚规划、统筹整合使用财政涉农资金总体规划要求的申报项目纳入下一年度县财政涉农资金整合项目库。在搭建涉农项目库的同时，高度重视涉农项目的绩效评价工作，严格参照财政年初预算项目评价标准，在申报项目的同时进行项目绩效指标的录入，设立中期目标和整体目标，确保充分发挥涉农资金的效益和效果，真正把"大农业、大财政、大预算"理念落实到工作中，落实到项目上，并且定期对项目库进行维护及更新

在项目建设完善的同时不断加强项目谋划。项目建设是脱贫攻坚的强大引擎和重要支撑，隆德县牢固树立抓项目就是抓发展的意识，围绕脱贫攻坚，把握政策导向，把项目库建设与资金谋划相结合，提升项目谋划的准确性。做到任务早明确，措施早制定，责任早落实，资金早报账。例如，自2017年6月开始，隆德县就谋划2018年的扶贫项目，先由乡村根据实际需求申报项目，县扶贫领导小组根据预测的资金总量，按照轻重缓急对项目进行筛选，对筛选确定的项目，下发到乡村再进行完善细化，之后报县扶贫领导小组审定。对需要进行政府采购或公开招投标的项目，必须在当年年底完成。能在当年实施的项目，实行跨年度实施，资金跨年度支付。对项目单位上报整合资金使用方案时，严格审核把关，对不适宜本地实际情况及无法发挥财政涉农资金效应的项目，坚决不予实施。在全县形成一切为了脱贫攻坚的思想共识。"多渠道引水，一个龙头放水"使资金供给机制进一步完善，为精准扶贫精准脱贫发力，从而提高资金使用效益。

（五）落实为本：加快扶贫资金支付进度

为了完善资金运行拨付机制，隆德县规定财政专项扶贫资金遵循资金跟着项目走，实行"先规划、再实施，先启动、再拨付，先验

收、再报账"的程序，严格审核程序，严格把关，杜绝了截留挪用的现象发生；实行专人管理，财政专项扶贫资金实行了专款、专户、专账、专人管理，工程类项目实行项目实施单位报账制，实物补助类项目实行政府统一采购，到户类项目实行"一卡通"直接拨付到农户。在扶贫项目实施中，始终坚持基建项目招投标制、重大项目监理制、基建项目审计制、限时完成制、责任追究制等制度，建立健全财务管理和项目管理制度。

此外，按照县委、政府的要求，对限额以下的项目，采取邀请招标或者由业主直接发包的方式，确定施工单位；对 50 万元以下的施工项目，财政投资评审中心做到验收后及时受理并开展项目评审，限时下达评审报告，便于编制结算报告；财政内部对涉及扶贫领域的请款事项，执行限时办结和一次性告知制度，建立资金支付"绿色通道"。

（六）管理为重：筑牢扶贫资金监督屏障

扶贫资金既是贫困群众的"保命钱"，也是精准扶贫的"助推剂"，承载着保基本、兜底线、促公平的重要使命。隆德县在加快项目进度、加大资金兑付的同时将资金监管作为重要的保障措施，全面推进"三级审核、三级备案、一个平台监管"的"331"信息公开机制，建成涉农惠农资金电子触控查询机、LED 屏 70 套，开通农户手机 APP 客户端掌上查询系统，方便农户随时查询涉农惠农政策和各类扶贫款项，确保涉农惠农资金阳光运行。

在管理监督体系建设方面，隆德县制定出台了《关于隆德县 2018 年至 2020 年开展扶贫领域腐败和作风问题专项治理的实施方案》和《关于隆德县 2018 年开展扶贫领域腐败和作风问题专项治理的工作安排》。按照横向到边、纵向到底的工作要求，充分发挥审计、纪检监察、财政监督和社会监督作用，贫困村第一书记、驻村工作队、村"两委"深度参与涉农扶贫资金和项目的管理监督，形成了多层次、多方位、多形式的监督方式，落实"花钱必问效，无效必追责"的监督机制，确保扶贫资金使用成效。

随着监督体系建设的不断推进，隆德县建立完善了涉农惠农项目资金电子监管平台，把农户姓名、家庭住址、社保卡号、身份证号、手机号等信息录入监管平台数据库，为每个农户建立一个电子档案，农户只需输入身份证号等，便可在查询一体机和手机 App 客户端上查询公示信息。

针对每一个扶贫涉农项目，自上而下实行县级、乡镇、村组三级备案。制订具体实施方案，明确兑现的范围、标准、方法、步骤等，由实施部门平台信息管理员在平台上发布公示，三级备案完成后，群众就可以在查询一体机和手机 App 客户端上查询到最近准备发放的项目资金名称、享受人群、资金标准等信息。

针对每一笔项目资金，自下而上实行村级评审、乡镇复审、县级终审的三级审核制。村两委依据备案中实施细则要求，通过召开村两委会议或村民代表大会，拟定项目资金发放花名册，通过监管平台公示。经乡镇复审和县级终审无误后，发放资金。三级审核期间，农户可在 LED 显示屏和手机 App 上查看到本村享受政策情况，并收到发放资金的短信，从而实现了扶贫资金的实时动态监管。

此外，隆德县通过不定期抽查、专项检查与审计、纪检、监察等部门联合检查等多种方法，重点加强对各项涉农资金申报、立项、分配、使用等全过程的监督检查。推行和完善专家评审制、公示公告制等涉农资金管理方式，实现资金分配依据客观、程序规范、结果公正，杜绝涉农资金无序、重复分配的现象发生。按照"谁主管，谁负责；谁审核，谁把关"原则要求，进一步压实各部门工作职责，加强扶贫项目资金审核力度，保证程序到位、数字精准、材料完整；会同纪检监察、扶贫、审计等部门，对项目进展偏慢的单位开展督查工作，执行项目问效制度，增加部门的紧迫感，因工作落实不到位，造成项目推进不力、资金支付不及时，严肃追究责任。

对于每笔扶贫资金的发放、使用和落实情况进行跟踪回访调查，确保每一笔资金都能够顺利安全拨付到位，对于扶贫项目进行严格的事前、事中、事后监督控制，确保质量过硬，服务到位，真实有效。建立健全全县督查工作机制。同时，整合有关职能部门之力，适时对资金使用进行事前、事中、事后监督检查，发现问题及时纠正，并建立长效督导检查机制，实行全过程跟踪督查，对群众反映强烈的问题进行重点核查，确保扶贫资金使用到位。

三、双翼齐飞助推金融扶贫

为全面贯彻中央及区、市、县有关扶贫开发工作的战略部署，深入落实自治区扶贫办、宁夏保监局《关于开展精准扶贫"脱贫保"工作的通知》文件精神，有效保障贫困人口稳定增收，缓解因病、因灾返贫现象，提升贫困农户抵御自然灾害的能力，解决其发展产业的后顾之忧，增强发展信心，深入推进精准扶贫工作，隆德县立足县情，创新措施，实施"两免两贴三保险"保障机制，在全县13个乡镇设立68个便民服务网点，99个行政村设立168个金融代办点，大力开展金融扶贫工程。

（一）保险扶贫

发展农村，首要的是大力发展当地农副产业，而"靠天吃饭"的农业受气候、疫病等的影响较大，产业风险较大。隆德县的经验表明，农业保险是金融进农村的一个突破口，是有效助力脱贫攻坚的一条路径。但农业保险对于保险公司来说风险较大，利润较低，通常保险公司并不愿意提供价格优惠的农业保险。而农民由于风险意识较低、信息渠道不畅也通常不会去购买保险。一旦遇到天灾或其他不可控因素就容易因灾致贫。而缺乏保险的农民一旦遇到突发疾病尤其是重疾也往往无力应对。为了提高贫困人口抵御风险能力和风险保障水平，帮助贫困人口摆脱因灾致贫、因病致贫返贫的困境，提高贫困人口抵御重大疾病和农业自然灾害的能力，不断提高精准扶贫、精准脱贫实效，隆德县结合当地实际情况在全县范围内开展扶贫保险工作。

1. 制定保险扶贫实施方案，确定基本原则

隆德县依据中国保监会、国务院扶贫办《关于做好保险业助推脱贫攻坚工作的意见》，制定《隆德县"扶贫保"实施方案》，坚持"政府引导、市场运作、保本微利、共谋发展"的原则，从实际出发，紧紧围绕贫困村、贫困人口、重点扶贫产业，探索和创新保险扶贫的有效方式。"扶贫保"政策的实施对象，以2014年自治区建档立卡时认定的贫困户和贫困人口为准，并将建档立卡动态调整和查漏补缺新增的贫困户和贫困人口也纳入此范围，享受相关政策。

2. 提供菜单式保险服务，满足贫困地区风险保障需求

"扶贫保"项目精准定位全县建档立卡贫困人口，整合了家庭意外伤害保险、大病补充医疗保险、借款人意外伤害保险等人身保险以及种养殖保险、"金融扶贫·小额信贷"保险、农产品价格保险等与产业发展紧密结合的财产保险，包含了一揽子风险保障，为贫困人口提供菜单式的保险服务。

隆德县"扶贫保"产业保险具体包括：

表 4.7　隆德县扶贫保产业保险一览表

序号	产品名称	保险责任	主要品种	保险金额（元/亩、只、头）	保险费（元/亩、只、头）
1	小杂粮产量保险	自然灾害+产量	荞麦、糜子、谷子、莜麦、豌豆	250—400	1.5—20
2	露地蔬菜成本价格保险	自然灾害+价格	西红柿、尖椒、黄瓜、芹菜、茄子、韭菜	1500—3500	90—210
3	马铃薯收入保险	自然灾害+价格+产量	马铃薯	600—700	24—28
4	粮食作物大灾保险	自然灾害	玉米、马铃薯	200—800	10—48
5	油粮作物大灾保险	自然灾害	胡麻、葵花、油菜等	300—800	15—40
6	西甜瓜成本保险	自然灾害	西瓜、甜瓜	500—900	25—45
7	黄花菜成本价格保险	自然灾害	黄花菜	1000	60
8	万寿菊成本保险	自然灾害	万寿菊	1500	75
9	中药材成本保险	自然灾害	黄芪、柴胡、甘草等	600—1000	30—50
10	饲草成本保险	自然灾害	苜蓿、青贮玉米等	1000	50
11	茴香成本保险	自然灾害	茴香	500	25
12	苗木种植综合保险	自然灾害+病虫草鼠害+火灾	精品大苗	6000—12000	36—72
			普通苗木	2000—4000	12—24
13	肉羊收益保险	疾病+意外+价格	滩羊、其他肉羊	600—900	30—45
14	基础母羊养殖保险	疾病+意外+自然灾害	滩羊、其他母羊	500—600	30—36

续表

序号	产品名称	保险责任	主要品种	保险金额（元/亩、只、头）	保险费（元/亩、只、头）
15	肉牛收益保险	疾病＋意外+价格	西门塔尔等	5000—9000	225—405
16	基础母牛养殖保险	疾病＋意外+自然灾害	安格斯	12000	348
17	驴养殖保险		商品驴	7000	175
18	蜂养殖保险		中华蜂	700	42
19	兔养殖保险		肉兔	25	1.5
20	林果成本保险	自然灾害	枸杞、葡萄、红枣等	700—900	35—45

隆德县的保险扶贫是缓解贫困人群脆弱性的有效手段。这种小额保险能够使贫困人群花费较少，但获得较多的保障。国际贫困扶助协商组织将小额保险定义为面向中低收入人群，依照风险事件的发生概率及其所涉及成本按比例定期收取一定的小额保费，旨在帮助中低收入人群规避某些风险的保险。显然，小额保险的发展是重要而且必要的，隆德县的小额保险针对的是农民最关注且对农民生产生活影响最大的风险，可以有针对性地帮助农民转移最迫切而严峻的风险问题。

3. 健全补偿机制，实现扶贫保险全覆盖

隆德县特别设立了"扶贫保"风险资金池，一个保险周期亏损的情况下，亏损部分由政府启用保险风险补偿金承担60%，合作保险公司承担40%，实现风险共担；一个保险周期公司盈利情况下，盈利部分60%返回风险补偿资金池，周转使用。风险资金池的运作充分调动了保险机构投保积极性、提高了"扶贫保"标准、增强了理赔及时性。2016年以来，隆德县为全县10321户39923人建档立卡贫困户购买家庭意外伤害保险、大病补充医疗保险、种植保险、养殖保险、"金融扶贫·小额信贷"保险、农产品价格保险，实现"扶贫

保"全覆盖。保险机构累计赔付农户人寿保险金 731.2 万元，累计赔付财产保险金 418.6 万元。

（二）信贷扶贫

信贷扶贫通过赋予贫困人群一定的信贷资源，使其拥有自我发展的能力，被认为是能力增进型扶贫的一种方式。隆德县为增进贫困户自我发展能力投入风险补偿基金 3500 万元，形成"政银户联动、风险共担、多方参与、合作共赢"金融扶贫·小额信贷"隆德模式"，撬动金融部门累计为贫困户发放贷款 6.1 亿元，户均贷款 4.8 万元，目前贫困户存量贷款 3.5 亿元，覆盖率达 81.5%，有效解决了贫困户发展产业资金短缺难题。

1. 贷款风险补偿

补偿主体是从事优质粮食、草畜、蔬菜产业的普通农户、专业大户、家庭农场、合作社，贷款用于基础建设、设备购置、市场营销等关键环节，确因不可抗力造成贷款损失的，由县财政、农业主管部门和经办银行共同认定，给予风险补偿支持。

2. 贷款贴息

政府的扶贫贴息贷款是信贷扶贫的另一种方式。按照《关于印发〈隆德县金融扶贫实施方案〉的通知》要求，由合作银行根据信用评级结果，建档立卡贫困户贷款额度最高 10 万元，贷款期限 1—5 年（种植业 1—2 年、养殖业 2—3 年、中药材产业 3—5 年），贷款利率执行人民银行同期基准利率，实行贴息政策。建档立卡贫困户中评级授信等外户实行贷款托管方式。对从事优质粮食（含马铃薯）、蔬菜、草畜、中药材及林下种养经济的农户、专业大户、家庭农场、合作社，符合相关条件的，享受特色产业担保贷款，给予全额贴息，期限最长为 3 年；对龙头企业贷款按照基础利率的 50% 给予贴息，期限最长为 3 年。

3. 小额信贷政策

对建档立卡贫困户家庭，贷款 5 万元及 5 万元以下以基准利率给予全额贴息，贷款期限和贴息年限不超过 3 年。仅 2018 年，隆德县投放的小额信贷金额达 19825 万元，共向 7468 户建档立卡户投放了小额信贷，贫困户贷款覆盖率达 75.3%。

小结

党的十九大报告强调，让贫困人口和贫困地区同全国一道进入全面小康社会是党的庄严承诺。坚持大扶贫格局，注重扶贫同扶志、扶智相结合，深入实施东西部扶贫协作，重点攻克深度贫困地区扶贫任务。这要求各地改变以往政府拨款"大水漫灌""撒胡椒面""利益均沾"等做法，进行精确瞄准，减少扶贫资金的偏离和渗漏，提升财政扶贫专项资金的边际使用效率，真正发挥出财政专项扶贫资金的引领作用、撬动作用。

扶贫项目资金、涉农资金、东西协作资金等量大面广，隆德县积极探索、瞄准涉农资金管理中项目随意化、资金碎片化、效益低下化等问题和农村金融缺服务、缺资本、缺信用难题，紧紧把握资金治理这个关键点，整合外部资金，统筹内部资金，以资金统筹整合为切入点，构建地区社会资本，丰富地区社会资源。资金的统筹整合需要各职能部门共同发挥作用，同时也必须与贫困地区的农业生产发展、基础设施建设、产业技术结构升级、贫困人口的正式和非正式教育培训等紧密结合在一起，才能从根本上解决贫困问题。

隆德县在脱贫攻坚的实践中不断探索，将资金精准投向农村基础设施、农业产业化、社会事业等类别，实行政府统筹调配、项目择优

择重竞选、资金集中投放，变过去的"毛毛雨"为"集中灌溉"，变
"跑冒漏滴"为"集中监管"，有效地解决了"基层最知道自己哪儿
疼，却没法开方抓药"、上下权责不匹配、财政涉农资金"打酱油的
钱不能买醋"、项目和资金"碎片化"安排使用等制约精准扶贫措施
落地的问题。同时积极探索建立涉农资金统筹整合长效机制，努力把
有限资金用在刀刃上，统筹城乡发展，在资金支持的基础上完善了以
信贷、保险为主的金融扶贫体系，有针对性地解决了农村资金需求与
供给之间的结构性障碍，切实提高了国家扶贫政策效果和扶贫资金使
用效益，促进了贫困地区经济社会健康和可持续发展，并且通过自身
的行动推动国家扶贫政策在基层实践过程中的落地，构建起了乡村基
层清晰、统一的治理秩序。

第五章

外感内滞：基础建设
夯实脱贫根基

乡村治理是国家治理的基础和重要组成部分。党的十九届四中全会特别指出："坚持和完善中国特色社会主义制度、推进国家治理体系和治理能力现代化，是全党的一项重大战略任务。"我们应该站在新的政治高度来推进乡村治理体系创新。坚持和完善中国特色社会主义制度，推进国家治理体系和治理能力现代化应是新形势下乡村治理的重点要求和本质任务，也是新时代实现乡村振兴战略的主要抓手。推进乡村振兴必须切实推进乡村治理，只有乡村治理能力得到提升，乡村振兴才能说"有了效果"。

实施脱贫攻坚是一场硬仗，推进基础设施建设扶贫是其中一项重大的工程。水、电、路、通信网络等基础设施，是脱贫攻坚的基本保证，也是发展瓶颈。加快基础设施建设步伐，直击贫困根源，把准扶贫"脉搏"，筑牢脱贫根基，打赢脱贫攻坚战是重中之重。在脱贫攻坚工作中，隆德县始终把加强基础设施建设作为脱贫攻坚的重心来抓，通过整合内外资金、补齐短板、合力攻坚，强力推进道路、水电、住房、村级公共服务设施等基础设施建设，全面加快脱贫攻坚步伐，为如期实现脱贫摘帽目标打下坚实基础。

隆德县 13 个乡镇 99 个村都属于贫困村，部分贫困村自然条件恶劣、生态环境脆弱、基础设施落后、生产生活条件差、交通不便、水利设施老化失修、用电质量不高、基本公共服务不够到位、抵御自然灾害能力差。在脱贫攻坚工作中，隆德县统筹推动发展农村社会事业、农村公共服务、农村文化、农村基础设施和乡村治理。牵头组织实施"千村示范、万村整治"工程，改善农村人居环境，打好基础建设大会战，紧盯贫困户"两不愁、三保障"和贫困村基本公共服务设施，"抓重点、补短板、强弱项、控风险"，统筹推进农村饮水、道路、住房等基础设施和公共服务建设，全力打通服务群众"最后一公里"。累计投入各类资金12.9亿元，统筹推进安全住房、交通路网等基础设施建设，补齐水、电、路、网、文化体育等基础设施建设短板，有效解决了农村住房危、行路难、饮水缺、环境差的问题。基础设施条件改善为村民生产生活提供了便利条件，也为脱贫致富、社会治理和乡村振兴打下坚实基础。

一、安全饮水全覆盖，规范建设出效益

（一）以科学管理解决民生实事

隆德县委、县政府把解决农村饮水困难和安全问题作为解决民生实事、保障脱贫攻坚的重大举措，科学规划，精心实施农村人饮解困、人饮安全工程，强化管理，形成了覆盖全县、运行高效、管理到位、群众满意的农村供水网络体系，充分发挥了水资源对经济社会发展的效益，为全县脱贫攻坚提供了坚强的水利支撑。紧紧围绕农民增收和粮食安全大搞农田水利基本建设；围绕农业产业结构调整抓好节水型社会建设；围绕水资源可持续发展，考虑水安全、水资源、水环境的一体化建设与管理。与此同时，协调好水利建设与生态环境的关系，在抓好水资源开发、利用与治理的同时，注重节约、配置和保护，发挥大自然的自我修复能力。

全面完成10座病险骨干坝的除险加固任务；基本建成覆盖全县的山洪地质灾害防御体系；全部解决农村饮水安全问题，使全县农村饮水安全人口达到 15.8 万人，人饮工程保证率 95% 以上；全县中小型水库库容达到 8139 万立方米，农业灌溉用水保证率达到 75%，工业用水保证率达到 95% 以上，到 2020 年，从根本上扭转了水利建设明显滞后于经济社会发展的局面。

（二）科学规划建工程，因地制宜促发展

十年九旱是隆德县基本县情水情，工程性、资源性、水质性缺水问题并存，"水"成为制约全县经济社会发展、农村群众脱贫致富奔小康的主要瓶颈。结合县情水情，县委、县政府把解决农村饮水困难和安全问题作为解决民生、改善民生、服务民生，促进群众致富奔小康的重要举措，先后实施了农村人饮解困、农村人饮安全工程，基本上解决了农村群众饮水困难问题。

为了解决群众的饮水难问题，近年来，隆德县紧紧围绕贫困退出农村饮水安全指标要求，进一步提高政治站位，加大工作力度，全面摸排问题，采取得力措施，确保全县贫困村饮水安全指标达标。自2016 年全县实施脱贫攻坚战略开始，隆德县针对新时期治水思路及精准施策、精准脱贫方略，科学规划，精心实施，强化管理，大力实施农村人饮提升入户改造工程及水质提升工程，通过"人饮解困工程"和"饮水安全工程"的建设，使得供水工程覆盖率、入户率均达到 100%，当地群众饮用水靠人背畜驮、人畜混饮的状况彻底得到了改变。

截至目前，隆德县农村户籍 37029 户，自来水总通水入户 31176户，其中建档立卡户通水率 100%，非建档立卡户通水率 78%。形成了覆盖全县、运行高效、管理到位、群众满意的农村供水网络体系，在保障民生、服务民生、改善民生方面发挥的经济、社会效益更加明显，为全县脱贫攻坚提供了坚强的水利支撑。

2014 年以来，隆德县共建成集中供水工程 42 处，农村总受益人

口 12.52 万人，饮水安全实现了全覆盖，集中供水率 100%，自来水入户率 99%。共建成水源工程 25 座（共有 29 处水源地，其中 4 处为城市水源地），建成农村供水水源净化水厂 3 座，铺设各类干支管道 1239.09 公里，建成各类调节蓄水池 129 座，总容积 4500 立方米。在 22 处工程 7 处水源地、74 座蓄水池等主要节点安装了视频监控、水情监测和自动化控制系统，建成具备检测 36 项指标的县级水质检验室 1 处。

全县 42 处集中式供水工程设计日供水总量 8740 立方米，设计年供水总量 240 万立方米，实际日需水总量为 11150 立方米，年需水总量 400 万立方米。

隆德县现有水源地 29 处，其中库坝型水源地 5 处，沟道截潜型水源地 19 处，机井水源地 5 处，供水水质都达到了Ⅲ类水。25 处水源地除张银、大水沟、倪套 3 处通过规模化水厂处理水质外，其余水源地全部通过普通粗滤水池过滤、小容积蓄水池重力式沉淀和加氯工艺消毒。共安装二氧化氯及紫外线消毒设备 16 台（套）。水源地全部划分了水源保护区，并设置了警示标志和封禁围栏，在石庙、姚套、张银、大水沟、黄家峡、渝河南部、桃山 7 处水源地安装了视频监控设备，实现远程监测，其他 18 处水源地全部设置管理员进行巡视检查，确保供水水质安全。

（三）创新管理模式，确保高效用水

隆德县水务局高度重视水利人才的培养，通过多年实施农村饮水工程，积累了丰富的建设管理经验，对于现场的组织施工及后期的运营维护都总结出了适合当地人饮供水的解决办法及应急处理方案。通过饮水基础设施的修建，积累了相关的水利人饮工程实施和管理经验。

1. 规范建设，实现饮水安全工程全覆盖

一是解决饮水最后"一公里"问题。

通过饮水安全示范县的建设，隆德县共建成农村饮水安全工程42处，解决了13.69万农村人口饮水不安全问题。隆德县的主要做法是：把解决部分偏远山区饮水不安全和建档立卡贫困户自来水入户率作为农村饮水最后"一公里"问题开展攻坚战。采取乡镇村组全面动员，施工单位现场实施，水务部门技术指导，县委、县政府督查考核四位一体的工作机制，全县动员，多点开花，"啃硬骨头"，"打硬仗"，实现了饮水安全工程全覆盖，建档立卡贫困户自来水全入户。

二是实施信息化建设。

在对3处"千吨万人"级饮水安全工程实现自动化管理的基础上，隆德县整合地质山洪灾害防治信息系统，以各管理站自主监测，各监测点实时测报为基础，实现了对人饮工程水源、管网、流量的实时自动控制，降低了管理成本，提高了管理效率。

三是改旧建新提升增效。

隆德县在饮水工程治理过程中，优化、整合全县人饮工程，挖潜增效，并网联通流域、区域、工程水源和管网，提高供水保证率，发挥工程整体效益。农村自来水得到普及，农户家里用上了太阳能热水器，尘封多年的洗衣机开始使用，部分农户还发展起庭院经济、养殖业，农村呈现出一派生机勃勃的新气象。

四是多措并举，力保水质安全。

针对隆德县部分地区的部分时段，供水工程出现混浊、硫酸盐超标等现象，该县依据当地条件，通过新建调蓄池、新建水厂、增加工艺（增设沉淀、絮凝、脱盐等水处理设备）及清洗调蓄池等方式，确保居民饮用放心的、安全的、达标的水。

五是联蓄联调，确保水量充足。

通过隆德县城乡供水工程的建设，将县城南部富水区庄浪河、水

洛河流域水资源调引到县城所在的缺水区渝河流域，连通沿线 12 座水库 5 大流域，实现流域、区域间水量联蓄联调，构建"南水北调、丰枯补剂"的水资源合理配置体系。解决了县城及工程沿线乡镇 14.6 万人（其中城镇人口 8.5 万人，农村人口 6.1 万人）的生活用水。

2. 科学管理，实现人饮工程效益最大化

一是科学设置机构。

隆德县结合基层服务体系建设和水管体制改革，撤并了原设置在乡镇的 12 个水利站，设置了城关等 6 个跨乡镇按流域（区域）划分的水利工作站，并将原分散在各乡镇的 18 名工作人员充实到新成立的流域（区域）水利工作站。流域（区域）水利工作站与水务局派出的人饮管理站、水库管理所站所合一，由县水务局直接管理，打破了以往的"块块管理"模式，转变为"以条为主，条块结合"的管理模式。流域内涉水事务实行一站式办理、一站式管理、一站式服务，服务群众更加方便、快捷。

二是建立了"群管+专管"相结合的"县人饮管理总站+区域管理站（专业化管理所）+村级管理组织"三级管理服务体系。

隆德县人饮管理总站负责对全县人饮工程进行监督、指导、检查；专业化管理站负责对供水区人饮工程水源及干支管线进行管理；村级管理组织（管理员）负责对人饮进村入户管线、闸阀井、农户水龙头、水表等维护维修，建立了管理高效、运转灵活、从上到下无缝对接的管理体系。

三是以"全国水管体制改革示范县"及"全国农田水利设施产权制度改革和创新运行管护机制示范县"为契机，对工程确权划界，明确管理范围，确定管理主体，逐级签订管护合同，落实管护责任，推行精细化管理。

四是落实管护责任。

各工程管理单位结合辖区内饮水安全工程的特点，确立年度安全

运行目标、供水目标、收费目标，实行站长负责制，分片（段）包干，将管理目标量化分解到个人，并将管理成效和管理人员的绩效工资挂钩，按照平时考核与中期考核相结合，领导评价与群众评议相结合的办法对岗位人员进行考核。

五是完善管理制度。

隆德县水务局根据《宁夏回族自治区农村饮水安全工程管理办法》，进一步修订完善农村饮水工程水费收缴、资金管理、报修服务等多项制度，制定出台了《隆德县农村饮水安全工程管理基金使用办法》等3项制度。

六是提高服务能力。

对基层站（所）进行维修改造，改善办公条件。建设了黄家峡等3处农村饮水服务大厅，通过公开办事程序、限时服务、公布监督投诉电话，做到接报迅速、维修快捷，赢得了群众赞誉。在各管理站（所）设立农村供水配件服务部，储备管材、管件，保障应急抢修物资及时到位。

七是提高供水水质。

建成了6处水处理厂，对42处饮水安全工程全部安装了消毒设施。同时，加强水源保护和水质监测，对全县29处水源地建立了水源地档案，设立了水源保护标志和保护设施。水管单位定期对水源地进行巡查，强化管理，防止水污染。水务局每月对各工程的水源水、末梢水检测一次，委托县疾病控制中心每半年对各工程的水质检测一次，确保水质安全，实现了农村群众从"有水吃"到"吃好水"的转变，农村群众健康水平明显提升。

3. 三管齐下，保障人饮工程良性运行

一是设置人饮工程专项资金。

2014年，针对农村饮水安全工程水质提升，水处理费和管理费用增加等实际情况，县财政筹措资金270万元用于农村饮水工程水质

提升和管理，从 2016 年开始，每年安排 200 万元专项资金，列入年度财政预算用于农村饮水安全工程运行管理维护。

二是专款专用，加强水费征管。

推行抄表到户，以方计费，按季缴费，实行"两部制"水价。建立水费专门台账，实行专款专用，20%作为大修理基金提交到水务局，专户存储，统筹使用，60%用于工程的管理维护，20%用于村级管理员的工资。每村设立水费收缴公示栏，接受群众监督，让群众"用放心水，缴明白钱"。

三是推进水价改革。

按照"补偿成本，合理收益，优质优价，公平负担"的原则，加快水价改革。2014 年 12 月调整了农村自来水供水水价，自流、扬水水价分别从每吨 1.51 元和 2.66 元调整到每吨 3.0 元和 4.0 元，有力保障全县农村饮水安全工程良性运行。

4. 智慧水利，提升人饮管理自动化水平

隆德县通过实施"互联网+人饮"，建设了县级农村供水工程信息及自动化监控中心 1 处，在红堡、好水、桃山、渝河南部 4 处区域管理站新建区域监控分中心管辖范围内安装自动化控制设备。同时，对已安装运行的其他 22 座蓄水池自动化控制系统并入本系统，实现了对区域 26 处工程水量、水压、水位、视频信息统一在线监测和控制；实施城乡供水信息及自动化工程、桃山水厂及远程智能设施建设等工程，对桃山等 7 座水源地安装视频监控设施并入农村供水工程信息及自动化监控中心，提升了全县人饮自动化管理水平，形成了全县水资源统一调度、时时监控、自动化控制的新格局，使农村饮水安全工程做到了"建得成、管得好、用得起、长受益"，广大农村群众真正吃上了干净、卫生、放心的自来水。

如今，隆德县水务行业里流传着这样一句话："鼠标轻轻点，清流进万家"。农村安全饮水不仅为老百姓送去了甘泉，送去了健康，

也为隆德县脱贫退出和乡村振兴战略提供了有力的用水保障。

二、四通八达乡村路，助力脱贫惠民生

隆德县因受自然地理位置、地形地质条件、资源等因素影响，脱贫攻坚之前，道路基础建设的情况比较落后。

一是农村公路技术等级低，通行政村公路，沥青水泥硬化路路面宽为4—5米，行车道为单车道；县道及乡道有部分已达到公路的使用年限，路面破损严重，翻浆、坑槽现象局部段落随处可见，桥涵及排水构造物存在不同程度的损坏，影响公路安全通行。

二是公路等级偏低，高等级公路相对偏少，隆德县内仅有一条高速公路（40公里）、一条国道（二级42公里）、一条省道（二级48公里）。其余均为县道及乡、村道（三四级1138公里），高等级公路相对偏少，公路等级偏低，交通基础设施总量不足。

三是交通发展投资渠道单一，筹资难度较大，综合交通发展不均衡，公路建设任务十分艰巨，政府配套资金匮乏，发展后劲不足，公路建设资金主要来源于国家补贴（含国债资金、以工代赈、交通厅配套资金）。同时地方财政困难，自筹能力弱，建设和养护资金缺口大，有限的国家补助投资难以满足项目实施资金的需求。

四是综合运输网络尚未形成，运输能力较低，县域公路网络总体技术水平较低，公路通达深度不够，路网结构不够合理，通行保障能力弱，没有真正形成连通内外、覆盖城乡的综合交通网络。

五是隆德县资源匮乏，大部分资源外运任务繁重，物流发展水平较低，货物配送未能形成规模，现有主干线公路改造迟缓，影响了隆德县以旅游、农业为主的资源开发规模、开发速度和对外运输能力。

六是农村公路技术等级低，行车条件差，难以满足农民出行、农副产品畅流的需要。农村公路"村村通"工程是按照农村公路四级标准设计和施工的。其路基宽 5—6 米，路面宽 4—5 米，断面结构层为厚 18 厘米 C30 水泥混凝土面层，基层为宽 4.5—5.5 米、厚 20 厘米的天然沙砾。受路基路面宽度的影响，行车和会车困难，存在行车安全隐患。"村村通"工程仅仅解决了路面的通行问题，而道路的排水、绿化等建设尚未跟上。此外，还有一部分是等外公路或自然村便道，大都为财政"一事一议"项目硬化的 2—3 米水泥路面，其服务水平低抗灾能力及通过能力差，农副特色产品的流通也受到了很大制约，成为影响农村经济发展的重要因素之一。

（一）交通先行，着力打造幸福路

隆德县委、县政府以隆德县道路基本状况为基础，以沟通城乡运输联系、服务当地社会经济为基本目的，本着坚持扶贫交通先行，集中力量建设"小康幸福路"的发展思路，加快通乡连村工程建设，完善农村公路网布局，推进县通乡、相邻乡镇、乡通村和相邻村之间"断头路"和"瓶颈路"建设，提高隆德县交通运输网络水平。加大客运站点、线路的建设，实现城乡旅客运输一体化，公共服务均等化。加快物流节点建设，构建支持产业发展的现代物流总体布局，打造运输供给能力增强、运输装备改善、运输组织优化、运输效率和服务水平提升的综合运输服务体系。结合乡村扶贫开发旅游资源的开发需要，综合考虑布局方案，形成以高速公路、国道以及县城放射线为主骨架，县道为主干线，县乡农村路为连接线，运输站点为节点的横穿东西、纵贯南北、覆盖全县、连通周边的交通运输网络。

（二）完善交通基础设施，打通对外开放路

作为农村经济的"生命线"，交通是农村居民生产生活的保障。

立足于此，隆德县自 2014 年以来，着眼长远，聚焦薄弱环节，整合资金，集中开展建制村道路硬化、连户路硬化、群众院落硬化等工作，有效解决了群众脱贫致富的后顾之忧，为实施精准扶贫奠定了良好基础。

自脱贫攻坚以来，隆德县加大道路交通建设力度，打通纵穿东西、横贯南北交通大通道，初步形成以县城为中心，312 国道、青兰高速公路为主线的"三纵四横"县、乡干线立体交通路网格局。截至目前，隆德县公路通车总里程已达 1297.4 公里，其中：青兰高速公路隆德过境段 39.14 公里、"312"国道隆德过境段 42 公里、省道 2 条总里程 77.82 公路、县道 2 条总里程 28.52 公里、乡道总里程 245.17 公里、村道总里程 864.7 公里。13 个乡镇、99 个行政村全部通沥青水泥公路，通畅率达到 100%。隆德县境内农村客运线路 34 条，四级农村客运站 12 个，99 个行政村已建成 114 个客运招呼站，行政村通客车率达到 100%。交通运输事业的快速发展，有力促进了全县人流、物流、资金流、信息流的流通体系，加快了城乡一体化进程，为全县各项事业发展提供了有力的交通运输保障。

交通脱贫重点项目

1. 改建道路项目。改建农村公路 11 条，总长 156.5 公里。其中：2016 年改建 49 公里，2017 年改建 27 公里，2018 年改建 61.5 公里，2019 年改建 10 公里，2020 年改建 9 公里。

2. 新建农村公路项目。新建农村公路 11 条，总长 76.5 公里。其中：2016 年新建 30 公里，2017 年新建 24 公里，2018 年新建 9 公里，2019 年新建 13.5 公里。

3. 新建国有林场道路项目。新建国有林场道路 18 条，总长 229.5 公里。其中：2016 年新建 55 公里，2017 年新建 46 公里，2018 年新建 49 公里，2019 年新建 44 公里，2020 年新建 35.5 公里。

4. 新建村组道路及巷道项目。新建村组道路及巷道，拟新建70个行政村级道路沥青水泥硬化282.2公里。其中：2016年实施213.2公里，2017年实施44公里，2018年实施25公里，至2020年完成全部规划建设任务。

5. 新建隆德县景区连接线项目。隆德县景区连接线，拟新建三四级公路30公里。包括：固原市旅游环线隆德县景区连接线，隆德县石窑寺、北联池、范峡等旅游景区连接线。

（三）扩大辐射范围，打造"四好"农村路

1. 强化规划引领，完善路网布局

隆德县强化脱贫攻坚农村公路建设项目规划意识，交通基础设施建设始终根据国家政策导向和全县脱贫攻坚规划，规划和储备公路建设项目，交通部门负责乡镇连接村组主干道建设，财政、扶贫等部门负责组内巷道硬化工作，并加强了项目建设的前期准备工作，及时完成建设方案、勘察设计等文件报批，获得区、市发改、财政、交通等主管部门的支持，落实项目补贴资金，有力推进了扶贫公路项目建设。2014年以来，交通部门新改建扶贫村公路327公里，完成总投资2.1亿元。

2. 落实工作责任，加大政策支持

隆德县交通运输局在县委、县政府的领导指挥下细化脱贫攻坚农村公路建设方案，明确项目建设进度节点和职责分工，定目标、定人员、定时间、定措施。对每个项目倒排工期，挂图作战；县委、县政府主要领导、分管领导多次组织召开交通运输工作专题会、重点项目工程建设推进会等，听取意见建议，制定工作措施，协调解决建

设中出现的各类问题；派出专项督查组，全程跟踪督查，层层落实责任，确保扶贫攻坚农村公路项目建设有效实施；制定出台了扶贫公路建设征地拆迁、地方材料和资金统筹等多项优惠政策，确保项目顺利推进。

3. 全面精准摸底，逐一销号退出

隆德县委、县政府主动与各乡镇、发改、扶贫、财政、民政等部门沟通对接，开展核实和数据清洗工作，摸清全县建制村通路、通客车底数，为交通精准扶贫脱贫奠定基础；根据各级反馈的意见建议及问题，制定交通脱贫攻坚责任清单，逐一销号。同时，按照"四好农村路"总体要求，落实主体责任，规范提升农村公路管理养护行为，实现农村公路制度化、常态化养护。提升路政执法规范化水平，引导群众爱路护路，巩固来之不易的交通建设成果。统筹公路、运管等部门，建立联动机制，确保实现贫困村同步销号。严把交通脱贫攻坚退出关，按照贫困村通路、通客车标准，与各乡镇及扶贫办联合验收，确保交通脱贫精准退出。并建立"保通"长效机制，及时发现和整改农村公路"通返不通"问题。

4. 注重统筹兼顾，形成良好效应

农村公路建设的快速发展，进一步完善了城乡路网结构，促进了乡村人流、物流、资金流、信息流，带动了乡镇、村组集体经济的蓬勃发展，在全县文化旅游、草畜、中药材、冷凉蔬菜等特色产业的发展中发挥了重要作用，为隆德县打赢脱贫攻坚战提供了有力的交通运输保障。

红星至穆家沟公路的建成，使穆沟村的村容村貌发生了显著的变化。当地农民大规模调整农业产业结构，大力发展养殖业，家家养牛羊、户户盖新房。在种植业方面由原来单一的种植冬小麦，调整为全

部种植地膜玉米、马铃薯，全村205户在贩牛大户余红元的带领下，户均养牛5头，户均年养牛收入达到1万多元。桃山至沙塘公路的建成，为凤岭乡于河村魏氏砖雕文化产业提供了有力的交通保障。魏氏砖雕非遗文化与扶贫产业相结合，以魏氏砖雕非遗展览馆为基地，采取企业基地集中生产和周边农户分散制作相结合的模式，逐步吸纳更多农户参与非遗产品制作，打造产业增收的特色亮点。吸纳周边23户贫困户从事砖雕生产制作，每户年净收入1.8万余元，实现了农户增收和非遗传承双赢目标。隆德至庄浪公路的建成，带动了沿线乡（镇）、村一、二、三产业的融合发展，使城关镇红崖村老巷子历史文化村的戏曲展演、农家餐饮、家庭客栈、茶馆、酒吧等经营活动朝气蓬勃；使陈靳乡新和村民俗文化旅游产业快速发展，拓宽了当地群众的增收渠道。为温堡乡新庄村盘龙山庄提供了便捷的交通运输条件，建成了集"产、加、销"与"吃、住、行、游、购、娱"为一体的多功能生态旅游庄园，山庄解决了当地80余人稳定就业，300余人季节性就业，带动当地老百姓脱贫致富。隆德至张易公路的建成，形成连接原州区、西吉县通畅便捷的县区交通运输体系，为六盘山文化旅游提供便利的交通运输条件，为游客创造一个进出便捷、设施完善、安全舒适的旅游环境，促进了县域经济文化交流。观庄至姚套公路的建成，拓宽了当地群众增收渠道，该村通过土地流转的形式，建成了观庄姚套球（宿）根花卉产业示范园区，生产百合、菊花、玫瑰等鲜切花，形成土地规模化经营、产业化发展，实现了土地效益的倍增。辛平至观音农村公路的建成，使神林乡辛平村神林山庄交通十分便利，使之成为一家集休闲娱乐、田园观光体验、花卉果蔬采摘、餐饮住宿为一体的田园综合体庄园；山庄以企业带动、农户参与、自主经营、食材集供为模式，以庄点变景点、农院变宾馆、农民变工人为宗旨，打造全区美丽乡村、特色小镇示范点。

三、科学规划住房改造，积极改善人居环境

（一）以住房改造工程推动农村产业升级

隆德县委、县政府坚持危房改造与整村推进、美丽乡村建设和特色小城镇建设相结合，按照布局合理、规模适度、功能完备、特色鲜明、生态良好的原则，以设施配套、产业聚集为重点，结合小城镇资源和地理位置优势，集中打造观庄、温堡、杨河三个小城镇，巩固提升其他乡镇基础设施建设，达到规划布局合理、基础设施齐全、环境美观整洁的建设目标，示范带动其他乡镇快速发展。建成城关镇三合村、张程乡赵北村、温堡乡新庄等71个美丽村庄，改造农村危房6000户，到2017年底，贫困户危房（窑）全部消除，扎实推进农村环境综合整治，全面改善贫困村生产生活条件。

（二）精准改造住房，助力乡村振兴

隆德县将危房改造作为打赢脱贫攻坚战、实现乡村振兴的重中之重，以"建档立卡户、低保户、分散供养特困户、贫困残疾人家庭"四类重点对象为精准改造对象，科学制订农村危房改造方案，整合项目资金，明确任务、落实责任，秉持"应改全改"和"不漏一户"的目标，2014年以来共计改造农村危房24283户，农村困难群众的住房安全问题得到彻底解决。

（三）总体规划保实效，逐级管控保质量

1. 科学规划，确保危房建设实效

隆德县委、县政府坚持科学规划，精准施策，按照《宁夏空间发展规划》整体要求，制定了《隆德县空间规划》《宁夏隆德县县域城乡总体规划》《固原市隆德县县域乡村建设规划（2018—2035）》《隆德县农村人居环境综合整治三年行动方案》，把农村危房改造与乡镇村规划、美丽村庄建设、重点贫困村基础设施建设等项目有机结合，按照原址翻建一批、加固改造一批、移民搬迁一批、公租扩面一批、周转安置一批、补偿退出一批"六个一批"的思路，分类施策解决贫困户住房安全问题。改造新建农房以农户自建为主，对自建确有困难且有统建意愿的农户，采用统建方式，集约利用土地、统筹使用资金、合理配置村庄基础设施和公共服务设施，着力建设村容整洁、设施完善、生态优美、乡风文明的农村环境。

2016年以来，建成城关杨店村、张程桃园村等9个危房改造集中点，结合美丽村庄、旅游扶贫村建设，实施沙塘张树等25个贫困村整村推进工程；2017年，建成观庄倪套等15个县内移民遗留群众安置点，集中改造危房264户、温堡田柳等2个地质灾害除险安置点，统一配套了文化活动室、老饭桌、幸福院、文化广场等公共服务设施，实现供排水、道路硬化、四旁绿化等基础设施全覆盖，有效提升了农村危房改造整体成效。

2. 全面摸底，确保改造对象精准

按照《隆德县危房改造实施方案》要求，该县在确定危房改造对象的基础上，严格实行村民小组、村委会、乡镇三级评议，确定危房改造对象并张榜公示。从改造户入手严格履行"危房鉴定，户主

申请，村民小组、村委会、乡镇公示审核，县扶贫、民政、残联、住建部门联合审核"的程序，确定"极度贫困户、四类重点对象和其他贫困户"三种补助类型，实行全程阳光操作。在实施改造中，严把"入户登记关、建前建中建后照相关、资金兑付审核关"，做到不重登、不漏登，做到底子清、情况明、对象准。

2018 年制定了《隆德县农村房屋安全性鉴定工作方案》，编制了《隆德县农村安全住房鉴定表》《隆德县农村土坯房登记表》，抽调专业技术人员与乡镇干部，对全县 99 个行政村的农户住房进行了详细的鉴定。鉴定结果为：全县农业户 37029 户，常住户 24633 户，建档立卡户 10321 户，共鉴定 25088 户（建档立卡户 9419 户，其中 A 级 9349 户，B 级 70 户；其他贫困户 15669 户，其中 A 级住房 15162 户，B 级住房 507 户），建档立卡户不需要鉴定的 902 户，为移民户和非常住户，其余一般户全部达到安全住房标准，安全住房率达到 100%。危房鉴定为实现"两不愁、三保障"的目标提供了可靠的决策依据。

3. 强化宣传，确保农户应改尽改

在下发《隆德县农村危房改造实施方案》的同时，该县充分利用政府网站、广播电视、微信平台、村级农民讲习所等形式，向农户宣传讲解危房改造政策，同时将农村危房改造政策要点制作成彩页发放到农户手中，使农户对危房改造对象、补助标准、建房标准及建房面积有充分、直观的了解（其中 1 人户建筑面积不小于 20 平方米，2 人户建筑面积不小于 30 平方米，3 人以上户建筑面积不小于人均 13 平方米），做到危房改造政策家喻户晓。2017 年建成覆盖县、乡、村、户四级的涉农资金"331"监管平台，农户可通过手机在线查阅危房改造资金兑付情况。同时针对部分农户危房改造缺资金、缺劳动力等困难，因户施策，采取帮扶单位筹资补贴、建材赊欠、组织建工队集中改造等方式，确保了改造房屋按时开工、有序实施。针对地方

建材价格上涨、改造成本大幅增加的问题，县发改、国土、住建等部门对全县建材市场、建材企业进行调研，宣传脱贫攻坚政策，力助危房改造，对四类重点对象贫困户进行价格优惠，降低了房屋建造成本，减轻了农民负担，有力保障了危房改造工作有序推进。

4. 逐级管控，确保住房质量安全

隆德县委、县政府将农村危房改造工作纳入全县目标管理考核，按照"谁主管、谁负责"的原则，实行县级领导包乡镇、乡镇领导包村组、乡村干部包户和抓质量、抓进度、抓重点的"三包三抓"工作责任制，建立全县危改对象花名册，每周统计改造进度，限时销号，合力推进危房改造工作。严格工程质量督查验收，住建局组织人员对在建房屋进行轮回督查验收；县主要领导多次深入农户对工程质量和进度进行调研指导，现场解决存在的困难和问题，确保了工程进度和质量。根据《隆德县农村危房改造验收工作的通知》，由县政府统一组织，抽调县财政、扶贫、住建、国土、民政、公安、市监、残联等部门工作人员成立了两个验收小组和一个核查小组，及时跟进对竣工房屋进行验收，进一步核查危改户户籍和家庭成员相关信息，确保房屋质量合格、信息准确无误、资金兑付及时。

2017 年 8 月在国家组织的全国农村危房危窑改造情况督查中得到了一致好评。2018 年先后通过了贫困退出县固原市初审、自治区行业部门检查，2019 年 3 月通过了国家第三方专项评估检查。

"脱贫攻坚是干出来的，靠的是广大干部群众齐心干"，这些成绩的取得离不开隆德县委、县政府的坚强领导，离不开广大干部的齐心协力，离不开帮扶单位的大力支持，离不开乡村干部的拼搏实干，离不开广大群众的积极参与。更值得一提的是，各级领导干部能够沉下身子、走进村子、走进户里，使老百姓转换了脑子、修建了房子、改变了样子，过上了好日子。

四、提高网络覆盖率，打通"互联网+"信息化道路

（一）建设协同化"互联网+"生态体系

隆德县委、县政府按照中央和区、市推进精准扶贫工作的有关要求，以改革创新为动力，以促进农民增收、脱贫致富为目的，切实提升我县贫困村信息化水平，以网络设施建设为基础，以信息技术应用为重点，以信息资源综合利用为核心，以信息安全为保障，实施基础建设、电子政务、电子商务、"互联网+"、"智慧隆德"、智慧园区"六大工程"，利用信息化手段服务农村扶贫开发工作。2016 年底，全县基本建成信息化体系，初步形成网络化、智能化、服务化、协同化的"互联网+"产业生态体系。

（二）"互联网+"信息化全覆盖，为精准扶贫创条件

1. 光纤宽带及网络连接建设项目

推进贫困地区行政村接通光纤宽带网络，隆德县到 2017 年实现贫困村光纤宽带网络、加快 4G 网络的共建共享，2016 年底 4G 网络信号全县农村地区全覆盖。

2. 电子政务工程项目

到 2016 年底，隆德县互联互通和整网接入率 70%，应用率达到 60%，实现了乡镇和行政村的全覆盖，实现所有便民服务事项的

网上办理。

3. 电子商务工程项目

隆德县通过市场化方式建成县级农村电子商务服务中心，作为县域电子商务管理中心和仓储物流中心，拓展本地区村级电子商务服务站数量和农村电子商务市场，提供区域商品配送、网点建设、业务咨询和人才培训等专业服务，实现电子商务快捷化。

4. "互联网+"工程项目

隆德县建立"六盘胜地·水墨隆德"旅游服务平台；建立现代物流信息平台，建立健全功能完善、商品集散快捷的现代物流体系；利用互联网对隆德的农业生产、经营、管理等提供网络信息化服务，形成一批集智能化、网络化、精细化于一体的现代"种养加"生态农业新模式；促进互联网金融发展，鼓励支持互联网与银行、保险等金融机构的融合；整合资源，出台优惠政策，构建面向人人的众创空间等创业服务平台。

（三）提高网络覆盖率，促进"互联网+"与产业融合

1. 实施基础建设工程，加快网络基础建设

隆德县推动光纤宽带网络在城乡家庭、学校和公共服务机构的全面覆盖。加大信息扶贫力度，利用电信普遍服务补偿基金项目，支持电信运营企业推进贫困农村宽带普及。加快4G网络信号全县农村地区全覆盖。加快电信网、广播电视网、互联网三网融合建设和升级改造，支持电信、广电企业合作，优势互补，推动电信、广电业务双向进入，实现"三网融合"。

2. 实施电子政务工程，建设全县电子政务网

隆德在网络工程建设中，注意与区、市政务云内外网相衔接，统一互联网公共出口，实现互联网规范接入和集中管控。整合信息资源，打造电子政务平台，完善电子政务外网，拓展县、乡（镇）、行政村纵向网络延伸和政府各职能部门的网格化发展，实现所有便民服务事项的网上办理。

3. 实施电子商务工程

隆德县加快培育一批电子商务示范村、示范店和示范龙头企业。鼓励引导电商企业应用电子商务手段，拓宽采购、销售渠道，创新营销模式，扩大电子商务在"工业品下乡"和"农产品进城"的双向流通网络中的应用，实现线上与线下交易的融合，带动农业生产的组织化与标准化。

4. 实施"互联网+"工程

"互联网+精准扶贫"是以大数据为支撑，以综合管理平台为载体，以拓展扶贫措施为手段，以创新运行机制为保障，推动互联网与精准扶贫的深度融合，实现精准对象、精准措施、精准管理和精准组织，创新精准扶贫、精准脱贫的持续健康的扶贫开发模式。推动"互联网+"与一、二、三产业融合发展，加快扶贫信息化建设，建立精准扶贫云应用系统。并依托"互联网+"这个平台，形成集智能化、网络化、精细化、现代化于一体的管理新模式，构建起精准扶贫与致富发展的长效机制。

五、易地扶贫搬迁，挪穷窝换穷业拔穷根

易地搬迁脱贫是打赢脱贫攻坚战的"头号工程"，也是"五个一

批"精准脱贫的重要内容，是中央发出脱贫攻坚战总动员后的第一仗，必须增强大局意识、责任意识，高度重视、全力以赴做好各项工作。

生态移民作为一种特殊的社会经济现象和过程，并不仅仅是一个简单的人口迁移、生活安置的过程，而且也是移民群众自身思想观念、生活方式和心理变迁的过程。宁夏回族自治区从提出"以川济山，山川共济"的扶贫政策开始，隆德县大规模移民搬迁可以追溯到20世纪80年代初，迄今已有40多年的历史，主要是向国营农场、大武口区、红寺堡开发区、永宁县、灵武市等地实施县外移民搬迁，累计搬迁移民19853户82945人，其中县内搬迁2854户9453人，县外搬迁16999户73492人。

隆德县在脱贫攻坚战中总结经验，开拓创新，勇于探索，服务群众，以落实搬迁计划为目的，以恢复生态、改善环境为宗旨，对生存条件严酷、资源匮乏、交通闭塞、生产力水平低下，以致一方水土养活不了一方人的生活在六盘山阴湿区、水土流失严重的黄土沟壑区和中部干旱带的人，实施整村整组搬迁。

（一）产业配套促搬迁，一出二进三得利

"十三五"期间，隆德县累计投入1.03亿元，通过集中安置、插花安置、购买商品住房、投亲靠友等形式，妥善安置居住分散、交通不便、水电配套不完善及地质灾害险点的贫困户429户1831人。按照"移民搬迁+产业配套"的模式，为生态移民户建设暖棚圈舍320座，补栏基础母牛588头，培训劳动力908人（次），在移民村建成人造花、农副产品加工等扶贫车间4个，确保移民搬得出、稳得住、能脱贫、可致富。中央电视台《焦点访谈》栏目分别于2017年9月20日和11月21日报道了隆德县移民工作的典型经验。

　　隆德县移民搬迁工作，不论是政策性移民还是自发性移民，只要走出大山，生产生活都发生了巨大变化，可称得上"一出二进三得利"。也就是说，迁出一口人，资金进来了、信息也进来了，对个人、对家庭、对社会都有利。

1. 促进了和谐社会的构建

　　生态移民的政策充分体现了党和政府对广大贫困群众生产生活的高度关注和关怀，移民群众由"要我走"变为"我要走"，成了生态移民政策的坚定支持者和拥护者，增进了群众对党和政府的信赖，生态移民工程成为党和政府切实解决贫困群众生产生活问题和亲民爱民的典范，赢得了广大群众很好的口碑，对构建和谐社会具有非常重要的意义和作用。

2. 拓宽了群众增收致富渠道

　　大部分易地搬迁群众原来都是务农，入不敷出，搬到安置点以后，群众在相互交流时拓宽了就业信息渠道，提高了转移就业的组织化，拥有了更多的就业、创业选择，切实增加了群众增收致富的渠道。

3. 改变了群众生产生活状态

　　从入户走访中看到，群众改变了原来的生活方式和精神状态，易地搬迁前的农户，房前屋后"脏、乱、差"现象严重，易地搬迁后，政府配备了垃圾车、车载垃圾箱，以户为单位发放垃圾桶，改变了群众生活生产垃圾的处理方式，每户群众家里都收拾得干干净净。同时，因为处于集中安置点，左邻右舍农闲时在街灯下聊聊家常，小孩在街道上追逐嬉戏，不仅加速了和谐社区、文明社区和卫生社区的建设，也极大地提升了群众的精神文明状态。

4. 改善了生态环境

生态移民的实施，大幅减轻了人口对生态环境的压力，搬迁人口腾出的土地全部用于退耕还林，不但减少了人为占有和破坏，使其得到自然修复，而且还使隆德县森林覆盖率提高了1.4个百分点，促进了人口、资源与环境的协调发展。

5. 为发展生态经济提供了可能

在移民退耕区域中，隆德县结合六盘山区适宜道地中药材生长的条件和实际，因势利导，在修复生态的前提下，积极开发六盘山道地中药材基地建设，将阴湿山区生态移民整体搬迁涉及城关、陈靳、凤岭、山河、奠安等乡镇的21个自然村进行围栏封育，建立"六盘山道地中药材修复示范基地"，开展天然道地中药材自然修复，面积为23.1平方公里共3万多亩，修复率达到70%以上，既体现了生态移民政策的生态意义，又体现出了生态经济的现实意义。

6. 改善了移民生产居住环境

经过移民搬迁，从根本上解决了水、电、路、通信、教育、文化、卫生等方面相对落后的"瓶颈"制约，推动了生产经营方式的根本性转变，极大地改善了移民群众的生产生活条件，提高了搬迁人口的思想认识、收入水平和生活质量，移民新村基础设施条件不断完善，人居环境不断优化，移民群众精神面貌显著改善，彻底解决了群众住房难、用电难、饮水难、出行难、就学难等问题，幸福指数得到了极大提升。

7. 促进了原住地规模化种植

搬迁户原居住地生存环境相对较差，耕作方式落后，生产效益较低。易地搬迁后，一些群众将土地入股到合作社，大面积种植药材，既保护和恢复了生态，又提高了生产和经济效益，切实践行了"绿水青山就是金山银山"。

（二）精准识别移民对象，技能培训提内生动力

1. 精准识别搬迁对象

隆德县坚持群众自愿、积极稳妥方针，坚持与新型城镇化相组合，对建档立卡贫困户，山体滑坡区、地震断裂带等地质灾害易发区，六盘山水源涵养林核心区和没有水源、居住分散、交通不便、基础设施和公共服务建设运行成本过高的区域为主的 1360 户 5537 人实施易地搬迁。

2. 积极稳妥实施搬迁安置

（1）移民安置

全面完成县内生态移民点移民安置房建设任务，按照安置点实际需求，配套建设水、路、电、网、污等基础设施。加快工程进度，高质量完成县内劳务移民安置房装修任务，全面完成 1360 户 5537 人"十三五"易地扶贫搬迁任务。通过小点靠大村集中安置、插花安置、购买商品房、投亲靠友、自发移民等形式，妥善解决 282 户"十二五"移民搬迁遗留户，最大限度保障遗留移民群众的基本生活，完善后续保障，确保"十二五"搬迁遗留移民群众与全县同步实现小康目标。

一是重视实地调研，真正深入农户家中。在开展移民工作督查摸底时，不能仅仅依靠乡村两级干部，乡村两级对乡村整体情况比较了解，对每家每户大概情况比较了解，但涉及个别细节情况，乡村干部仍然无法查清摸透，特别是户籍关系、家庭成员关系都比较复杂时，单凭乡村干部核实难度较大，只有经常深入农户家中，查看户口簿，

询问家庭情况，才能真正摸清计划生育、婚丧嫁娶等信息。必要时，还需要当地派出所配合，才能把最真实的情况摸上来。

二是充分发挥移民领导小组的协调作用。移民搬迁涉及面广，牵扯部门较多。土地统一规划收回、退耕还林还草政策兑现、超生人口入户、户籍关系整理、搬迁车辆的调度、搬迁费用的收缴等，工作繁杂，只有充分发挥领导小组的职能，不断加强与领导小组成员单位之间的联系，才能更高效地发挥各部门之间的协调配合作用，保证移民工作的顺利进行。

三是充分尊重迁入地意见，有利于移民的顺利安置。移民工作一头连着迁出地，一头连着迁入地，在做好迁出地群众工作的同时，要充分尊重迁入地的意见。生态移民搬迁的群众，大部分是贫困山区出来的，经济条件差，文化素质较低，迁到外县区势必给迁入地带去许多新的问题。因此，移民搬迁过程中，在房屋分配、插花安置、土地划分、搬迁时间等方面要充分听取迁入县区的意见，不断加强与迁入县区的联系。在移民搬迁后，要向迁入县区交清搬迁移民的底细，甚至对移民群众有什么特长、擅长什么工作都要做交代，让迁入地接收的放心、踏实，也为后续管理打下良好的基础。

四是注重事实说服，对搬迁户区别对待。在政策宣传上，做到有理有据，既不夸大事实，又不隐瞒好处，如实给群众提供迁入地情况。群众大都对迁入地居住条件、土地情况等存在疑虑，通过大量事实做比较，明确搬迁政策的各个细节，讲明迁入地的承诺，打消群众顾虑。对部分移民群众，通过主动联系，送他们到迁入县区实地了解，对动员移民群众主动搬迁起到了良好的作用。

五是主动为群众排忧解难，取信于民。搬迁工作程序较多，环节复杂，宣传动员、填表建卡、组织运输等每个环节都十分严密。山区群众居住分散，信息闭塞，办事摸不着门路，这就需要办事人员主动热情，帮助群众排忧解难。通过这些细微的工作，不但使移民群众安置更加顺利，而且还化解了许多矛盾问题。

六是大力加强移民资金规范化管理。隆德县在严格执行自治区、市有关移民项目管理、资金管理等文件精神的同时，结合本县实际，对专项资金设立专户管理，并制定生态移民资金管理办法，认真落实生态移民资金支付、使用、管理的各项规定，坚决做到手续完善、程序合法、操作规范、安全有效，坚持做到专款专用，严格审批程序和审批权限，确保移民资金不被贪污、挪用、挤占、截留。

（2）对症下药，配套产业斩除穷根

隆德县加大生态移民户种养产业发展补贴扶持力度，优先支持生态移民户建设圈舍、青贮池等产业发展设施，优先发放各类扶贫贷款，扶持移民户培育致富产业。有针对性地开展劳务移民就业、创业技能培训，鼓励扶持劳务移民就业创业，实现劳务移民户每户至少有一人稳定就业，确保移民群众搬得出、稳得住、能致富。开展移民迁出区生态恢复工程，平整土地和改良土壤4500亩；移民搬迁后将原有住房及附属设施拆除，恢复生态1500亩，迁出区生态修复5000亩；为每户生态移民配套一幢种植或养殖圈棚，加大就业技能培训，户均至少1人掌握1—2门实用技术，拓展致富空间。努力做到移民搬得出、稳得住、有事做、能致富，确保搬迁对象尽快脱贫。具体措施有：

一是加大培训力度，为移民创造就业机会。采用课堂讲授与实践操作相结合、实用技能与新市民意识培训相结合、政府组织与委托职业技术院校培训相结合等多种方式，开展移民教育培训工作。抓好现代农业实用技术培训，抓好移民上岗就业技能培训，抓好移民子女职业教育培训，确保完成移民教育培训任务，使移民安置区每户移民至少有1人掌握1—2门生产实用技术或职业技能，通过培训极大提高了移民劳动技能，为移民开展农业生产、务工就业奠定了基础。

二是多渠道提供就业岗位，增加移民稳定收入。第一，加大就业扶贫力度，实现尽快脱贫。有了工作，就有收入，有了收入就能落地生根。为了实现移民户尽快脱贫，隆德县多方争取，千方百计想办法增加移民收入，针对部分常年在家没有稳定收入的劳动力，通过多渠道宣传、利用废弃的学校、村部建立各个分散组装点，联系残联举办多次培训，形成劳动力不离乡、不离土的良好局面。在观庄乡前庄移民安置点和红崖劳务移民安置区建设人造花扶贫车间，如今，人造花扶贫车间解决了近60多个移民的就业难问题。据统计，人均月工资在1800元左右，确保每户至少1人有稳定收入来源。第二，政策帮助，实现公益就业。通过开辟公益性岗位，安排从事本社区保安、社区保洁、社区管理和农村公岗等工作。

（3）促进搬迁群众稳定脱贫

为实现移民安置区基本公共服务达到贫困村脱贫标准，全面完成1360户5537人易地扶贫搬迁任务，隆德县采取创业就业技能培训、培育增收致富产业等系列措施，到2020年，移民生产生活条件得到明显改善，移民收入接近全县农民收入平均水平。具体措施有：

创业就业技能培训。采取职业教育、就业技能培训、创业培训、岗位技能提升培训等多种方式，提高移民就业技能和创业能力，鼓励引导移民到工业园区、产业基地务工就业。

培育增收致富产业。县内就近安置结合区域优势特色产业布局，采取政策扶持、企业带动、示范引领、技术服务等措施，因地制宜发展草畜、冷凉蔬菜、中药材等特色种植业。充分利用移民村新建或已有大中型拱棚、日光温室和养殖圈棚，发展现代设施农业和养殖业，确保移民稳定增收。

强化社会管理。隆德县按照美丽乡村建设要求，及时建立健全移民新村管理组织机构，抓好移民村党建工作。加强社会治安综合治理和法制宣传教育，制定村规民约，维护移民安置区正常生产生活秩序。做好户籍管理工作，及时办理户籍迁移手续。依法加强宗教事务管理，按规划建设宗教活动场所。合理规划殡葬用地，关注移民安置区弱势群体，努力实现安置区移民困有所助、难有所帮、需有所应。

易地扶贫搬迁重点项目

1. 创业就业技能培训。加大就业技能培训，户均至少1人掌握1—2门实用技术。

2. 发展产业。为每户生态移民配套一幢种植或养殖圈棚。

3. 生态建设。移民搬迁后将原有住房及附属设施拆除，恢复生态1500亩，迁出区生态修复5000亩。

贫困地区基础设施建设任重道远，涉及众多贫困地区贫困人口的切身利益，能不能改善基础设施状况，直接关系到能不能改善贫困人口的生产生活条件；而基础设施的改善程度，则影响到贫困人口生产生活条件的便利程度。习近平总书记曾庄严承诺"人民对美好生活的向往，就是我们的奋斗目标"，在全面建成小康社会的路上，不能让任何一个贫困地区、任何一个贫困人口掉队。在全面建成小康社会的决胜阶段，必须有重点、分步骤地改善贫困地区基础设施，不断增强贫困人口增收致富能力，以提高贫困人口的幸福感和获得感。

乡村治理是一个时代性课题，在不同经济社会发展背景下，基于不同时代要求的治理导向有所不同。当前我国农村改革发展站在一个新的历史起点，城乡融合发展取得重大进展，乡村振兴战略全面实施，农村改革全面深化，农村经济社会发展水平全面提升，农村经济社会结构发生根本性变化。时代变化对乡村治理提出更高要求，使导向选择变得更为重要和多元。

把社会事业发展和基础设施建设的重点放在农村，是乡村振兴战略的基本要求，也是实现乡村现代治理的重要保障。随着农村居民的消费习惯和消费结构逐步向城市居民看齐，城乡公共服务和基础设施建设一体化发展的步伐也在不断加快。要以全面提高农村居民生活质量和文明素养为根本，加强顶层设计，积极开展试点，建立健全农村公共服务体系；科学规划农村社区，合理配置公共服务资源；创新公共服务供给机制，探索市场化社会化筹资渠道和服务方式；因地制宜发展农村社区新形态，推动产业、田园、人文和公共服务融合发展；理顺乡村治理体制机制，提高政府行政效率和服务能力；完善农村流动人口管理服务，提高农村公共服务的覆盖面和质量水平。

第六章

内外联动：社会保障兜底脱贫

社会治理强调社会各方以共同参与、理性协商的方式处理社会问题，是一个不断构建和积累包容、尊重、友好、合作等积极元素的过程。精准扶贫注重六个精准，坚持分类施策，广泛动员全社会力量参与扶贫。社会治理需要营造由政府主导、各方参与的大氛围，脱贫攻坚同样需要解决公共服务空间和产品的问题，因此积极扩大公共产品和公共服务供给，加强社会保障体系建设就成为社会治理和脱贫攻坚的共同使命。

因而，社会保障作为精准扶贫"五个一批"的重要组成，在打赢脱贫攻坚战、创新社会治理中都具有不可忽视的作用。根据"脱贫路上，一个都不能少"的原则，隆德县按照区、市、县坚决打赢脱贫攻坚战的总体部署，坚持"摸清底数、区分类型、统筹协调、分类施策"的思路，以农村困难群众脱贫致富为根本，充分发挥农村最低生活保障制度和扶贫开发政策的互补作用，加强协作，完善措施，健全机制，形成合力，编密织牢"覆盖全面、救急解难、托底有力、持续发展"的基本民生安全网，助推打赢脱贫攻坚战。

隆德县在打好社会保障"升级战"过程中，注重从"内""外"两方面进行联合，外部链接，获取兜底所需资源和资金，内部建设，运用外部资源进行内部帮扶和建设。以教育扶贫、健康扶贫、社会救助为抓手，积极探索，不断创新，健全完善救助体系，提升社会救助能力。

一、教育扶贫阻断贫困代际传递脉

贫困地区的社会文化在很大程度上会造成贫困的繁衍，通过贫困文化环境下的心理和经济的相互作用，造成贫困群体的后代重复贫困群体的贫困境遇。贫困文化一旦出现或存在，在一个家庭（或社区）中，儿童必然会受贫困文化的影响，当儿童到了六七岁时，他们往往已经汲取了贫困文化的基本价值、观念。治贫先治愚，扶贫先扶智，少年智则国智，少年富则国富，少年强则国强，扶贫扶志必须从儿童抓起，从教育抓起。习近平总书记强调"教育是阻断贫困代际传递的治本之策"。因而，隆德县教育体育局按照"明确目标任务，突出重点环节，创新工作举措、聚焦精准施策"的工作思路，充分发挥教育扶贫在阻断贫困代际传递中的作用，用教育扶贫阻断贫困代际传递脉。

（一）制定落实教育扶贫基本政策

1. 推进教育均衡发展

隆德县制定《义务教育均衡发展实施方案》，加大教育投入，改善办学条件，加强队伍建设，提高教育质量，缩小城乡差距，共享优质教育资源。一是完善经费保障机制。隆德县委、县政府在县财政紧张的情况下，筹措 7369.1 万元，补齐了 2014—2016 年"三个增长"缺口资金，县教育财政投入实现"三个增长"目标。县财政每年拨付资金 2600 余万元，2018 年春季补拨 2017 年"三个增长"缺口资金 2286 万元。从学前教育到高中教育均有配套公用经费，详见表 6.1。

县委、县政府给予特殊教育的学校、教师及学生都有相应补助，详见表6.2，并免费为特教学校学生提供食宿和学习生活用品，最终投入共计55万余元。

表6.1 财政配套公用经费数据表

学前教育	小学	初中	高中
300生/年	80生/年	100生/年	400生/年

表6.2 财政补助特殊教育经费一览表

学校公用经费	教师特教津贴	老师生活补助	学生生活补助
6000元/生/年	基本工资的30%/人/月	10元/人/天	10元/人/天

二是优化学校结构布局。按照"小学适当向人口聚居村集中，初中适当向县城归并"的思路和"先易后难、梯次推进"的原则，基本完成了全县中小学校布局调整，实现了供暖、安全砖木校舍节能门窗改造、灯具规范化改造、录播教室、桌凳配置、校园广播系统、校园网、图书更新、寄宿制学生饮用水及洗漱用水设施配备"九个全覆盖"。

三是夯实基础设施建设。近年，隆德县累计投入3.17亿元，新建特教学校1所，改扩建隆德二中等83所学校，全县95%以上的校舍得到新建改扩建，全部达到了抗震设防要求。为义务教育学校特别是薄弱学校配齐音体美卫器材和教学实验仪器等设备，教育信息化建设迈上新台阶，全县生均校舍建筑面积、骨干教师比例等9项义务教育均衡发展指标全部达标。2017年10月隆德县义务教育均衡发展工作顺利通过了国家级评估验收，这是县教育发展史上又一个新的里程碑。

2. 全面落实教育资助

2016—2018年，隆德共落实各类助学资金2.67亿元，惠及学生

34.93 万人次。其中，学前教育阶段、义务教育阶段、普通高中阶段、中职教育阶段和大学阶段，根据各阶段特点，都为该阶段学生提供了相应的资助与资金，进而使相当数量的学生受益，资金投入与受益学生数量详见表 6.3。2015 年起，县财政每年筹措资金 170 余万元，按每人每餐 4.5 元标准为农村学前幼儿免费供应午餐，率先在宁夏向农村幼儿提供免费午餐，赢得社会各界普遍赞誉。

表 6.3 各类资助与免补资金及受益儿童数量一览表

学前教育	资助资金数量	1040 万元
	惠及学生数量	2.65 万人次
义务教育	资助资金数量	11482.5 万元
	惠及学生数量	27.09 万人次
普高教育	资助资金数量	2016 万元
	惠及学生数量	1.87 万人次
中职教育	资助资金数量	1649 万元
	惠及学生数量	9870 人次
大学教育	资助资金数量	3612.5 万元
	资助惠及学生数量	1.19 万人次
	办理助学贷款	6950.13 万元
	助学贷款惠及学生数量	1.14 万人次

3. 实施教育结对帮扶

一是优先帮扶贫困村教育发展。加强贫困村学校规划，优先支持建设贫困村义务教育学校，同步实现标准化和现代化远程教育，让贫困村群众子女能就近享受公平优质教育资源；对搬迁移民集中安置点的学校、幼儿园给予重点支持。二是普通高中和中职学校教育帮扶。为贯彻落实全区教育精准扶贫推进工作会议精神，全面提升办学水平和教学质量，银川二中、厦门大学附属科技中学、福州一中、宁大新华学院与隆德中学结成帮扶关系，在师资培训、校长挂职锻炼、学校管理、办学水平等方面予以大力支持和帮助。2019 年 4 月在隆德县对 65 名心理健康教师进行了培训。隆德职业中学与宁夏财经职业技术学院、宁夏工业学校、福建三明林业学校开展结队帮扶，签订了"对口帮扶框架协议"，在师资培训、专业建设、学生实训实习、实训室建设等开展广泛的合作交流，提升了该县职业教育办学水平。三是高校帮扶。2019 年与宁夏大学新华学院签订了帮扶协议，目前已经进行到第三阶段帮扶。四是闽宁对口结对帮扶。共筹集闽宁帮扶资金 863 万元，为 17 所学校配备教学设施设备，资助贫困家庭学生 6102 名，先后有 19 批 146 名骨干教师投身隆德教育事业，并设立南大研究生支教点和厦门大学支教点进行支教和结对帮扶。2019 年 10 月与大北农集团进行结对帮扶，为该县教育资助每年提供 200 万元，连续三年共 600 万元的资助项目。五是开展留守儿童帮扶行动。2019 年利用闽宁资金在隆德三小、二中举行了闽宁教育帮扶隆德县留守儿童暑期实践体验活动，共选取全县 380 余名留守儿童进行活动，最后选取了 106 名建档立卡家庭困难学生在福建进行为期一周的活动，人民网、宁夏日报等以《我想去更远的地方看风景》，阳光资讯以《闽宁教育帮扶留守儿童走向阳光》，福建电视台以《快乐暑期 让留守儿童走出家乡》为标题报道了该活动，报道经验在全国推广。六是深入开展驻村帮扶。大力开展"三二一"扶贫帮扶活动，严格按照《扶贫开发驻村工作队及农村基层党组织第一书记管理暂行办法》《第一书记和扶贫开发驻村工作队员召回调换办法》对第一书记和扶贫开发驻村工作队员进行规范管理。教育局抽调 4 名党员组成两个驻村工作队，深入好水乡三星村和张银村开展工作。机关干部每月至少一次深入好水乡三星村、张银村，开展扶贫慰问等活动。2018 年上半年，教育体育局共自筹资金 1.24 万元，资助好水乡三星村、张银村。

4. 提升职业教育扶贫

一是建设实训基地。建设峰台大型机械实训基地、山河中药材种植加工和花卉果蔬种苗繁育、神林农民工培训基地、工业产业孵化园区四个实训基地，进一步改善了职业教育办学条件。

二是加强技能培训。隆德县职业技能培训中心 2017 年共在大庄乡红堡村、陈靳乡新兴村、新河村开展城乡劳动力精准脱贫能力剪纸项目培训 175 人。开展两期"返校学生"职业技能培训，共计培训挖掘机、刺绣专业 52 人。

三是积极开展技能鉴定。以六盘山国家职业技能鉴定所为依托，积极联系自治区人社厅、固原市人社局，争取技能鉴定指标，广泛开展技能鉴定，2017 年在县内和彭阳、西吉、泾源、大武口区等县区鉴定刺绣品制作、手工编织、剪纸总计 166 个班 7916 人次，90%以上人员都拿到相应技能等级证书。2018 年初到现在已完成 79 个班 3575 人次的鉴定考试，为扶贫攻坚提供了有力支持。

四是对建档立卡户学生实行"三证书"。即在原有要求每个毕业生都有"双证书"（毕业证+技能等级证）的基础上，再免费培训，让他们掌握一门工程机械驾驶技术（挖掘机、装载机、叉车任选一门）或美容美发、民间工艺技能，并考取相应的技能等级证书。

五是调整专业课程设置。主动适应市场用人需求和该县产业发展需求，加大课程体系和教学改革，优化专业设置，增设高铁乘务专业、会计电算化、电子+无人机专业，为学生提供了充足选择空间。

六是深化校校、校企合作。宁夏财经职业技术学院、宁夏工业学校、福建三明林业学校等区内外中高职院校与隆德县建立协作帮扶关系，每年培训会计电算等优势专业教师 20 多人。西北药材公司、杨氏泥彩塑、魏氏砖雕、宁夏新坐标鞋服等县内外企业与隆德县建立校企合作关系，根据企业用人需求，强化专业技能教育和实习实训，坚持工学交替、企业顶岗实习。

七是加强职教队伍建设。突出教研特色，组织教师参加骨干教师培训、专业提升培训和专业转型培训，培养"双师型"教师队伍 46 人；开展微课制作全员培训，提高教师信息技术应用能力。

八是积极推进工学交替实践活动。2017 年共安排高二年级 130 名同学在福建福清、湖南长沙等地进行为期三个月的工学交替，其中建档立卡学生数为 56 人，占实习人数的 43%，生均月工资 3367 元，个别同学工资每月超过 4700 元，总工资收入近 133 万元；截至 2019 年 5 月，2016 级各专业共计 258 名同学已分别在北京、福州、长沙等地陆续进入企业工学交替实训活动，全部进入实训实践岗位，每生每月工资 3000 元以上。

5. 加强农村教师队伍建设

隆德县出台《乡村教师支持计划（2015—2022 年）实施细则》，切实改善农村中小学教师的工作、生活条件。近五年，累计投入资金 702.8 万元，培训 1.8 万人次，在实施国培、区培项目的同时，借助国家对口扶贫契机，同厦门大学、北京师范大学等学校签订对口合作备忘录，建立长期培训培养机制，依托高校师资培训优势，为该县培训教师 16 批共 161 人次，提高了教师业务水平。2018 年计划安排 23 名学校管理人员分三批在福建及厦门大学培训。

（二）构建教育模式和资助效益链

1. 创新扶贫工作思路，构建"六九十"模式

"六"即"六个一"工作方式（"一阵地、一平台、一册、一图、一表、一卡"）。"一阵地"是有专门的教育扶贫办公室和办公人员。办公室设在学生资助管理中心，具体负责制订实施方案、各种表册和建立档案，联系县扶贫办、乡政府、村委会等部门和学生家长。

"一平台"是建立了贫困村建档立卡贫困户学生云信息数据库。采取深入村组调查摸底、召开信息采集会、各学校建表上报、与县扶贫办信息共享等形式，准确掌握建档立卡学生信息，为实施教育精准扶贫提供真实准确的数据。"一册"是与县扶贫办衔接的全县建档立卡贫困户学生资助明细册。"一图"就是给每个乡镇提供该乡镇教育扶贫学生资助体系图，体系图中涵盖了从学前到大学的五级资助项目、标准和金额，同时提供该乡镇所辖贫困村的学生资助汇总表和基础建设项目、体育设施配备情况。"一表"就是给贫困村村委会提供该村建档立卡贫困学生资助明细表。"一卡"是给贫困村每个建档立卡贫困户一家一卡，让群众明白孩子的资助项目、资助标准、资助金额，做到让群众心中有数，一目了然。

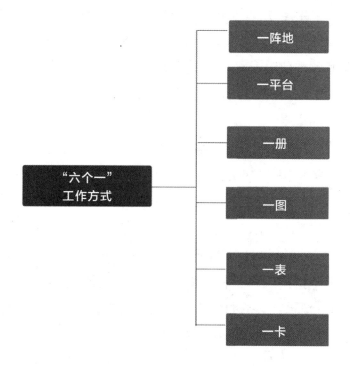

图6.1 六个一"工作方式图

"九"是实现"九个全覆盖"。隆德县投资5.71亿元，实施学前教育推进工程和"全面改薄"项目等工程，中小学（幼儿园）达到国家和自治区规定的校舍建设标准和设备配备要求，先后在全区率先实现了供暖、安全砖木校舍节能门窗改造、灯具规范化改造、课桌凳配备、录播教室、校园网、校园广播系统、图书更新、寄宿制学校学生饮用水及洗漱用水设施配备"九个全覆盖"，解决了学校师生长期以来想解决而未能解决的问题，学校的办学条件达到历史最好，学校（幼儿园）成为当地最醒目最漂亮的建筑。通过农村学校的基础设施改造，缩短与县城、乡镇学校之间的差距，给学生创造舒适、优美的学习环境，让更多孩子能够就近上学。

"十"是实施"十项清零"行动。按照精准扶贫中"两不愁、三保障"的保障义务教育进行"十项清零"行动。一是保障安全校舍。加大教育投入，优化学校结构布局，夯实基础设施建设，改善办学条件。二是保障学生运动。利用各种项目，把学校能利用的空地全部改建成学生运动场地，小学生达到27.3平方米，中学生达到19.8平方米。三是保障冬季取暖。全面改造升级农村学校供暖设备，电供暖等供暖设施达100%，彻底告别火炉供暖。四是保障免费上学。义务教育阶段学生全部享受"三免一补"政策，农村义务教育学校学生全部享受营养改善计划。国家普惠政策覆盖所有义务教育阶段学生，生均减轻家庭经济负担3221元，人均增收560元。五是保障仪器配齐。为义务教育学校特别是薄弱学校配齐音体美卫器材和教学实验仪器等设备，小学人均5186元，初中人均5246元，缩小城乡差距，共享优质教育资源。六是保障教师调配。加强队伍建设，推进城乡教师交流，新聘教师坚持向农村学校倾斜，确保每一所学校开齐课程、开足课时，提高教育质量。超过国家生师配备标准。七是保障学生入学。政府出台控辍保学政策、文件，加强部门联动，建立关爱留守儿童和帮扶机制，提高残疾儿童义教普及水平。义务教育阶段适龄儿童少年辍学率为零。八是保障资助覆盖。学前教育、义务教育、高中教育、中职教育、大学教育建档立卡及家庭经济困难学生资助全覆盖，确保每一名学生不因家庭经济困难而失学。九是保障台账健全。全县义务教育阶段"十项清零"台账健全，13个乡镇99个行政村义务教育阶段已达到教育脱贫攻坚清零项目标准。十是保障全民健身。为全县99个行政村和10个社区按标准投资607.5万元配发篮球架132副，健身路径器材155套，乒乓球台211副，配齐率达100%。由于保障措施到位，隆德县义务教育阶段适龄儿童全部享受优质教育。

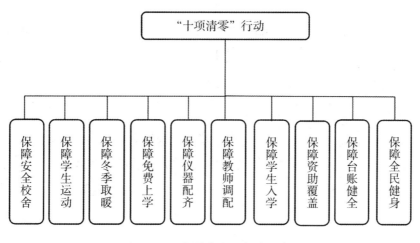

图6.2 "十项清零"行动示意图

2. 构建"一二三四五六"的资助效益链

隆德县构建了"一二三四五六"资助效益链。"一"是突出"一个体系"（全面落实从幼儿到大学生的"五级"资助体系）。"二"是抓好"两个群体"（学生和家长），扶贫扶智，扶贫扶志，育人优先，感恩回馈。教育不再仅仅针对学生，更要突出家长群体并行。"三"是打造"三个亮点"（扶助建档立卡、关爱留守儿童、救助残疾儿童）。"四"是覆盖"四个层面"（政策宣传到乡、村、组、户），加大资助政策宣传培训，落实到乡、村、组、户四个层面，做到党和国家的资助政策家喻户晓，惠及民生。"五"是完善"五级信息"（不断完善从学前、小学、初中、高中到大学的贫困学生五级信息系统）。"六"是实现"学生六有"（学业有教、监护有人、生活有助、学习有趣、健康有保、安全有护）。

3. "五强化五保障"，教育扶贫培训宣传取得新实效

为大力实施乡村振兴战略，进一步加强新形势下农民培训教育工作，隆德县通过实施"五强化五保障"不断推进新时代农民教育培训和教育扶贫政策宣传工作。一是强化组织领导，保障培训管理。成立以教育工委书记为组长的"农民教育培训和宣传学生资助政策"工作领导小组，设立由学生资助管理中心主任兼任主任的专项办公室。聘请了 13 个教育系统"农民培训教育年"活动村级宣讲员，依托村级新时代农民讲习所、学生家长会、乡群众文化活动等进行工作，明确责任，落实管理。二是强化人才建设，保障培训队伍。通过县级讲师团成员对教育系统业务骨干教师培训、资格审查、信息登记、考核考试，选拔了 13 个教育系统"农民培训教育年"活动宣讲员，深入每个行政村开展讲习活动。三是强化宣讲内容，保障培训主题。以习近平新时代中国特色社会主义思想和党的十九大精神为指引，在各讲习所深入开展党的教育方针、教育惠民政策、学生资助政策的宣传和培训活动，牢固树立教育作为拔穷根的根本举措的思想，结合实际，统一印发讲稿，统一制作宣讲PPT，制订详细的培训和宣传内容，在全社会形成关心、支持、参与教育工作的良好氛围，切实教育广大农民群众"知党恩、感党恩、听党话、跟党走"。四是强化活动载体，保障培训特色。村级宣讲员在各乡镇和村组的农民教育培训按照"月月有活动、课课有主题"的要求，不但利用好村农民讲习所进行宣讲，学校还利用召开家长会、乡镇文化活动、千名教师走万家、流动讲解等，创新活动载体，以形式多样、特色鲜明、贴近群众的方式开展常态化培训。截至目前，全县已开展培训 70 余次，累计受培训农民群众超过 2 万人次。五是强化考核管理，保障培训效果。不断强化管理，把各乡镇学区农民培训工作纳入学校年度效能目标管理考核内容，作为各乡镇学区党建述职的重要内容。组织常态化

督促检查，实现各村培训有记录、签到有表册、管理有台账、活动有痕迹、信息早上报，并通过实地走访培训群众查看培训效果，听取反馈意见，收到了很好的培训教育效果。

（三）建立控辍保学长效机制

1. 加强控辍保学，建立"双线""三保四包一帮""五长制"机制

隆德县强化政府行为，建立"党委领导、政府主导、部门协作、社会参与、学校为主、家庭尽责"的控辍保学工作长效机制。一是建立"双线"制，即县、乡、村党政一条线，教育行政部门、学校一条线。政府一条线负责包入学，教育一条线协助配合；教育一条线负责包在校生巩固，政府一条线负责配合，签订"双线"责任书，做到分工合作，确保工作取得实效。二是建立"三保四包一帮"制。"三保"即政府保入学，政府与学校共同保巩固，学校保质量。"四包"即县领导包乡镇、乡镇干部包村组、教体局干部包学校、村组干部包学生。"一帮"即县直部门（单位）帮助乡镇动员学生入学，真正把控辍保学各项工作落实到每个人身上，确保义务教育阶段适龄儿童巩固率为100%，辍学学生为零。三是建立"五长制"，即县长、部门局长、乡镇长、校长、村主任问责制。按照属地管理、各负其责的原则，切实发挥控辍保学责任，一级抓一级，层层抓落实。

2. 关爱留守儿童，让留守儿童不再孤独

为深化隆德与闽侯两县结对协作帮扶工作，进一步完善帮扶机制，2017年开始，连续两年由两县牵手在隆德三小、二中两校举办留守儿童"暑期实践体验活动夏令营"。夏令营以"关爱·体验·成长·拓展"为主题，内容涵盖民俗文化、手工艺制作、特色课程、

趣味游戏、心理讲座等方面，主题鲜明，内容丰富，形式多样。活动期间，开展朗读表达训练、自我展示活动、生活自理实践、自我认识心理辅导、研学旅行体验以及认识伪科学、学习摄影技术、知晓趣味生物、了解影视制作、认识清华人物等学习体验实践活动，让留守儿童在学习体验中健康成长，获取生活技能，在文化碰撞中，感受传统艺术魅力，陶冶个人情操，培养兴趣爱好，坚定实现梦想的信念，为留守儿童埋下一颗向往远方的种子，插上一双为梦想拼搏的翅膀。先后有 580 名留守儿童参加了夏令营活动，136 名建档立卡困难家庭学生赴福建开展研学旅行活动。举办留守儿童夏令营活动，让留守儿童在假期有人看护，让家长有充足的时间干农活、务工，增加了家庭收入。

（四）推进"互联网+教育" 平台建设

近几年，隆德县教育信息化围绕"三通两平台"建设，实现了所有学校宽带网络接入，所有教学班多媒体全覆盖并接入优质教育资源，所有科任教师开通"网络学习空间人人通"。从努力提升师生信息技术应用能力，到增强信息技术与学科教学深度融合，使教育信息化为教育教学做好服务。

该县重点围绕"互联网+教育"和教育信息化 2.0 行动计划，从提升师生信息技术应用能力向全面提升其信息素养转变、从融合应用向创新发展转变。共投资 1054 万元，建设在线互动课堂、信息化应用示范校、创客教室等。通过在线互动课堂建设，充分发挥互联网在教育教学改革和发展中的优势和作用，实现农村薄弱学校"开齐课、开足课、开好课"。以隆德一小拖张程中心小学、杨河中心小学，隆德县二中拖张程中学、杨河中学等强校带弱校，推广"优质学校带薄弱学校""一校带多点、一校带多校""优秀教师带普通教师"的教学和教研组织模式，构建常规化应用体制、激励体制，逐步使模式制度化，缩小城乡教育差距，促进全区教育的均衡发展。利用互联网，突出教研特色，组建 45 个"网络课程社区"、24 个"名师工作室"，隆德一小"吴东相小学数学名师工作室"、联财中心小学"边强人人通空间"等在宁夏教育云平台应用排名中位居全区前列。有28 个学校开通了"智慧校园"，隆德二中、隆德二小等校被自治区教育厅确定为智慧校园应用示范学校。通过创建信息化应用示范校，促进教育信息化管理与应用向常态化、规范化、特色化方向发展，让信息化应用成果突出的学校，成为教育信息化应用的示范学校，真正发挥"树立典型、示范引领"的作用。

二、健康扶贫托住因病致贫返贫安全底

健康是影响居民生活质量的重要因素，因而，健康扶贫是脱贫攻坚战中的一场重要战役，从隆德县突出的因病致贫、因病返贫的实际情况，以及健康扶贫治理主体在实施过程中出现的部门权责不清、市场参与缺乏、群众健康意识不强等问题反映出来的社会治理失序，隆德县全面落实健康扶贫政策，由卫健局、医保局等部门牵头，深入推进"三个一批"分类救治，落实"一降一高四个全覆盖"、先诊疗后付费等健康扶贫机制，用健康扶贫托住因病致贫返贫安全底，进而重建坚持以国家大政方针为主导、多部门保障和公民积极参与的多方协同联动的健康扶贫社会治理体系。

截至目前，隆德县共有医疗卫生保健机构 23 所，其中县级公立医院 3 所，其他县级医疗卫生计生机构 2 所，社区卫生服务站 4 所，乡镇卫生院 13 所，民营医院 1 所。现有卫生计生工作人员 1003 人，专业技术人员 926 人，占 92.3%；108 个标准化村卫生室，乡村医生183 名；全县共设床位 909 张，每千人拥有床位 5.15 张，每千人拥有

卫生专业技术人员 5.2 人。2013 年底确定贫困村 70 个、建档立卡贫困户 10167 户 39612 人，贫困发生率 28.5%。经历年动态调整，现有库管建档立卡贫困人口 10322 户 39944 人，剩余贫困人口 49 户 163 人尚未脱贫，农村贫困人口居民基本医保 100%全覆盖。

（一）找准国家政策与地方特色结合点

1. 国家健康扶贫 1234 总体思路

隆德县健康扶贫工作按照脱贫攻坚战 "两不愁、三保障" 的要求，聚焦贫困人口 "基本医疗有保障" 这一总体目标，落实健康中国和乡村振兴两大战略，通过 "三个一批" 行动计划，从四个方面着手，努力让贫困人口 "看得起病、看得好病、看得上病、少生病"。

2. 宁夏 "一免一降四提高一兜底" 工作思路

宁夏建立健康扶贫 "一免一降四提高一兜底" 的综合医疗保障体系，努力让农村贫困人口 "看得起病"。"一免" 指农村建档立卡因病致贫、因病返贫贫困患者（以下简称 "贫困患者"）实行县域内先诊疗后付费并免缴住院预付金。"一降" 指贫困患者在定点医疗机构就医，大病保险起付线降至 3000 元。"四提高"：一是提高大病保险人均筹资水平；二是城乡居民大病保险平均提高 5 个百分点的报销比例，对患有 20 个特殊病种的贫困患者，在此基础上再提高 2 个百分点；三是提高医疗救助水平，将贫困患者全部纳入医疗救助范围，与宁夏回族自治区城乡低保对象享受同等医疗救助政策，罹患重特大疾病的，年度最高救助金额由现行的 8 万元提高到 16 万元，并在现行报销政策的基础上提高 10 个百分点；四是提高 "扶贫保" 保障层次。"一兜底" 指贫困患者年度内在医疗机构发生的个人自付合规费用在基本医保、大病保险、商业健康保险、扶贫保、社会救助、疾病应急救助、医疗救助报销后，住院医疗费用实际报销比例超过10%或当年住院自付费用累计超过5000元时，超过部分由县级政府予以兜底保障。

（二）对口帮扶增强医疗服务能力和水平

1. 用好对口帮扶医疗资源

隆德县将对口帮扶与健康扶贫相结合，发挥帮扶医师专业优势，帮扶基层医疗机构提升服务水平，全面提高县级服务水平和能力。隆德县多年与中国人民解放军火箭军总医院、福州市第一医院、清华大学第一附属医院、附属长庚医院、厦门大学第一附属医院建立对口支援关系，与第四军医大学西京医院、福州市第一医院、宁医大总院及全县13个乡镇卫生院、4个社区卫生服务站建立医联体，又与自治区第五人民医院、自治区人民医院宁南分院建立了区内对口帮扶体系，多家医院派出成批的医疗队伍帮扶隆德县，比较圆满地完成了各项任务。

2. 实现标准化村卫生室全覆盖

全县共99个行政村，建设标准化卫生室113所，达标率100%。基本医疗设施均达到35种以上，药品配备齐全，达到99种以上，每个村卫生室都有取得县级以上卫生主管部门发放行医资格证的合格医生，卫生室都正常运行。

3. 全面落实"一站式"即时结算及"先诊疗后付费"政策

为大力推行"一站式"即时结算和"先诊疗后付费"服务模式，

助力精准扶贫和健康扶贫工作，隆德县医保局召开专题会议，安排部署了"一站式"即时结算和"先诊疗后付费"政策落实工作。各医疗单位均制订了活动实施方案，建立了工作制度和流程。2019 年 9 月后，各医疗机构均未收取任何费用。

4. 及时准确维护健康扶贫信息管理

各乡镇均按时、按质、按量地完成健康扶贫动态信息数据的采集、录入和审核上报工作，且数据真实、精确、及时。根据"全国健康扶贫动态管理系统"和"宁夏健康扶贫动态管理系统"，对贫困患者进行"户维护、家庭成员、人员维护、信息填报、疾病管理"等录入操作。

5. 精准管理"三个一批"

各乡按照全面精准的原则，逐村、逐户、逐人、逐项进行摸底调查，并将统一制作的健康扶贫绿卡、家庭医生服务协议书、致建档立卡户的告知书及专家医疗团队制订的治疗方案发放到了每一名健康扶贫对象手中，并对住院治疗的建档立卡户发放了《隆德县"健康扶贫"明白卡》。截至目前，"三个一批"大病集中救治 335 人，慢病签约 6271 人，重病救治 74 人。

（三）创新管理模式，共同推动健康扶贫工作

1. 做好"五个结合"，提高医疗水平

把健康扶贫与家庭医生签约服务相结合，为每个家庭选择一个家庭医生团队，给予精准治病，解除病痛；把健康扶贫与远程会诊相结合，充分利用远程会诊医疗平台，对扶贫患者优先开通远程会诊，第一时间邀请三甲医院知名专家进行诊断，提高诊疗水平，方便患者看

病，减轻群众负担；把健康扶贫与分级诊疗相结合，实现重病优先转县级医院住院治疗，康复病人转乡镇卫生院医养结合进行康复，以基层医疗卫生单位为基础、以县人民医院为核心、以三甲医院为后盾，将健康扶贫医疗单位扩展到 13 个乡镇卫生院和 4 个县级医疗单位。加快推进分级诊疗，真正实现"基层首诊、双向转诊、急慢分治、上下联动"，最大限度方便群众就医；把健康扶贫与医改相结合，取消药品加成，提升公立医院防病治病水平。全面实施综合医改工作，着力推进县级公立医院综合改革，建立健全公立医院独立自主权、完善县级公立医院综合性绩效考核制度、推进分级诊疗制度建设。推广家庭医生签约服务等方面取得实质进展。建立科学补偿机制，强化医药费用控制，破除以药补医机制，有力维护公立医疗机构公益性；把健康扶贫与"千名医生下基层"相结合，加强对下基层医师的日常管理及考核，发挥帮扶医师专业优势，帮扶基层医疗机构提升服务水平。紧抓京宁、闽宁对口帮扶机遇，依托区内外三甲医院资源，全面提高县级服务范围、服务水平，推动隆德县医疗水平。

2. 做细做实家庭医生签约服务

全县共组建 34 个以全科医生、护士、公卫医生为主的家庭医生团队，并选择 2—3 名具有中级及以上职称的县医院、中医院临床医生，作为每个家庭医生服务团队的指导医生，结合"千名医师下基层"活动，进村入户开展家庭医生签约服务，辖区内常住居民155337 人，常住人口签约73464 人，签约率47%，重点人群签约服务覆盖率达到 87.4%。其中：0—6 岁儿童签约 5674 人，签约率68%；老年人签约10312 人，签约率78%；高血压、糖尿病签约率分别为89%、88%；残疾人、肺结核、严重精神障碍患者、计划生育特殊家庭签约率均为 100%。贫困人口应签尽签，均达到了区市级要求。

3. 创新"健康扶贫明白卡"管理模式

根据国家和宁夏健康扶贫系统数据，对建档立卡住院患者创新"健康扶贫明白卡"。明白卡以户为单位，包含了患者的基本信息（姓名、性别、出生年月、身份证号、与户主关系、数据来源、核实分类、核实患病、是否脱贫、是否签约、三个一批分类）、就医机构、就医时间，疾病名称报销类型、费用金额、实际报销总额、实际报销比例、备注等内容。明白卡一式四份，内容与国家和宁夏系统一致，在卫健局、乡卫生院、村卫生室、患者手中各一份，做到上下数据统一，有据可查。

4. 提升健康扶贫政策知晓率和满意度

各乡镇各部门坚持正确舆论导向，采取多种有效形式，广泛宣传习近平总书记关于新时期扶贫开发的重要战略思想、各级健康扶贫工作的部署要求以及各项扶贫政策，发放宣传资料11万余份，通过微信、电视、宣传单、折页、展板等方式大力宣传健康扶贫相关政策，使广大老百姓对健康扶贫政策熟知于心，从而自觉积极参与集中治疗。健康扶贫适度人群政策知晓率和满意度稳定达到90%以上。

（四）部门联动健全分类诊疗方式与跟进机制

1. 加强组织领导

隆德县成立由县政府县长为组长，财政、人社、民政、扶贫、卫计等5个部门和13个乡镇主要负责人为成员的健康扶贫领导小组，组建内科、外科、妇科3个诊疗小组。县人民政府制定下发了《隆德县开展"因病致贫、因病返贫"农村人口精准医疗实施方案》，转发了《固原市卫计局关于印发2018年健康扶贫行动计划的通知》，县卫计局下发了《关于印发 2018 年隆德县健康扶贫行动计划的通知》《隆德县农村贫困人口大病专项救治工作实施方案》等文件，明确了各单位职责，细化资金保障措施，力推工作落到实处。隆德县人民政府每两月主持召开一次推进会，研究解决工作存在的问题，促进健康扶贫工作扎实推进。

2. 实施分类治疗

县卫健局紧盯摸底确定的健康扶贫对象，按照人手一份的原则印制了健康扶贫袋，结合健康扶贫袋的发放，进一步核实扶贫对象，对健康扶贫对象制订治疗方案，开展分级诊疗工作，对乡镇、社区医疗机构能治疗的，落实家庭医生签约服务，不出门即可享受到优质医疗服务。基层不能治疗的，转诊到县人民医院诊治。需转到三级医院诊治的，开通绿色通道，根据病情需求办理转院手续，治疗后需康复的，转回基层医疗机构治疗，最大限度发挥医疗资源优势，尽可能减少因病致贫、因病返贫对象医疗费用。县人民医院开通绿色通道，设置健康扶贫门诊及病房，设置"一站式"报销流程，为健康扶贫对象提供方便。通过农村医疗保险、城乡医疗救助、脱贫保、政府兜底等多种途径解决因病致贫、因病返贫对象医疗费用。健康扶贫对象住院享受"一站式"报销流程，大大节约了时间和精力。县外治疗费用通过统筹城乡居民医疗保险、最低生活保障、城乡医疗大病救助、脱贫保等进行报销。

3. 强化部门联动

残联、民政、扶贫、人社、宣传、卫健、保险等部门，各司其职，各尽其责，形成扶贫合力，落实救助保障政策。县医保中心全面落实城乡居民医疗保险制度，使建档立卡贫困人口医保参保率实现100%全覆盖；县民政局为全县健康扶贫对象全部安排最低生活保障及医疗救助政策，最大限度降低贫困户就医负担；扶贫办为健康扶贫患者每户购买 100 元的家庭意外保险和每人 45 元的大病补充保险；县级政府全额承担 2017 年商业健康保险投保所需资金（每人 68 元），2018—2020 年个人出资额年收缴按 20 元/人，政府予以补贴；人寿保险公司、人财保险公司为贫困户落实大病保险政策、开展脱贫保险业务，多途径解决群众大病、重病费用；县残联为残疾人贫困户发放生活补贴及护理补贴，为贫困户配备康复训练器材、生活辅助工具；县妇联为贫困家庭提供农村妇女小额担保贷款、提供创业技术指导、就业信息服务，提升贫困家庭自我发展能力。

县卫健局挖掘行业潜力、发挥行业优势，创造性、前瞻性地开展健康扶贫工作，不断强化健康扶贫工作的行业指导、专业督导，努力构建保障百姓健康福祉的长效机制。争取县委、县政府支持，对健康扶贫对象除以上各种保险报销外，对群众个人承担的费用实行政府兜底，减轻群众脱贫负担。各医疗卫生单位以健康扶贫统揽各项卫生计生工作，扎扎实实做好健康扶贫的每一项具体工作，优化健康扶贫精准医疗流程，设置"一站式"服务流程，方便群众就医，有效改善老百姓的就医感受，增进了群众获得感、幸福感。

4. 做好跟踪服务

积极推广家庭医生签约服务，选优配强县、乡、村三级签约服务团队，明确签约服务团队工作职责，为正在康复建卡贫困患者提供免费健康体检、健康知识宣讲、科学就诊引导等个性化服务，保障建卡贫困患者及其家庭成员优先享受家庭医生签约服务。对慢性病患者、需要长期康复的患者，县人民医院及时转诊到乡镇、社区卫生服务站，进行康复治疗、定期回访，并定期组织诊疗小组到村入户开展巡视和复查工作，让贫困患者少跑路，享受方便快捷的优质医疗服务。

5. 健全健康档案

县、乡、村建立健康扶贫患者档案，实行"一册、一档、一袋"

管理。县卫健局建立健康扶贫患者管理花名册，并及时提供给各级医疗卫生单位进行精准治疗，即"一册"；乡（镇）卫生院建立健康扶贫患者个人电子档案和纸档案，并建立家庭医生签约团队与扶贫患者签约入户影像册（碟），进行精细化管理，设立网格化管理一览表，即"一档"；给贫困患者发健康扶贫资料袋，内装《隆德县健康扶贫家庭医生签约协议书》、《隆德县家庭医生签约服务工作手册》、优惠证，即"一袋"。

三、"两线衔接"织密织牢政策兜底网

在打赢脱贫攻坚战役中，对于自身发展能力不足、先天条件差的贫困户，隆德县由民政局主要牵头负责，实施保障兜底，打好社会保障"升级战"。深入推进农村低保制度与扶贫政策有效衔接，统筹各类保障措施，建立以民政低保、临时救助、特殊津贴制度为主体，以社会帮扶为辅助的综合保障体系，完善农村低保标准动态调整机制和民政扶贫信息实时对接共享机制，定期开展数据更新比对，及时掌握保障兜底需求，将符合农村低保条件的建档立卡贫困人口、农村低收入家庭、家庭主要成员完全丧失劳动能力或生活自理能力、因病因残致贫、返贫等特殊群体全部纳入农村低保范畴，给予每人每年最少3800元的保障资金；将符合建档立卡条件的农村低保对象全部纳入建档立卡范畴，做到"应扶尽扶、应保尽保"。2019年，隆德县被确定为全国"低保审批权限下放到乡镇"试点县。全面落实农村养老保险制度，建立"三留守"人员关爱体系，通过农村敬老院、农村老饭桌、农村幸福院、残疾人托创中心、精神康复院等，妥善安置617名建档立卡特殊人群（双老户、单老户、散居五保户、重度残疾户），解决其衣、食、住、行、医等问题。

（一）做好政策衔接与弱势群体保障

隆德县民政部门围绕"两不愁　三保障"，充分发挥社会救助制度"救急难、兜底线"功能，落实和宣传好兜底脱贫的各项政策，进一步加强农村低保与扶贫开发在政策、标准、管理等方面的有效衔接。将符合低保、五保条件的建档立卡贫困户全部纳入保障范围，做到"应保尽保，应退尽退"，实现政策性兜底。

1. 做好政策衔接

隆德县为做好低保扶贫有效衔接，制定下发《隆德县农村最低生活保障制度与扶贫开发政策有效衔接工作实施方案》《关于开展农村低保政策落实及兜底脱贫情况全面排查的紧急通知》《关于全面落实脱贫攻坚民政工作任务的实施方案》。截至目前，全县建档立卡贫困户保障 7394 户 10372 人，政策兜底保障 432 户 815 人；开展社会救助"十项清零"行动，把 2416 名"三留守"人员分别纳入 80 岁以上高龄津贴保障范围、低保保障范围和孤儿保障范围，扎实推进精准扶贫。

2. 确保社会救助公平公正

隆德县先后三次提高社会救助保障标准，农村低保人均年保障金额达到 3840 元，财政人均月补差水平不低于 222 元。积极推进社会救助系统信息化建设，对 12265 户 16441 人社会救助家庭进行了经济状况核对，确保了社会救助工作更加精确、公平、公正。

3. 持续提升福利保障工作

提高孤儿养育津贴标准，扩大孤儿养育津贴保障范围，为全县 138 名孤儿（含困境儿童）每月发放养育资金 7.9 万元；为 483 名分散供养人员每月发放津贴 21 万元；为 1797 名高龄老人每月发放津贴 53.8 万元；为符合条件的 8878 名重度残疾人，每月发放两项补贴 79 万元。

4. 做好特殊人群安置工作

全县先后建成 89 个农村老饭桌、73 个农村社区服务站、38 个农村幸福院、7 个城市社区日间照料中心、6 个农村敬老院、3 个农村互助养老院、1 个综合养老活动中心。对特殊人群实施保障性救助帮扶，建立脱贫攻坚"两不愁、三保障"全覆盖长效机制。对 615 名特殊人群通过农村敬老院、农村老饭桌、农村幸福院、残疾人托养中心、固原市精神康复医院进行分类安置，实现特殊人群集中救助供养全覆盖。

（二）下放低保审批权限，构建动态服务网

扶贫工作中，主要亮点和经验是把低保审批权限下放到乡镇，做到了农村低保制度与扶贫开发政策有效衔接。隆德县把城乡低保审批权限全面下放到 13 个乡镇，明确乡镇人民政府为低保审批责任主体，授权各乡镇人民政府行使城乡低保审批权；县民政局对各乡镇拟新增的对象进行全覆盖入户核查，随时掌握工作动态，指导解决问题。

1. 完善制度流程，确保"放"有规范

坚持制度先行，制定出台了《隆德县城乡低保审批权限下放乡镇试点工作实施方案》，精心安排部署城乡低保审批权限下放乡镇试点工作，明确工作责任，细化工作要求，强化工作落实；制定了《隆德县城乡居民最低生活保障审批权限下放乡镇流程》，为乡镇审核审批城乡低保完善工作制度、规范工作流程、加强低保对象日常管理和动态管理，广泛接受社会监督，严查低保经办服务中的腐败和作

风问题，切实为试点工作顺利推进、规范操作提供了制度保障。

2. 靠实管理责任，确保"责"能落实

隆德县建立"四书五员"责任制，由县人民政府、县民政局分别与各乡镇签订《授权书》《委托责任书》《安全保密协议书》和《安全保密承诺书》，明确乡镇的主体责任；为每一个行政村（社区）确定一名乡镇包村领导作为低保"专管员"，明确驻村第一书记作为"情报员"，乡镇驻村干部作为"联络员"，村民（居民）小组组长作为"信息员"，村民（居民）监督委员会主任作为"监督员"，对低保权限审批全过程、全覆盖进行监督。

3. 健全服务网络，确保"事"有人干

隆德县在各乡镇设立城乡低保受理服务窗口，确定 2—4 名专职民政助理员开展工作。在各行政村（社区）设立城乡低保工作站，确定 1 名民政协理员开展工作。引入第三方社会调查机构参与监督服务，通过公开招投标方式，招聘专职入户核查员 15 名，重点针对城乡低保救助时效、精准度等方面开展入户核查和专业评估。同时，全县举办 3 期政策及业务培训班，让乡村干部进一步熟练掌握城乡低保政策及审核审批流程，建立起一支体系健全、流程规范、业务熟练、过程透明的低保审批管理人员队伍。

4. 严把关键环节，确保"改"出成效

隆德县重点围绕申请受理、入户调查、初审审核、民主评议、公示公开、信息核对、审核审批等"九个环节"，严格把好城乡低保审核审批"九道关口"，即由乡镇包村领导、驻村干部组织召开行政村（社区）初审讨论会，把好初审关；由乡镇民政助理员、行政村（社区）民政协管员、村（社区）"两委"干部到初审对象家庭进行入户调查，把好调查关；由乡镇包片领导、驻村第一书记、驻村干部、民

政助理员和行政村（社区）村务监督委员会主任到申请对象家庭进行复核，把好入户审核关；由村（社区）民主评议小组进行评议，把好民主评议关；由村委会（社区居委会）对申请对象进行为期 7 天的张榜公示，接受社会监督，把好公示公开关；运用"民政云"系统进行家庭经济状况核对，防止申请对象隐匿财产，把好审查关；县民政局对拟新增的低保对象进行 100% 入户核查，严把准入关；提交乡镇评审小组进行审批，严把审批关；以乡镇为单位，在便民服务中心常年公示救助对象基本信息，把好群众监督关。同时，县民政局严格落实月抽查、季核查、年复审制度，通过查核结合、以查补核，做到重监管、不松懈，并对抽查核查发现的问题，及时督促乡镇进行整改，强化审批职责，防范审批过错，提高审批实效，做到实整改、不推责，切实构建起社会救助的"安全网""防火墙"。

5. 加强动态管理，确保"保"得精准

隆德县各乡镇在健全城乡低保管理台账、完善电子档案的同时，加强低保动态管理，从 2018 年 10 月开始，对在册的低保对象进行复核，及时清退不符合条件的低保人员 356 户 515 人；将新申请的城乡低保对象资料上传县核对中心进行核对，及时审批纳入 99 户 176 人。县民政局按照乡镇审批的低保对象资金发放花名册，每月 5 日前将救助资金划拨各乡镇，乡镇每月 15 日前通过银行及时发放到户。同时，积极推进大数据平台建设，与县财政、人社、市监、税务、住建、发改、金融等部门（单位）签订信息共享互查合作协议，2018 年核对社会救助家庭信息 12.6 万人次，其中清退不符合条件的城乡低保对象 1800 多人。

6. 创新工作理念，确保"服"能优化

在城乡低保审批权限下放乡镇后，隆德县从理顺低保管理体制机

制出发，坚持推行政策口径、核查标准、操作程序、公开公示、办理时限"五个统一"，严把政策、程序、操作、公示"四个关口"，做到民主评议包村领导、第一书记和驻村干部"三个到场"，实现强化基层责任、优化流程"两个目的"，遵循应保尽保、分类施保、动态管理"一个宗旨"，实现低保审批管理群众"零信访率"的"543210"工作理念，达到了权限下移、优化服务、方便群众、提升效能的社会救助综合改革目标。

（三）实现农村低保制度与扶贫开发政策有效衔接

1. 政策衔接

隆德县对符合农村低保条件的建档立卡贫困家庭，按政策规定程序纳入农村低保保障范围，7394 户 10372 名建档立卡贫困户纳入低保范围。对于符合扶贫条件的农村低保家庭，按政策规定程序纳入建档立卡范围，并根据致贫原因予以精准帮扶。对返贫的家庭，按规定程序审核后，相应纳入临时救助、医疗救助、农村低保等社会救助制度和建档立卡贫困户扶贫开发政策覆盖范围。对于通过扶贫支持政策实现脱贫的农村低保家庭，一年内可以继续享受低保与扶贫相关政策。

2. 对象衔接

隆德县组织开展社会救助"清零"活动，对农村低保对象进行拉网式排查。同时，充分利用精准识别贫困人口的成果，把未纳入低保范围的建档立卡贫困人口列入重点对象进行复查复核。对智障病残、失能失助等特殊人群，按照"一人一策"的要求，通过老饭桌、幸福院、互助养老院、敬老院、残疾人托养中心和精神康复医院等进行安置。

3. 标准衔接

隆德县在工作中提高了农村低保保障标准，A 类低保由 295 元/人/月提高到 400 元/人/月；B 类低保由 265 元/人/月提高到 320 元/人/月；C 类低保由 180 元/人/月提高到 210 元/人/月。低保提标后，A、B 类兜底保障人员人均年保障金额分别达 4800 元和 3840 元，高于扶贫标准线，为兜底户脱贫提供了坚实的保障。

4. 管理衔接

对农村低保对象和建档立卡贫困人口实施动态管理，乡镇负责核实农村低保对象和扶贫开发对象家庭经济状况变化情况；县民政局根据农村低保对象家庭人口、收入、财产变化情况，及时增减低保资金；县扶贫办及时将建档立卡扶贫低保户帮扶名单、帮扶措施、脱贫名单、脱贫家庭人均收入等资料反馈县民政局。

5. 信息衔接

隆德县加快全县低保信息管理系统与扶贫信息管理系统的互联互通、信息共享；全面推行低保无纸化网上审批改革，通过低保信息系统管理低保对象，发放低保资金；充分发挥"民政云"系统的作用，做到"凡进必核"。

6. 责任衔接

明确乡镇人民政府既是实现贫困人口全面脱贫的责任主体，同时也是受理审核最低生活保障申请的责任主体，进一步建立健全乡镇人民政府最低生活保障管理问责制，完善落实"谁调查、谁审核、谁签字、谁负责"的责任追究制度。明确了村（居）委会协助做好社会救助工作的主要内容，及时协助乡镇做好救助对象的发现报告、经济调查、公开公示、动态管理等工作。

小结

消除贫困现象、改善居民生活、实现共同富裕，是社会主义的本质要求，社会救助作为兜底线、救急难、保民生的基本制度，在脱贫攻坚和基层社会治理中都肩负着不可替代的责任。针对健康扶贫治理主体在实施过程中出现的部门权责不清、市场参与缺乏、群众健康意识不强等问题反映出来的社会治理失序，隆德县从"内""外"两方面进行联合，外部链接，获取兜底所需资源和资金，内部建设，运用外部资源进行内部帮扶和建设。同时以教育扶贫、健康扶贫、社会救助为抓手，积极探索，不断创新，健全完善救助体系，创新社会治理。

第七章

以外催内：闽宁协作
助推脱贫发展

东西部扶贫协作和对口支援，是推动区域协调发展、协同发展、共同发展的大战略，是加强区域合作、优化产业布局、拓展对内对外开放新空间的大布局，是打赢脱贫攻坚战、实现先富帮后富、最终实现共同富裕目标的大举措。隆德地处"苦瘠甲天下"的西海固集中连片贫困地区。1996 年，党中央、国务院作出开展东西部扶贫协作的重大战略部署。1997 年，时任福建省委副书记、福建省闽宁协作领导小组组长的习近平同志第一次来宁夏，便来到隆德调研指导闽宁协作工作。自此，在习近平同志定下的"优势互补，互惠互利，长期合作，共同发展"原则指导下，隆德县开启了闽宁协作历程。全县上下继承传统，落实和拓宽了闽宁协作内容与领域，以外力催生内生动力，取得了脱贫攻坚和县域经济社会发展双丰收。特别是 2017 年以来，结对帮扶的福建省闽侯县和隆德县认真贯彻落实党的十九大精神以及习近平总书记在东西部扶贫协作座谈会上的讲话精神，紧紧围绕县委、县政府的脱贫攻坚中心工作，以发展特色产业、促进脱贫就业、关爱弱势群体、搭建协作平台为重点，不断健全完善帮扶机制，积极协调多方资金，组织实施了一批帮扶项目，推动了隆德县全方位的全面发展。

经过 20 多年的闽宁协作，隆德县经济上实现了较大的发展，更重要的是，通过与福建闽侯县的这种持续性的协作，隆德的相关领导非常重视农户自身思想观念素质的改变，重视从思想上反贫困或通过思想扶贫，让贫困者树立了"想脱贫""主动脱贫""积极脱贫"的思想意识。减贫不仅仅是贫困人口数字上的减少，更重要的是通过扶贫与扶智、扶志相结合的方式，提升脱贫人口自我发展的能力，在脱贫中重建和增强贫困人口对自己和家庭未来的信心。

一、继承传统，紧抓落实，拓宽内容与领域

闽隆协作是闽宁协作的重要组成部分和突出典型。20多年来，福建各地累计支持隆德县资金1亿多元，为隆德的脱贫攻坚、经济社会发展和人民生活水平提高作出了重大贡献，与此同时，通过全方位的扶贫机制的合力，闽宁合作极大地推动和激发了隆德人民的内生动力和发展能力。隆德地区的脱贫实践也丰富了闽宁模式的内容与领域。

（一）贯彻闽宁协作原则，落实战略部署

1996年，党中央、国务院展开了东西扶贫协作的战略部署，确定了闽宁两省区对口帮扶协作。自此，两省区开始建立联席会议、实施市县结对帮扶、部门协作、互派挂职干部、项目带动和产业扶贫协作。本着"宁夏所需，福建所能"，既雪中送炭又互惠双赢的原则，把福建的人才、资金、科技、经验、市场要素等植入宁夏"肌体"，形成造血体系，从根本上提升贫困地区的发展能力。

习近平总书记当年提出的"优势互补、互惠互利、长期协作、共同发展"的指导原则，成为"闽宁模式"的灵魂，也是闽隆协作的重要指导方针。近年来，隆德县在习近平新时代中国特色社会主义思想的指引下，认真贯彻落实党的十九大精神以及习近平总书记在东西部扶贫协作座谈会上的讲话精神，按照第21次闽宁协作联席会议部署，紧盯精准扶贫精准脱贫目标任务，主动作为，真抓实干，精心

用好帮扶资源，科学制订协作计划，扎实推进帮扶项目。20多年来，闽宁对口帮扶协作在党中央、国务院的领导下，认真贯彻习近平同志的系列指示精神，由最初单向的扶贫解困，发展到经济合作、产业对接、互利共赢的新阶段；从单一的经济援助，发展为教育、文化、医疗等多领域合作的新格局；从单纯的政府行为，发展为政府、企业、社会相结合的对口协作机制，实现了优势互补、互利共赢的可喜局面，创造了全国东西扶贫协作的"闽宁模式"，实现了从"输血"到"造血"，从"扶贫"到"扶智"质的突破。

（二）拓宽闽宁对口帮扶新领域

20多年来，隆德县先后与福州市仓山区、晋安区、台江区、长乐区、闽侯县等县区结成帮扶对子。建立完善了县级领导定期互访沟通协商、干部挂职锻炼等工作机制，进一步深化产业、经贸、教育文化、医疗卫生、旅游等领域的对接合作，努力形成了全方位、多层次、宽领域的合作格局，做到了"对口协作"与"深度合作"相统一。11批援宁工作队员扎根隆德，在基础设施建设、民生事业、产业发展、劳务协作等方面开展了一系列卓有成效的工作，既保留和继承闽宁协作传统领域，又拓宽了新领域，使闽宁协作在隆德大地上结出了累累硕果，推动了当地的基础设施、产业发展等，更重要的是先进的发展理念与管理方式深刻地影响着隆德的地方社会治理。

1. 认真落实三级对口帮扶

为了进一步促进闽隆两地互助协作，推动两地经济社会发展，闽侯县和隆德县领导高度重视，先后签订了《闽侯县—隆德县对口帮扶协作框架协议》《闽侯县—隆德县乡镇协作帮扶框架协议》，强化了闽宁协作项目的落地，加深了两地友情，推动了两地携手并进、共同发展。隆德县与闽侯县于2018年8月20日签订13个乡镇结对帮扶协议，实现两县乡镇结对帮扶全覆盖，行政村结对帮扶 10 对。两县乡镇开展互访活动 3 批 54 人次，重点围绕基础建设、产业扶持、文化交流、学生资助等方面探讨合作项目，共谋发展。闽侯县各乡镇、行政村共落实镇村帮扶资金 210 万元，隆德县各乡镇将镇村帮扶资金重点用于劳务补贴、特色产业发展、贫困村基础设施改善等工作。整合闽侯县镇村社会帮扶资金，资助结对村贫困学生 490 人。通过闽侯县各乡镇购买隆德县特色产品 310 万元。为拥有一技之长、创业意向比较强的建档立卡贫困劳动力，开展 3 期 150 人次的创业致富带头人培训，成功创业 60 人，通过创业带动建档立卡贫困户 320 人。

2. 精细设计交流互访

闽侯县与隆德县对口协作以来，两县主要领导每年都分别带领乡镇、相关部门负责人互访交流，确定对口帮扶项目，协商解决重点工作。时任自治区党委书记、人大常委会主任石泰峰，先后两次主持召开闽宁镇建设发展座谈会，多次调研、暗访闽宁镇产业发展、基础设施等方面情况及存在的问题，细将细究，查明原因，探清病灶，寻求良策。按照闽宁协作联席会议要求，积极与福建闽侯县、厦门大学对接联系，通过互派干部挂职、人才研学等多种形式，扎实开展干部人才交流协作，两县通过交流互访，重点围绕基础建设、产业扶持、文化交流、学生资助等方面探讨合作项目，取得了显著成效。

3. 倾情投入教育帮扶

通过教育手段来实现贫困户能力提升，是脱贫中至关重要的一环。闽宁两省区教育部门签订了长期帮扶协议，建立了长效机制，在隆德县开展了多种形式的教育帮扶，以教育来促进隆德人知识水平的提升，最终实现了以外力的推动促成贫困人口内生动力的生成，最终实现从扶贫到"扶志扶智"的转变。一是开展师生支教帮扶。福建省选派第 19、20 批支教队员中的谢金芳、张锡昌、陈友杰、檀敏 4

名教师在隆德四中支教，隆德县神林学区主任柳絮赴福州市参加了为期2个月的培训。厦门大学与隆德县签订了长期支教帮扶协议，选派即将攻读研究生的优秀大学毕业生潘苑、武晓琳、舒楠等10名同学到隆德四中开展为期一年的支教工作，通过"蹲苗"工程，让学生更多地了解西部欠发达地区的教育现状。年轻的支教研究生们发挥学历高、知识新、与所教学生年龄差距小等诸多优势，很快和学生打成一片，被学生们亲切地称呼为"大哥哥""大姐姐"。二是通过校际合作为留守小学生开展爱心帮扶。通过闽侯县来隆挂职干部多方争取，隆德县与清华大学、西安交通大学签订了长期合作协议，为386名留守儿童开展夏令营体验活动，组织60余名留守儿童赴闽侯县开展研学活动。通过开展丰富多彩的夏令营活动，孩子们开阔了视野，激发了他们热爱祖国、热爱家乡、热爱生活、热爱学习的浓厚兴趣，树立了阳光健康、积极向上的良好生活态度。三是与隆德中小学结对帮扶。在"闽宁一家亲、闽隆格外亲"的良好氛围中，隆德二小与闽侯实验小学结为帮扶对子，选派教师互访交流，取长补短，隆德二小选派校长赴闽侯实验小学进行短期挂职，通过学习锻炼，比对体验，启发启示，切实感受到欠发达地区在教育教学中的短板和弱项，进一步明确了隆德二小的办学理念和方向。通过与支教老师课上与课下的频繁交流，丰富多彩的夏令营活动，与闽侯小学的结队帮扶，孩子们扩展了视界，极大地激发了他们想要去外面看看的想法，并最终从思想上坚定了改变贫困命运的决心。

4. 多向开展医疗卫生互助

为不断提高隆德县医疗卫生工作者的专业水平和服务能力，在签订长期帮扶协议的基础上，隆德县采取"请进来"与"走出去"相结合的方式，不断提高县医务人员特别是专科医生的技术水平。一是开展医疗帮扶。福州市第一人民医院、闽侯县人民医院先后派出16名专家来隆德县医院开展义诊、教学查房、手术带教等活动，心内科、神经内科、口腔、彩超等 6 名专家连续驻地帮扶 3 个月，其中护理管理 1 名专家连续帮扶 6 个月。二是选派骨干进修。隆德县选派 8 名综合素质较高的医务人员赴闽侯县人民医院进行为期 2 周至 1 年不等的进修培训，派出 60 名医务人员赴厦门大学进行为期 1 周的业务培训。通过进修为隆德县培养了一批"带不走"的专家。三是引进新技术。强化与福州市第一人民医院技术合作交流，帮助开展了"腹腔镜疝修补在早期嵌顿疝中的应用""超声引导下 PTCD 术在梗阻性黄疸疾病中的应用"等 7 项新技术，有力弥补了隆德县医疗诊疗技术短板，为隆德县病患提供更有效的治疗技术支撑。四是认真做好先天性疾病患儿救治工作。积极与清华大学附属第一医院、第三医院对接，充分利用优质医疗资源，为隆德县先天性心脏病和先天性耳聋患儿开展救治工作。截至目前，已为 19 名先心病患儿开展免费手术治疗，为 1 名听力障碍儿童捐赠人工耳蜗并实施植入术。在开展医疗援助的同时，清华大学附属第一医院还接收隆德县 2 名医务人员免费进修 6 个月。通过长期对口支援，隆德县医院在规范管理、医疗技术、学科建设、护理工作等方面均有了长足进步，综合服务能力得到了较大提升，群众就医负担明显减轻，有效缓解了群众"看病难、看病贵"问题，避免了患者家庭因病返贫，取得了明显的社会效益。

5. 广泛开展文化旅游交流

闽侯县组织体育交流组 21 人来固原参加乒乓球赛事交流活动，取得优异成绩；组织书画艺术家交流组和非遗文创产业发展交流组 30 人在隆德县"中国书法之乡"挂牌十周年庆祝活动期间来隆参加两县书画、非遗文化交流活动，进一步深化两县文化领域交流学习。在完成干部挂职学习"规定动作"的同时，隆德县选派招商引资、文化旅游部门 4 名干部分 3 批赴闽侯挂职锻炼，通过学习交流、双向互动、多维发力，一方面挂职干部既学习了福建在文化旅游方面的先进理念，开拓了视野，增长了见识；另一方面通过挂职干部的大力宣传，隆德县花灯制作、剪纸等非物质文化遗产产品深受闽侯群众喜爱，短期内实现销售额 300 多万元，产生了良好的经济效益和社会效益。

6. 多形式开展干部培训

在厦门大学、闽侯县的大力支持下，隆德县干部教育培训工作迈上新台阶。2018 年 1 月 7—13 日在闽侯县委党校举办党务工作者专题培训班，3 月 26 日至 4 月 1 日在武汉大学举办闽宁合作扶贫干部专题培训班，4 月 1—7 日在厦门大学举办"农村两个带头人"能力提升培训班，5 月分 2 期在厦门大学举办法院系统干部能力提升培训班，7 月 29 日至 8 月 5 日在闽侯县委党校举办宣传干部能力提升专题培训班。在隆德县举办书画艺术人才培训班 4 期；发挥网络培训资源优势，购买学习卡，支持 150 名干部进行网络教育培训学习。通过教育培训，拓宽了视野，增长了能力见识，积累了经验启示，取得了良好的效果。

（三）探索建立闽宁协作新机制

隆德县遵循习近平总书记当年提出来的"以促进贫困地区经济发展为中心，以解决贫困地区群众温饱问题为重要任务"的对口扶贫协作要求，探索和建立了一整套东西协作的重要机制。

1. 坚持"共同决策、统一行动"的双方联席会议机制

闽宁对口扶贫协作从 1996 年开始，当时就明确提出和共同建立了两省区一年一度的省级联席会议制度。通过联席会议共同总结对口扶贫协作经验、共同研究解决重大问题、共同安排部署工作、共同推动工作落实。

福建省本着"宁夏所需，福建所能"，把人才、资金、科技、经

验、市场要素等源源不断地输送到宁夏的贫困地区，以输入新鲜"血液"增强"造血"功能，从根本上提升贫困地区的发展能力。宁夏主动承担起脱贫攻坚主体责任，积极对接，提出贫困需求，制定帮扶规划，努力做到"事不避难，义不逃责"。23 年来，在联席会议的推动下，双方认真贯彻落实习近平总书记关于东西部扶贫协作和脱贫攻坚的重要讲话精神，不断强化"四个意识"，坚持互学互助，深化结对帮扶，加大投入力度，突出产业合作，坚持精准扶贫，实现共同发展，使闽宁协作成为东西部扶贫协作的典范。

2. 坚持"部门牵手、干部挂职"的结对帮扶机制

23 年来，闽宁两省区认真贯彻落实中央关于东西对口协作的决策部署，围绕扶贫开发这条主线，始终聚焦贫困地区、聚焦贫困群众。福建省组织 30 多个县（市、区）轮流与宁夏 9 个贫困县（区）结成帮扶对子，实行精准对接、精准扶贫。先后选派 9 批 140 名援宁挂职干部，帮助宁夏培训教师 7585 人次，派遣支教教师和医疗技术人员 1328 人次，宁夏也选派 15 批 244 名干部到福建挂职。两省区有64 个乡镇、34 个村、80 多个县级部门和社会组织建立了结对帮扶关系，有 6 个地级市结为友好城市，开展了广泛的交流合作。特别是福建援宁挂职干部"爱拼才会赢"的精神和创新理念，从心灵深处对贫困地区的干部群众产生了强烈影响，处处激发着隆德人脱贫致富的自信和砥砺前行的动力。

3. 坚持"夯实基础、产业带动"的共同发展协作机制

闽宁协作带给宁夏最大的发展成效，便是使城乡面貌焕然一新、经济社会稳步发展、基础设施和生态环境明显改善、公共服务水平不断提升。23 年来，福建省对口帮扶市县（区）及其社会各界已投入帮扶资金 13.43 亿元，援建公路 385 公里，打井窖 1.5 万眼，修建高标准梯田 22.9 万亩，完成危房危窖改造 2000 多户，建设了闽宁镇等

生态移民示范乡镇和 160 个闽宁示范村，修建了一大批水利水保、农村电网、乡村道路、广播电视等基础设施，宁夏近 60 万贫困群众从中受益，有效改善了贫困人口的生产生活条件。两省区共同培育和发展了宁夏西吉、隆德、盐池、红寺堡和永宁闽宁产业园（城），引入福建华林公司、国圣公司、皇达科技、人造花工艺等 5600 家企业和商家在宁夏落户，带来了 800 亿元资金和 8 万多人的创业队伍，带动了当地现代农业和特色优势产业的开发，促进宁夏贫困地区的经济社会取得了长足发展和进步。

4. 坚持"政府主导、社会参与"的全民行动扶贫机制

23 年来，闽宁两省区充分调动各方面积极性，不断拓展对口扶贫协作空间和领域，福建省积极动员教育、医疗、卫生、妇联、共青团、企业商会等几十个部门和社会团体，分别开展"百所学校一帮一""母婴工程""医疗服务""母亲水窖""关爱回族女童""关爱大学生志愿者""闽宁月嫂"等援宁扶贫公益活动。帮助宁夏新（扩）建学校 236 所，资助贫困学生 9 万多名，援建妇幼保健院、医护培训中心等卫生项目 323 个，建设了一批儿童福利院、体育馆等基本公共服务设施，为贫困地区发展注入了新的活力。以劳动力转移就业为切入点，实施"阳光工程"和"雨露计划"，开展劳动技能培训和劳务输出，宁夏在福建建立 5 个劳务基地和 3 个劳务工作站，4 万多人在福建实现稳定就业，也有一大批劳务人员从福建学到技术、增加收入后回乡创业，带回来的不仅仅是资金和技术，还有人文情怀和发展理念。闽宁对口扶贫协作主要向宁夏南部的贫困地区倾斜，推进了区域协调发展和城乡基本公共服务均等化，使广大贫困群众得到了闽宁扶贫协作带来的实惠，切实感受到了党和政府的温暖，幸福感和获得感显著增强，促进和巩固了民族团结、社会和谐的大好局面。

二、招商引资，劳务协作，力推产业发展

在 1998 年第三次联席会议上，习近平同志强调，闽宁对口扶贫协作要以基本解决贫困人口的温饱问题为重点，以产业协作为基础，进一步加大企业和社会力量扶贫协作的规模和力度，切实抓好教育、医疗、科技和人才的扶贫协作。把福建的人才、资金、技术、经验、市场等要素与宁夏贫困地区的土地、特色农产品和劳动力资源有机结合，培育和发展了隆德产业园等规模产业，引入了皇达科技、人造花工艺等企业，带动了当地现代农业和特色优势产业的发展，走出了一条市场导向、产业带动，扩就业、促增收的脱贫路子。隆德县利用闽宁协作的契机，充分挖掘隆德的资源优势，加大了在福建等地招商引资的力度，发展劳务经济，真正实现了借助于外力的资金和技术发展了本土产业，促进了本地经济的飞速发展。

（一）招商引资力推开发式扶贫

闽宁两省区成功实现了援助式扶贫向开发式扶贫转变。通过产业链的纵向和横向延伸，产业的触角逐渐渗透到乡（镇）村，与土地和劳动力要素相衔接。一个个特色优势产业集群正在改变着西海固落后的生产结构和传统的生活方式。23 年来，两省区牢牢抓住增强贫困地区自身"造血"能力这一关键，以"5·18"海峡两岸经贸交易会、"6·18"中国·海峡项目成果交易会、"9·8"中国国际投资贸易洽谈会、中阿博览会等商贸活动为平台，把发展特色产业作为提高自我发展能力的根本举措，坚持以市场为导向，以产业协作为基础，通过共建扶贫产业园、搭建合作交流平台等方式，促进贫困地区优势

资源开发，带动贫困人口长期稳定脱贫，走出了一条企业合作、产业扶贫、项目带动的"造血"式扶贫路子。通过政府搭台、企业唱戏，已吸引了5600多家福建企业（商户）落户宁夏，8万多闽籍人员在宁从业。此外，宁夏青龙管业、宁夏红等企业也成功进入福建开拓市场，宁夏哈纳斯集团在福建投资110亿元的莆田国家级天然气战略储备基地项目，已列入国家和福建省"十三五"规划，即将开工建设，产业协作步入合作共赢的新阶段。

在闽宁协作框架下，隆德县积极制定和落实招商引资优惠政策。为了发挥产业扶贫的重要作用，隆德县陆续出台了《工业园区稳岗补贴及招工奖励暂行办法》《招商引资优惠政策》等文件，给予新入园企业最高100万元项目落地奖励、4年免租、税费减免、培训补贴、土地出让金优惠等财税、金融、土地等各项优惠政策，吸引企业落地，鼓励企业做大做强。2018年，累计为闽宁扶贫产业园企业减免租金、税费近3700万元。

近年来，隆德县招商引资成效显著。2017年10月12日，隆德县与大北农集团签订对口合作框架协议，双方将在种植、畜牧养殖、扶贫、文化、旅游、招商引资等方面开展广泛合作。据介绍，此次"县企对口合作"签订的框架协议包括成立教育基金、成立大北农集团党员教育世家基地、免费举办种养殖企业管理人员和技术骨干培训班、生态扶贫、建立科技创新平台、招商引资等内容。"基于协议，双方将合力推进全县农业产业转型发展，为产业发展注入活力，帮助更多贫困人口脱贫致富"。隆德县相关干部说。隆德县县长潘建宁与大北农集团董事长邵根伙签订了《大北农公益基金帮扶宁夏隆德县教育、农业发展项目协议书》，由大北农公益基金捐资1000万元用于支持隆德县2018年1月1日至2020年12月31日三年的教育、农业发展项目。同时，利用大北农集团优质的研发、销售和文化等资源，为隆德县提供智力支持和文化引领，研究解决草畜产业、冷凉蔬菜、文化旅游等农业产业化发展中的技术难题。双方在种植、养殖、加工等领域就技术研究、成果转化、项目申报、产品开发及产业化工程实施方面进行广泛合作。

2017 年 12 月 20 日，兴业证券股份有限公司与隆德县政府签订《兴业证券股份有限公司—隆德县人民政府结对帮扶合作协议》。该协议约定，由兴业证券公司和隆德县人民政府各出资 500 万元，共计1000 万元，共同在福建省兴业慈善基金会下设立"闽宁—兴证文化教育扶贫专项基金"，开展产业扶贫、教育扶贫，资助隆德县贫困学生素质教育；开展教师培训，提高师资水平及教学水平，引进优秀师资，奖励优秀教师；关爱留守儿童和传承发展优秀民间民俗文化。签约仪式上，兴业证券公司还与宁夏康业投资有限公司、隆德人造花工艺有限公司等两家隆德企业签订了结对帮扶协议。兴业证券有限公司地处东南沿海，是福建省财政厅为第一大股东的全国性综合类证券公司，公司创建 20 多年来，在贫困地区积极开展产业扶贫、金融扶贫、教育扶贫等帮扶工作，积累了许多宝贵经验，颇有建树。公司对到宁夏开展扶贫工作高度重视，前期专门进行考察调研。在援宁工作队和市金融办的大力推动下，隆德县挂职的援宁干部与兴业证券主动对接，多次沟通，使兴业证券与地处西北内陆的隆德县，通过闽宁协作走到一起。这次的结对帮扶是东西部扶贫协作由单向扶贫救助到经济合作、产业对接互利共赢，从单纯政府行为到政府、企业、社会相结合的对口协作新机制的具体体现，是兴业证券公司积极履行社会责任、真情帮扶协作的又一项重大举措。兴业证券股份有限公司与隆德县达成结对帮扶，将对隆德县文化教育事业提供更加有力的帮助，对隆德县产业经济的发展提供更加有力的支持，推进了隆德县脱贫攻坚进程。

（二）劳务协作助力脱贫富民

劳务协作是东西协作的重要内容。20 多年来，闽宁两省建立和完善了劳务输出精准对接机制。宁夏回族自治区摸清底数，准确掌握了建档立卡贫困人口中有就业意愿和能力的未就业人口信息，以及已在外地就业人员信息，因人因需提供就业服务，与福建省开展有组织的劳务对接。宁夏回族自治区做好本行政区域内劳务对接工作，依托当地产业发展，多渠道开发就业岗位，支持贫困人口在家乡就地就近就业。福建省把解决西部贫困人口稳定就业作为帮扶重要内容，创造就业机会，提供用工信息，动员企业参与，实现人岗对接，保障稳定就业。对在东部地区工作生活的建档立卡贫困人口，符合条件的优先落实落户政策，有序实现市民化。

隆德县人社局出台闽宁劳务协作就业扶贫扶持政策，有力引导隆德县劳动力向福建劳务输出。政策规定，对外出务工稳定在 1 年以上并签订劳动合同，缴纳各项社会保险费的建档立卡贫困劳动力，凭社会保险费凭证和用工单位出具的工资证明，每人每年可享受一次性交通补贴 800 元。对建档立卡贫困劳动力外出转移就业、就近就地就业等形式，年稳定创收 9000 元以上的，凭有效收入证明，给予 500 元/人的一次性奖励，每年只享受一次，不得重复享受。鼓励宁夏建档立卡贫困家庭劳动力到福建省就业。对每年在闽稳定就业 3 个月以上的宁夏建档立卡贫困家庭劳动力给予 1500 元的交通生活补助；在福建稳定就业 6 个月以上的宁夏建档立卡贫困家庭劳动力，给予不超过 6 个月、每月 2000 元的跨省就业奖补。2019 年初，福建省闽侯县人社局组织 8 家企业到宁夏隆德县招工 380 人。对于来闽侯县企业务工满半年的隆德县建档立卡贫困户，政府还将提供 13500 元的相应补助。2018 年，隆德县共举办各类招聘会 16 场。通过闽宁资金支持引导，全县建档立卡贫困户赴闽就业 63 名，其他省区就业 437 名，区内就业 3200 名。通过就业带动 1.3 万余名贫困户脱贫。

隆德县开展多渠道的就业培训，组织举办闽宁扶贫车间定岗、园区入职、致富带头人等各类培训 18 期，共计 417 名建档立卡贫困户参加培训。通过培训帮助建档立卡贫困户、农村剩余劳动力实现家门口就业增收目标，通过培训，农民们的技术能力得到极大的提升，真正实现了自身发展能力的提升。闽宁协作渠道还提供了大量公益性岗位，帮助307名建档立卡贫困户通过护林员、保洁员、巡河员等工作在隆德县内就业。支持隆德县职业中学向福建省企业开展中职学生顶岗实习91人，其中建档立卡贫困学生26人。

利用闽宁协作资金、技术和市场条件建立的扶贫车间的建设更是有效缓解了企业"招工难、用工贵"的问题，为贫困户脱贫，群众致富拓展出一条就业脱贫致富的新路子。2017年以来，隆德县紧紧围绕脱贫富民战略，针对农村留守老人、妇女有就业意愿，无就近就业渠道的突出问题，积极探索农村扶贫车间助推就业增收的新路径。依托闽宁协作建立的隆德县人造花工艺有限公司，采取"政府投资+社会帮扶+企业自筹"和"村建、企用、乡管、县补"的模式，围绕"有土"和"离土"扶贫，综合考虑农村人口分布、交通条件等因素，充分利用废旧村室、学校等闲置资源，建成了人造花、小杂粮、食用油、醋等扶贫车间25个，配套人造花外发点12个，进一步出台稳岗补贴政策，带动1600多名农村留守妇女、有基本劳动能力的残疾人就地就近就业，其中贫困户765人，人均月收入达1600元以上。通过"四送"（送项目到村、送就业到户、送技能到人、送政策到家），实现"四扶"（扶贫、扶就业、扶产业、扶集体经济），达到"四赢"（群众赢、集体赢、企业赢、产业赢），推动老百姓在家门口就业，实现上顾老、下顾小，挣钱顾家两不误。全县累计将建成各类扶贫车间30余个，带动农村劳动力稳定就业1700余人，其中建档立卡贫困户劳动力稳定就业800余人。

（三）产业发展实现稳定脱贫

发展产业是帮助群众持续增收、稳定脱贫的重要举措，闽宁协作工作开展过程中，始终把产业扶贫作为重中之重。在20多年的闽宁协作过程中，福建省立足资源禀赋和产业基础，激发企业到贫困地区投资的积极性，支持建设一批贫困人口参与度高的特色产业基地，培育一批带动贫困户发展产业的合作组织和龙头企业，引进一批能够提供就业岗位的劳动密集型企业、文化旅游企业等，促进产业发展带动脱贫。加大产业合作科技支持，充分发挥科技创新在增强宁夏地区自我发展能力中的重要作用。

隆德县利用闽宁协作的契机建设了扶贫产业园。隆德县以马铃薯和中药材种植而闻名，原先苦于加工产业链条欠缺，产品滞销，卖不上好价钱。闽宁扶贫协作开展以后，当地充分发挥协作平台作用，主动引进康业投资等福建企业，开发工业地产。2012 年，闽侯县与隆德县建立对口协作关系，隆德县依托闽籍企业康业投资公司开发建设闽宁扶贫产业园（六盘山扶贫产业园），闽籍企业实施技术改造、增资扩产和员工培训，组建企业研发团队等。其中：宁夏黄土地农业食品有限公司 60 万元、宁夏隆德人造花工艺有限公司 50 万元、宁夏新坐标鞋服实业有限公司 20 万元、宁夏康业投资有限公司 20 万元、宁夏闽宁重工有限公司 10 万元、宁夏达高食品有限公司 10 万元、宁夏隆德浩德纸业包装有限公司 10 万元。支持宁夏爱丽纳地毯有限公司 15 万元、宁夏理华毛纺织有限公司 10 万元、宁夏兴旺特种纺织品有限公司 10 万元、隆德县正观花灯有限公司 10 万元、隆德县六盘山中药资源开发有限公司 15 万元、隆德县葆易圣药业有限公司 15 万元、宁夏浩荣门业有限公司 10 万元、宁夏天鸿食品有限公司 15 万元，每家企业至少带动贫困户 5 人以上实现稳定就业。经过多年建设，已建成园区面积近 2 平方公里，建成标准化厂房 51 幢 20 万平方米。截至2019 年 7 月，隆德县闽宁扶贫产业园已入驻 50 家企业，年产值突破4.5 亿元，带动当地就业人口 2200 人。其中，闽籍企业 9 家，年产值1.7 亿元，解决就业 700 余人，走出"政府支持、企业建设、联合招商、共同发展"的东西部产业扶贫协作新路。政府与企业共同招商引资，紧紧围绕当地中药材、马铃薯产业发展，引进上海上药集团、广州香雪、宁夏黄土地等中药材、马铃薯加工企业，打通产销产业链，解决当地群众中药材、马铃薯种植、销售问题，带动群众增收致富，推动当地产业发展。就业人员中，95%为当地群众，其中建档立卡贫困户436人，残疾人55人，月平均工资2200元以上，有效帮助当地群众脱贫致富。同时，园区坚守生态环境保护底线，坚决杜绝涉水涉气污染企业入园，保护当地绿水青山。

隆德县还推动园区企业向乡村延伸。2013年，隆德县委、县政府引进固原第一家出口创汇闽籍企业——宁夏隆德人造花工艺有限公司（以下简称隆德人造花），6年来，隆德人造花总投资6000万元，建立30米流水线2条，6米自动烘花机（流水线）5条，6米花枝生产线16条，塑料造粒生产线1条，购置立式注塑机、卧式注塑机、定型机、裁断机、脱水机等各类设备100多台，在隆德县各乡镇建立11个乡村扶贫车间。2018年1月1日，中央电视台《焦点访谈》栏目把隆德县闽宁人造花村级扶贫车间作为东西部扶贫协作的典型经验进行了报道。2019年6月，隆德人造花荣获国务院扶贫开发领导小组奉献奖，人造花已成为隆德县经济发展的重要组成部分，给当地困难群众的生活开出了"幸福花"，实现了一人就业，脱贫一户，稳定一片的新局面。隆德县观庄乡前庄村贫困户贾燕燕，家庭共6口人，2位老人年迈多病，2个孩子均在村上读小学，丈夫在外务工，贾燕燕在家照顾老人及孩子，家庭收入仅靠丈夫外出务工及种地所得。2017年，前庄村人造花扶贫车间建成以后，贾燕燕就到扶贫车间打工，培训期间保底工资1600元，熟练后执行保底加提成工资，除农忙、照顾老人和孩子外，全年收入1.3万元以上，实现了家庭稳定脱贫。下一步，隆德县将总结扶贫车间经验成果，有效利用闲置资源，在全县70个贫困村深入推行扶贫车间隆德模式，进一步为贫困户拓宽这条脱贫致富路。

针对隆德县的三大支柱产业，闽隆协作都发挥了重要帮扶作用。隆德县冷凉蔬菜种植基地建设项目，以建档立卡贫困户为重点，建立优质冷凉蔬菜种植基地4000亩，每亩补贴200元，解决贫困户务工

30 人以上。隆德县草畜产业发展项目，闽宁资金安排 70 万元，以建档立卡贫困户为重点，修建圈舍 200 座，每座补贴 5000 元，补栏基础母牛 500 头，每头补贴 2000 元。积极引导和支持隆德县联合蔬菜专业合作社 15 万元、宁夏隆德正荣种养殖业专业合作社 14 万元、隆德县牧丰草业专业合作社 10 万元、隆德县腾龙牧业专业合作社 10 万元、隆德县腾发牧草专业合作社 9 万元、隆德县串河养牛专业合作社 10 万元、隆德县赵楼中药材专业合作社 8 万元、宁夏隆德惠民中药材专业合作社 10 万元、隆德县常鲜果蔬专业合作社 10 万元、隆德县山河花卉苗木专业合作社 10 万元、隆德县桃山牧业专业合作社 6 万元、隆德县弘瑞元中药材专业合作社 6 万元、宁夏圣缘菌类专业合作社 10 万元、隆德县瑞平马铃薯专业合作社 6 万元、隆德县益民中药材专业合作社 16 万元，积极鼓励扶贫示范合作社通过"三带四联"模式，带动建档立卡贫困户大力发展草畜、中药材、冷凉蔬菜等产业。每家合作社最少带动贫困户 5 人以上实现稳定就业。

隆德县通过和闽侯县的结对帮扶措施促进了当地经济发展。从 2017 年，闽隆两县乡镇之间开始结对帮扶，携手奔小康，并延伸到村一级，通过项目、资金支持隆德县乡镇、行政村进行基础设施建设和产业发展。按照两地携手奔小康结对帮扶协议，乡镇和行政村充分利用闽侯县乡镇相关企业，加大招商引资力度，重点推进隆德县乡镇村集体经济建设、美丽村庄建设、旅游资源开发和特色产业发展等。每年给予隆德县乡镇不少于 15 万元的资金支持，切实帮助隆德县各乡镇打赢脱贫攻坚战。目前携手奔小康资金到位 205 万元。

三、创新平台，共赢发展，推进消费扶贫

为深入贯彻"银川会议"精神，积极落实习近平总书记"产业

扶贫要在扶持贫困地区农产品产销对接上拿出管用措施"的重要指示精神，促进闽宁互学互助对口帮扶协作取得实效，助力全面打赢脱贫攻坚战，近年来，在闽宁协作对口帮扶推动下，隆德县坚持以脱贫攻坚为统揽，加快建立特色农业产加销一体化现代产业体系，带动贫困人口增收致富，助力贫困县脱贫退出。2019 年，国家发改委联合国务院扶贫办等部委发出了《动员全社会力量共同参与消费扶贫的倡议》，提出要将消费扶贫纳入定点扶贫和结对帮扶工作内容，在同等条件下持续扩大对贫困地区产品和服务消费。

（一）积极搭建闽宁协作社会平台

隆德县优先选择本县种植规模大、贫困户参与广的传统特色产业马铃薯产业，从马铃薯加工、消费端发力，依托闽宁协作平台，创新推进消费扶贫，畅通马铃薯销售渠道，促进产业升级发展，提高贫困人口产业收益，建立消费扶贫开发新机制，取得了良好效果。2018 年 9 月 21 日，全国政协主席汪洋同志莅临隆德县，现场观摩了黄土地企业生产运营情况，对闽宁两省区大力发展工业经济，创新推进消费扶贫，带动贫困人口增收致富的做法给予了肯定。

20 多年来，闽宁两省区积极搭建社会参与平台，培育多元社会扶贫主体，引导和鼓励社会团体、民间组织、爱心人士通过科技帮扶、公益慈善、投资置业等方式，积极参与宁夏贫困地区的经济社会建设。在充分发挥各级工、青、妇等人民团体的示范引领作用的同时，广泛动员福建各类商会、协会的桥梁纽带作用，引导和鼓励福建企业及个人投资宁夏、投资西海固。在参与宁夏经济建设的同时，福建企业家还积极投身援建希望学校、资助贫困学生、救助困难群众等社会公益事业，捐款捐物超过了 2 亿元，并设立了"闽商见义勇为基金"。

政府、企事业单位是消费扶贫的主要平台。隆德县积极与福建省总工会、省国资委、闽侯县等对接，引导福建企事业单位开展消费扶贫。强化与永辉超市、中石化福建分公司等大型企业对接，充分利用企业市场优势，促成隆德特色产品上架进行销售。自消费扶贫兴起以来，作为对口帮扶单位的厦门大学根据"隆德所需，厦大所能"的扶贫方针，厦门大学后勤集团今年已陆续向隆德县采购了土豆、土豆粉丝等农副产品，截至目前，累计采购金额约400多万元，预计到2019年底，后勤集团向隆德县采购的农副产品总额将达到600多万元。开设"厦门大学精准扶贫宁夏隆德县特色食品窗口"，作为隆德县农副产品宣传、展示和体验的窗口，让学校师生了解和品尝宁夏隆德食材制作的美食。集团还发挥在厦门餐饮的影响力，积极向各大食材供应商宣传推荐隆德农副产品，合力推动消费扶贫。

隆德县注重消费扶贫与品牌扶贫相结合，创造消费扶贫的品牌平台。在永辉"田趣"品牌的马铃薯粉丝及方便粉丝系列食品上加注隆德县"六盘优粮"品牌，双品牌营销，帮助提升黄土地品牌知名度和市场影响力。截至目前，通过消费扶贫帮助黄土地农业食品有限公司销售产品近3800万元。

（二）创新消费扶贫开发新机制

引进龙头企业，做强加工环节，确保产品优质供应。隆德县马铃薯品质好，淀粉含量高，全县每年种植面积10万亩左右，但由于缺乏大型加工企业导致马铃薯销售难、价格低，影响农户增收致富。为此，隆德县充分发挥闽宁协作平台优势，依托隆德县及周边县区丰富的优质马铃薯资源，引进闽籍客商在六盘山工业园区注册成立宁夏黄土地农业食品有限公司，投资1.5亿元，建成年产16000吨马铃薯粉条和4000万桶马铃薯粉丝方便食品生产线，与厦门大学等合作建立食品质量检测及研发科技创新中心，实现当年招商、当年建设、当年投产。黄土地企业运用现代先进生产加工技术，利用马铃薯生产的

"黄土地"系列优质粉丝食品，无添加剂、质量好，属绿色产品，有效延伸了全县马铃薯产业链，促进形成集马铃薯种植、淀粉加工、粉条及粉丝方便食品研发生产为一体的马铃薯产业体系，同时保证了消费扶贫产品的质量。

闽宁协作发力，大力推介销售。闽宁两省区高度重视消费扶贫工作，两省区领导多次到黄土地公司调研，促进企业发展。2018年6月11日，福建省委副书记王宁和副省长郑建闽带领福建省代表团到黄土地公司考察时要求，福建要支持在宁闽籍企业发展，将黄土地企业打造成闽宁产业协作的示范，将宁夏优质农产品资源与福建的市场优势相结合，通过大力发展消费扶贫，拓宽产品销路。福建省总工会、省国资委、厦门大学、闽侯县等领导先后到隆德县对接，积极开展消费扶贫，营造全社会参与消费扶贫的浓厚氛围。隆德县领导定期带领企业负责人及政府相关部门，赴福建省、闽侯县、厦门大学等，专门对接开展消费扶贫，帮助黄土地企业推介宣传产品。福建省总工会要求所属各部门各级工会组织全力宣传支持，鼓励职工购买黄土地粉丝产品。省国资委等单位积极响应，组织召开推进会、下发公函，专门安排所属企业开展消费扶贫采购销售黄土地粉丝产品。如福建能源集团和福建石化集团等单位以集团名义统一订购黄土地粉丝系列产品，销售3000多万元的黄土地粉丝产品，福建石化集团争取在集团2万多家便利店对黄土地粉丝产品上架销售，开启了闽宁协作消费扶贫新模式，有力带动了企业发展及贫困人口增收。

帮扶单位助销，帮助农户增收。充分发挥"一校一县""一司一县"帮扶带动作用，借助帮扶单位资源优势，在帮扶单位建设隆德县农特产品特色超市，拓宽农特产品销售渠道。利用帮扶干部思路宽、交际广、渠道多的特长，为农特产品销售进行代言，大力宣传"买黄土地粉丝就是帮助隆德县贫困户销售马铃薯，买贫困地区产品就是帮助贫困人口创收致富"的理念，带头购买消费帮扶县农特产品。如厦门大学建立"厦门大学精准扶贫宁夏隆德特色产品营销中心"，通过线上线下展示、销售隆德县黄土地粉丝等优质特色产品；厦门大学后勤集团通过宣传、推介，职工食堂优先采购的消费方式，采购黄土地粉丝等农特产品达 500 多万元；方正证券将隆德县农特产品生产企业纳入消费扶贫平台商品供应商，帮助企业销售产品，拓展销售渠道，已销售黄土地粉丝等产品 50 余万元，实现爱心消费与贫困群众增收精准对接。

优化工作机制，推进品牌扶贫。通过闽侯县牵线搭桥，与中国 500 强企业福建永辉超市签订《永辉超市与隆德县农副产品销售合作框架协议》，在永辉超市设立隆德特色农副产品销售专区，年销售隆德县地方特色产品 6000 万元以上，其中销售 1400 万元以上黄土地粉丝产品。永辉超市不仅销售黄土地粉丝还帮助黄土地企业打响"六盘优粮"商标品牌，改变以往只做"品质定制"、贴牌销售的经营模式，直接销售黄土地"六盘优粮"系列产品，将六盘优粮品牌马铃薯粉丝及方便粉丝系列食品纳入永辉品牌体系，产品品牌一并推介打造，有力提升黄土地品牌知名度和市场影响力。同时，永辉超市发挥销售市场龙头带动作用，带动福州民天集团、世纪联华超市等企业积极销售黄土地粉丝及方便粉丝食品，实现了农超对接，减少了流通环节，提高了产品销售利润，让利企业，造福于民。

推进线上营销，畅通销售渠道。推进"互联网+扶贫+农村电子商务"行动计划，在六盘山工业园区建成隆德县电子商务综合服务中心，以黄土地粉丝产品为主打产品，挖掘包装适合网上营销的地方名优特商品，确定中药材、冷凉蔬菜等 16 个线上销售单品，"六盘优粮""六盘康缘""隆珍杰"等 5 个电子商务品牌。通过在淘宝、手机微店、网络城市等开设网店，积极推介销售黄土地粉丝、中药材、小杂粮等特色产品，全年实现电子商务交易额 1361 万元，有效拓宽了产品销售渠道。通过一年多的积极发展，目前黄土地粉丝产品企业日产能达到 70 吨，年总产值达到 3 亿元，带动全县马铃薯种植户创收 1.2 亿元，推动马铃薯产业走上产、加、销全链条发展的新路子，开创了消费扶贫新局面。2018 年，全县建档立卡贫困人口人均可支配收入 7740 元，其中特色产业人均收入达到 3100 元，占到 40%，2018 年底全县综合贫困发生率下降到 0.72%，贫困户"两不愁，三保障"和贫困村基本公共服务领域主要指标达到脱贫退出标准。下一步，闽宁两省区将以隆德县黄土地粉丝产品消费扶贫模式为引领，进一步拓展消费扶贫领域，扩大消费扶贫产品目录，健全完善消费扶贫政策体系，全面推动贫困地区产业升级发展，在更深层次、更广领域带动贫困人口稳定增收、稳定脱贫，奋力开创闽宁协作、对口帮扶共赢发展新局面。

四、倾心残弱，创新模式，聚焦脱贫"硬骨头"

脱贫攻坚战推进到现在，难啃的"硬骨头"集中在老弱病残、"三留守"等特殊困难群体，解决他们的困难事关脱贫攻坚成败，再难啃的"骨头"也得啃下来，再沉重的担子也要担起来。习近平总书记在甘肃代表团参加审议时指出，今后两年脱贫攻坚任务仍然艰巨繁重，剩下的都是贫中之贫、困中之困，都是难啃的"硬骨头"。脱贫攻坚越到紧要关头，越要坚定必胜的信心，越要有一鼓作气的决心，尽锐出战、迎难而上，真抓实干、精准施策，确保脱贫攻坚任务如期完成。隆德县将精准扶贫和精准脱贫与实际、实践精准对接，以"全面建成小康社会，残疾人一个也不能少"为目标，解决好扶持谁、谁来扶、怎么扶等问题。充分利用闽宁协作的契机，对缺乏劳动技能的贫困户进行技能培训；利用闽宁产业园，为留守妇女等提供在家就业的计划；创新残疾人托创模式，解决残疾人养护、就业问题；链接优质医疗资源，为大病重病患者提供医疗救助；通过闽宁协作，为留守儿童提供更多关爱，阻断贫困代际传递。

（一）创新残疾人托创模式

隆德县总人口 18 万人，其中各类残疾人 1.3 万人，占全县人口总数的 7.2%，其中持证残疾人 8815 人，一、二级重度残疾人 5940 人；纳入建档立卡的残疾人 3137 户 5781 人，占全县建档立卡 10321 户 39923 人的 30.4% 和 14.5%，残疾人贫困面广、贫困程度深、脱贫难度大。

习近平总书记强调："中国有几千万残疾人，2020 年全面建成小康社会，残疾人一个也不能少。"随着隆德县脱贫攻坚工作的不断深入，农村贫困重度残疾人脱贫已经成为当前全县脱贫工作的"最难啃的硬骨头"。面对重度残疾人"无业可扶、无力脱贫"的现实困难，福建省援宁工作队隆德工作组聚焦残疾人脱贫攻坚难题，以购买服务方式在残疾人托养中心托管残疾人 105 人；其中建档立卡贫困户 50 人，购置床、被褥和衣柜等设备 30 多套，以改善生活环境和条件。投入闽宁扶贫资金 180 多万元，通过对隆德县残疾人托养中心进行无障碍设施改造，按照"标准化建设、规范化运行、制度化管理、个性化服务"的要求，精心打造集残疾人托养、工疗、康复、就业、创业为一体的综合性托养机构，并建成残疾人电商创业中心、闽宁扶贫车间、民间花灯灯饰制作室、纸箱组装车间、手工艺制作室；争取区、市残联投入帮扶资金 140 万元，完善了综合康复训练室、评估室、电教室、功能测试室、图书阅览室等相关配套设施，有力保障了托养中心的正常运行，同时做到了以下三个结合。

第一，托养和辅助性就业相结合，变"输血"为"造血"，实现残疾人家庭稳定增收。利用托养中心建成的人造花车间、民间花灯灯饰制作室，吸纳 30 名被托养的残疾人就业，月收入达 500—2000 元；安置 6 名县特教学校毕业生在电商中心和人造花车间就业，收入达 1000—2000 元；充分利用托养中心与县工业园区毗邻的优势，组织

40名有劳动技能的残疾人及家庭健康劳动力到园区人造花总厂、天鸿食品厂、纸箱厂、保易圣药业等企业就业，人均月收入达800—2000元。

第二，托养和工疗相结合，提高残疾人参与社会生活的能力。在托养中心创建闽宁扶贫车间，为28名残疾人提供手工艺制作、电商、纸箱和灯饰制作等辅助性就业岗位，在康复工疗的同时实现就业，月收入100—600元。

第三，托养和创业相结合，激发残疾人内生动力。托养中心搭建电商平台，成立残疾人电商就业创业协会，由政府出资对电商创业人员进行岗前培训，帮助15名残疾人发展电商、创业就业，并制定优惠扶持政策，为创业的残疾人前3个月每人每月给予1800元岗前培训工资，激发残疾人创业热情，目前托养中心电商在淘宝、天猫上销售的商品涉及马铃薯、粉丝、枸杞、中药材、服装鞋帽、文化旅游、人造花等40多种产品，销售额逐年增长。同时，拓宽残疾人就业创业渠道，建立城关镇星火建材厂、沙塘镇马卿雄养猪产业合作社、神林绿鲜花卉果蔬有限公司、温堡起旺机砖厂、人造花扶贫车间、国隆中药材等残疾人就业扶贫基地16个，吸纳安置200多名残疾人集中就业、400多名残疾人居家分散就业，扶持50多户残疾人创业发展中药材种植，扶持了马卿雄养猪、田永胜养牛等一批养殖示范户，成为残疾人脱贫的典范；在县文化城打造隆德县残疾人文化创业街，引导刘云、郝浩、牛安营、薛让旺等有能力、有创业愿望的残疾人创办了书画、篆刻、按摩等15家残疾人经济创业实体。

隆德县残疾人托养中心"托养+辅助性就业"一体化发展模式，做到了能托能养能致富，助推了残疾人脱贫工作。一是通过残疾人集中托养与康复医疗、技能培训、就业创业的有机结合，实现了"能托养能康复、能培训能就业"的全面兜底，走出了一条残疾人托养服务融合发展之路。二是以政府购买残疾人服务为抓手，将社会组织人才、技术、管理等优势注入托养机构，有效提升了托养机构服务水平，走出了一条以政府购买服务为主导的改革发展之路。三是通过有效整合惠残政策、救助项目、帮扶资金等资源，既满足了残疾人辅助性就业需求，又助推了社会组织发展，走出了一条残疾人和社会组织"双受益"的可持续发展之路。四是最大限度发挥了残疾人扶贫基地的辐射效应，带动周边贫困残疾人稳定就业、稳步增收，走出了一条以基地带就业促脱贫致富的特色发展之路。五是通过建立政府主导、部门支持、残联搭台、社会参与机制，形成多向发力、精准用力、全员出力的工作格局，走出了一条资源整合、科学高效的创新发展之路。

30岁的辛宝同和24岁的李佳，两名正值奋斗年龄的青年因病下身瘫痪，和其他残疾人一样，他们渴望与正常人一样生活，能够自力更生。但是现实生活很残酷，看着家里的农活压在家人身上他们爱莫能助，工业经济并不发达的边陲小城也不能够给他们提供就业岗位。直到2017年，他们的生活随着闽宁协作支持的残疾人托养中心建成而发生了转机。李佳长得阳光帅气，如果没有身下的轮椅，很难将他与瘫痪联系到一起。虽然没上过一天学，但是他通过手机自学拼音和汉字，并且尝试去做一些小生意来补贴家用。2017年8月，隆德县在残疾人托养中心成立了残疾人电商协会。李佳听闻残疾人电商协会成立，便来到了托养中心，与心怀梦想、志同道合的残疾人青年朋友一道，如同鱼儿入海。他自学美工绘图软件，将当地特产进行包装宣传，在线上线下销售。

在托养中心建成后，一户多残的辛宝同一家就住进了中心，吃住有了保障，他母亲成为中心扶贫车间工人，不仅方便照顾瘫痪的父亲，每月还有1900多元的收入。大学毕业的辛宝同在中心办公室工作的同时，还成了残疾人电商创业协会的带头人，自己每月有8000多元的稳定工资，这在以前是辛宝同想都不敢想的。进入托创中心一年多以后，辛宝同一家人的生活发生了翻天覆地的变化：家里几万元的贷款还掉了，压在一家人头上的阴云散掉了，日子过得更有滋味了。"不但自己家里的条件改善了，还能帮助更多不幸的人，我看到了自己的价值"，辛宝同说起生活的变化时神采飞扬，他主动提出要退掉一家三口人每月 1300 多元的低保。

目前，隆德县残疾人托养中心托养残疾人 108 人，就业 60 人。2018 年，残疾人电商协会销售额达 300 余万元，纯利润 70 多万元。协会以入股分红的形式，对隆德县 11 个村的 110 名建档立卡残疾人及托养中心 90 名残疾人进行分红，并逐步实现全县建档立卡贫困残疾人入股分红全覆盖。今年，通过闽宁协作，隆德县与拥有全球首创"辉莱众享——物联网场景共享广告平台"等自主知识产权的辉莱集团签订了结对帮扶协议，残疾人托养中心迎来了新的发展契机。隆德县在吸取县城残托中心成功经验的基础上，继续在沙塘镇、观庄乡、陈靳乡建立 3 个小型残疾人托养就业工厂，拟托养 150 名贫困残疾人。同时，建立残疾人爱心超市，帮助残疾人实现自尊、自信、自立、自强的人生目标。

辛宝同和李佳，两个因病只能在轮椅上生活的人，因为闽宁协作，通过托养中心重新"站起来了"，如今拥有一份值得奋斗的事业和稳定的收入，不再是以前家里边的"累赘"，他们和其他贫困户一样，通过托养中心的帮助，不仅仅收获了赖以生存的稳定收入，更重要的是，在托养中心他们学习了技能，实现了自身能力的提升，他们拥有了与命运抗争的机会。

隆德县创新残疾人托养就业工作得到上级残联的充分肯定。2017 年 12 月 3 日，宁夏回族自治区残疾人工作现场会在隆德召开，把隆德县托养、康复、工疗、就业、创业一体化的托养模式命名为"隆德模式"向全区推广。同时国务院扶贫督查组将这一模式作为典型经验向中国残联推荐，中残联程凯副理事长批示：隆德县的做法真切地落实了近年来国家关于残疾人脱贫攻坚的政策要求，而且越做越实，带动面越来越大，是一个鲜活的基层典型。

（二）开展研学团等多种留守儿童关爱项目

习近平总书记强调，要解决好"怎么扶"的问题，按照贫困地区和贫困人口的具体情况。农村贫困家庭幼儿特别是留守儿童是应该给予特殊关爱的群体。随着隆德县经济社会发展和脱贫攻坚深入推进，为解决农村剩余劳动力，增加贫困群众务工性收入，大量农村剩余劳动力涌向城市，由于外出劳动力的主体大多为青壮年，老人和孩子留在户籍地，据统计，县城外出务工人员占全县总人口比重的48%，留守儿童占全县儿童比重的35%。隆德县先后出台了《隆德县加强留守儿童教育管理工作实施方案》《隆德县未成年人社会保护试点工作实施方案》《全县农村留守儿童合理监护相伴成长关爱保护专项行动实施方案》，调动全县资源，充分利用闽宁协作项目，先后建成41个农村老饭桌、38个农村幸福院、10个留守儿童之家、7个城市日间照料中心为留守儿童提供临时照料服务。配全配齐103名关爱督导员，实行留守儿童网格化服务管理机制，设立0954-6011229咨询热线，对有困难或有情绪困扰的留守儿童及时给予心理辅导。组织开展暑期夏令营、"同在蓝天下，携手共成长""给爸爸妈妈一封信""代理家长"等主题教育活动和社会实践活动20余次，送文艺下乡30余次，实现了农村留守儿童关爱保护常态化、全覆盖。

1. 组织闽宁协作"七彩假期"留守儿童夏令营

自2017年始，隆德县利用闽宁协作的契机和资源，组织了三期"闽宁教育帮扶隆德县留守儿童暑期实践体验"夏令营。夏令营由闽宁协作专项资金支持，分别在隆德县内和福建省两地同时举行，参加人口以全县建档立卡贫困户为主，每次规模100—200人。夏令营开设国画、木雕、剪纸、泥塑、编织、刺绣、厨艺、书法、棋艺、手工制作、心理辅导、综合实践、素质拓展训练等特色课程。邀请隆德知名非遗传承人，为孩子讲授非物质文化遗产的历史及文化。夏令营亲近大自然，从事劳动实践，开展体能拓展训练，开展趣味游戏等活动内容。

2018 年 8 月，隆德县留守儿童暑期实践体验活动有所调整，分为两个阶段，第一阶段选取了 106 名留守儿童，于 7 月 16—29 日在隆德县内开展活动，8 月 3—9 日赴福建进行研学的 63 名学生是从 106 名留守儿童中挑选出的建档立卡贫困户、单亲家庭子女以及孤儿。福建省闽侯县共青团委与宁夏隆德县团县委共同合作，在闽侯县共青团委的带领下，来自宁夏隆德县的 63 名少年儿童体验福建省县石山博物馆、福建计量科技文化馆等公共文化服务体系，参观闽侯当地的历史遗迹，让孩子们认识闽侯的文化、历史，增长孩子们的见识，增进孩子们对闽侯文化的了解。

2019 年，隆德县继续投入闽宁协作专项资金 10 万元，以全县建档立卡贫困户为主，组织留守儿童 120 人在县内举办夏令营活动，40 人赴福建省闽侯县开展为期 5—7 天的夏令营活动，让留守儿童体验生活、感受温暖。2019 年"七彩假期·圆梦蒲公英"闽宁教育帮扶隆德县留守儿童暑期实践体验活动夏令营以"关爱、体验、成长、拓展"为主题。第一阶段在为期 15 天的闽宁教育帮扶留守儿童夏令营实践体验活动中，开展朗读表达训练、自我展示活动、生活自理实践、自我认识心理辅导、研学旅行体验以及认识伪科学、学习摄影技术、知晓趣味生物、了解影视制作、认识清华人物等丰富多样的学习体验实践活动，让参加活动的留守儿童在学习体验中健康成长，获取生活技能，在文化碰撞中，感受传统艺术魅力，陶冶个人情志，培养兴趣爱好，坚定实现梦想的信念，为留守儿童埋下一颗向往远方的种子，插上一双为梦想拼搏的翅膀。第二阶段在参加活动的留守儿童中遴选 40 名建档立卡家庭或品学兼优学生赴福建进行为期一周的研学等活动。

夏令营活动进一步深化了隆德县与闽侯两县结对帮扶协作工作，

进一步完善了帮扶机制，增进了学习交流，做到了教育资源有机对接，提升了结对帮扶协作层次，推动了扶贫与扶志双向发展，创新了开展教育关爱活动，落实了两地教育精准扶贫工作。

2. 组织闽宁协作留守儿童研学团

2018 年 8 月，隆德县先后组织 58 名孩子前往福建、陕西研学，让孩子们第一次出远门，第一次坐飞机，第一次看大海，第一次参观自动化汽车生产线。通过拓展实践活动，增进了孩子们对外面世界的了解，为留守儿童埋下一颗向往远方的种子，插上一双为梦想拼搏的翅膀。现在围绕关爱留守儿童工作，正在部署"让妈妈回家"行动，给予返乡务工补贴，找回缺失的母爱；"乡村妈妈"行动，在一定区域内培训在家母亲负责周边留守儿童的教育辅导；"爱心结对"行动，动员社会爱心人士与留守儿童结对，开展资助和人生引导等工作，直至大学毕业。努力通过集夏令营、外出研学、让妈妈回家、乡村妈妈、爱心结对等"五位一体"工作，为留守儿童带来更好的教育和发展。

3. 开设闽宁协作留守儿童周末公益性兴趣培训班

为全面落实闽宁协作精神，提升全县青少年艺术素养，进一步关爱留守儿童，对接闽宁教育扶贫资源后，由共青团隆德县委、隆德县教育体育局主办，隆德县希望公益服务中心、青少年活动中心和 8 所乡村少年宫联合举办隆德县闽宁协作留守儿童周末公益性兴趣培训班。兴趣班设有钢琴、萨克斯、葫芦丝、少儿舞蹈、电子琴、书法、吉他、架子鼓等十几门课程。该培训班除了青少年活动中心外，还在 8 个乡镇的少年宫开设了课程，目前，共开设 20 余项周末兴趣班，共有 4000 余名留守儿童受益，其中建档立卡户儿童 680 余名。公益性兴趣班是闽宁协作成果的显著体现，也是隆德县打赢脱贫攻坚战提质增效的有力体现。

4. 发放闽宁协作 2019 年圆梦奖学金

2019 年，隆德县利用闽隆协作专项资金，为隆德县一小、二小共 240 名学生每人发放 150 元奖学金，共计 3.6 万元；为隆德县幼儿园 50 名学生每人发放 100 元，共计 0.5 万元；以上奖学金共资助 290 名学生，资金总计 4.1 万元。

（三）设立先天性心脏病等大病救助项目

"健康扶贫是属于精准扶贫的一个方面，因病返贫、因病致贫现在是扶贫硬骨头的主攻方向。"习近平总书记点出扶贫攻坚中的一个要害和关键，也是扶贫攻坚中我们要努力做好的一项重要使命。宁夏是回族主要聚居区之一，隆德位于六盘山西麓、宁南边陲，是当年红军长征翻越六盘山之后路过的革命老区，海拔较高，经济条件相对落后，医疗技术水平发展缓慢。因地域、经济及医疗卫生条件等原因，该地区儿童先天性心脏病发病率较高。先天性心脏病是影响儿童身心健康的重大疾病，也是一个家庭摆脱贫困枷锁的重大障碍。许多先心病患儿因家庭经济状况错失治疗时机，当地因病致贫、因病返贫的比例高达 38%。为深化闽宁合作，解决"因病致贫、因病返贫"问题，福建援宁挂职干部经与清华大学第一附属医院积极沟通，终于促成隆德县人民政府、清华大学第一附属医院、爱佑慈善基金会三家联合签订的免费救助县域贫困家庭 14 岁以下先心病患儿协议，同时促成清华大学第一附属医院与隆德县人民医院建立对口支援关系。手术费由清华大学第一附属医院协调爱佑慈善基金会承担 40%，经医保报销后剩余部分由闽宁扶贫资金解决，患儿家庭不用承担医疗费用。

2018 年 1 月 4 日，隆德县第一批 11 名先心病患者抵达北京清华大学第一附属医院，通过绿色就诊通道入院并完成手术，顺利出院。2018 年，隆德县继续组织全县范围内疑似患儿的信息登记，并向清华大学第一附属医院发出了再次到该县进行一次确诊筛查的邀请，清华大学第一附属医院专家在6月5日到当地完成确诊筛查工作。该批患儿年龄最小的不足5个月，最大的19岁，这些患者都在北京顺利完成了手术。清华大学第一附属医院还与隆德县人民医院的医务人员和当地泌尿外科与放射科作为重点的科室进行医疗帮扶，切实提高当地的医疗技术水平。

五、多点开花，县乡覆盖，发展社会事业

闽宁对口扶贫协作项目在社会事业方面立项较多，成果显著，除前文所述教育、医疗等方面的工作以外，尚有多个领域颇有成效。以第十批实施项目为例，两年内援宁挂职干部共落实资金3969.7万元，其中投入产业扶持类项目10项，共计2330万元；社会事业类项目16项，共计869.7万元；闽宁示范村建设10个，共计750万元；其他平台建设共计20万元。四类项目中，社会事业类项目数量最多，又以农村饮水安全项目落实资金最多，最具代表性。

（一）分批实施农村人畜饮水解困工程

近年来，隆德县分批实施了农村人畜饮水解困工程，农村饮水安全工程，解决了隆德县13个乡（镇）99个行政村居民饮水安全问题。受地形、地质、地势等因素影响，多数工程水源取水采用沟道截潜直引，造成部分地区部分时段供水工程水质出现浊度、硫酸盐超标等问题，影响到了区域内群众身体健康。

福建援宁挂职干部在走访调研中，发现倪套水厂、大水沟水厂、张银水厂由于投资少、设计标准低、处理工艺简单，造成供水水质不

高，存在安全隐患。他们积极沟通协调，促成清华大学、福州城建设计研究院与县水务局结对，并积极争取闽宁帮扶资金，支持水厂改造工程，完成了倪套、张银、大水沟三座水厂提升改造项目以及张银水厂厂房扩建项目，购置沉淀、絮凝、脱盐等水处理设备，进一步提高了供水规模及供水水质，使农村居民用上更加安全、放心的饮用水。

多方筹资，引进先进技术。隆德县积极争取闽宁帮扶资金716万元，引进清华大学紫荆创新研究院及清华大学反渗透膜技术与工程研究中心研发的高效集成净水系统替换原有反渗透预处理工艺，完成了倪套水厂、大水沟水厂、张银水厂技术改造提升和张银水厂厂房扩建项目，进一步减少反渗透的污染，降低反渗透清洗频率，延长反渗透膜的使用寿命，降低运行维护费用，彻底解决隆德县7个乡镇28个行政村9224户4.5万人的安全饮水问题。其中建档立卡户2297户9209人。

精准施策，提升水质标准。第一，供水区域观庄乡的倪套、姚套、观堡、阳洼4个行政村1636户7627人的农村饮水安全问题，其中建档立卡户466户1823人，原设计供水规模为351m³/d，现增加一套反渗透脱盐设备（规模223m³/d），以满足倪套水厂供水范围内用水需求。第二，大水沟水厂供水覆盖好水乡、杨河乡、城关镇、沙塘镇、神林乡5个乡镇12个行政村共2537户13922人，其中建档立卡户726户2729人，原设计供水规模为980.4m³/d，净水厂自运行投产以来，运行出水量相比设计水量大大减少且反渗透单元结垢严重，不能满负荷运行，酸碱、自来水耗量均较大，出水水质严重威胁人民群众的饮水安全和身体健康。现改造、完善反渗透预处理工艺，提升供水水质，保障当地居民的饮水安全。第三，张银水厂主要解决好水乡、杨河乡和张程乡3个乡12个行政村5051户23451人的饮水安全问题，其中建档立卡户1185户4657人，原设计供水规模为600立方米/天，近年来随着当地养殖业规模不断增大，增加了2.6万多头家畜的日常供水任务，供水区域内用水需求也日趋增大，现有的600立方米/天反渗透脱盐设备已经无法满足供水需求。现扩建209m厂房一座，配套安装日处理 3000 立方米反渗透脱盐设备一套，以满足张银水厂供水范围内人饮和规模化养殖需求。

科学管理，助力脱贫攻坚。十年九旱是隆德县基本县情水情，工程性、资源性、水质性等问题并存，"水"成为制约全县经济社会发展、农村群众脱贫致富奔小康的主要瓶颈。结合县情水情，县委、县政府把解决农村饮水困难和安全问题作为解决民生、改善民生、服务民生，促进群众致富奔小康的重要举措，先后实施了农村人饮解困、农村人饮安全工程，基本上解决了农村群众饮水困难问题。自来水覆盖率达到 100%，自来水入户率达到 99.7%。目前，全县农村饮水安全工程形成了统一调度、覆盖全县、运行高效、管理到位、群众满意的农村供水网络体系，在保障民生、服务民生、改善民生方面发挥的经济、社会效益更加明显，农村安全饮水不仅为群众送去了甘泉，送去了健康，也为隆德县脱贫退出和乡村振兴战略提供了有力的水利保障。

（二）建设闽宁友好示范林基地项目

为进一步落实孙春兰副总理关于固原市"四个一"林草试验示范工程的指示精神，全面提升闽宁对口扶贫协作水平，隆德工作组在闽侯县、隆德县两县县委、政府支持下，加强与福建农林大学对接联系，推进隆德县闽宁友好示范林建设，全面助力隆德县"四个一"林草产业试验示范工程，有效发挥林业产业在生态建设和精准脱贫中的重要作用，在福建农林大学专家和挂职干部的支持下，在城关镇峰台社区王辛湾生态移民区建立"闽宁友好示范林"基地。按照因地制宜、适地适树的原则，种植以岩柳、云杉、樟子松等树种为主的乔木林 500 亩，总投资 200 万元。目前，闽宁友好示范林已完成栽植，通过秋季植树带动 837 人参与造林，其中带动建档立卡贫困户 83 人增收。通过"闽宁友好示范林"建设，打造集生态、景观、产业等功能为一体的生态扶贫样板，生动诠释"绿水青山就是金山银山"和"百姓富，生态美"，发挥示范带动作用。

隆德工作组积极与福建农林大学对接，邀请福建农林大学专家先后10余次来隆指导调研"四个一"林草产业试验示范工作，并举办"四个一"林草产业试验示范工程战略规划专题讲座。经过福建农林大学专家多次指导与现场培训，统筹布局林、花、果、草、药、蜂等元素，高水平规划，高标准建设，坚定了隆德县发展"四个一"林草产业的信心。下一步将严格按照福建农林大学专家指导要求，加强对整地、施肥、栽植、浇水、修剪、抹芽等关键环节的技术指导，县农技中心、林技中心技术人员分工负责，注重细节，抓住关键，及时跟进，确保田间管理规范有序。

隆德县在贯彻闽宁协作方面，始终坚持联席推进，确保中央扶贫开发政策贯彻落实；始终坚持结对帮扶，加快贫困地区脱贫致富进程；始终坚持产业带动，增强贫困地区自我发展能力；始终坚持互学互助，促进干部理念更新和作风转变；始终坚持社会参与，凝聚起脱贫攻坚强大合力。把建立长效机制作为前提，把解决贫困问题作为核心，把产业带动扶贫作为关键，把改造生态环境作为基础，把激发内生动力作为根本。23年来，遵循习近平同志当年提出来的"以促进贫困地区经济发展为中心，以解决贫困地区群众温饱问题为重要任务"的对口扶贫协作要求，始终坚持以解决贫困问题为核心，将扶贫重心由"物"转变为"人"，围绕"人"的发展配置资源和项目；以科教扶贫为重点，着眼于提高人的素质；以医疗卫生帮扶为重点，致力于改变因病致贫、因病返贫；以技能培训和劳务输出为重点，培植和发展扶贫"造血"功能；以生态环境建设为重点，改变贫困人口生存条件和生产生活方式；以发展特色产业为重点，因人因地精准施策拔穷根。不仅改变了一代人的命运，而且推动了贫困地区整体社会进程。

经过20多年的对口协作与深度合作，福建闽侯对隆德的帮扶涉及基础设施、产业发展、教育文化、医疗卫生、旅游等众多领域，借助于外来力量的推动，隆德县政府及民众改变传统的思维方式，实现了自身多领域的全面发展，俗话说得好："授人以鱼不如授人以渔"，扶贫政策绝不能仅限于简单的输血、财物资助等方式，更重要的是帮助贫困户形成"造血"机制，让贫困农民走上可持续发展的轨道。

第八章

内部掘能：合力激发
脱贫内生动力

"坚持群众主体，激发内生动力"，习近平总书记曾说过，"脱贫攻坚必须依靠人民群众，要组织和支持贫困群众自力更生，发挥人民群众主动性"。在脱贫攻坚这场战役里，隆德县把每一个贫困者都看作是富有能力和资源的个体，在外部给予力量、支持，提供资金、资源的同时，也非常注重从贫困群众内部挖掘潜能、激发意识，激活贫困群众的脱贫动力和脱贫能力，促进贫困群众的主动性发展，使贫困群众由外及里被激发，又由内而外地行动起来，并作为脱贫主体投入和参与到脱贫致富过程，从而助力隆德县脱贫攻坚取得显著成效。2019年4月隆德县正式退出国家贫困县序列。

内生动力是贫困主体摆脱贫困的思想条件，激发贫困群体的内生动力是脱贫攻坚的力量源泉，对打赢脱贫攻坚战具有重要作用。如何提升贫困群体自主脱贫的内生动力，如何实现贫困群众的精神脱贫，一直是脱贫攻坚过程中最大的"拦路虎"和最难啃的"硬骨头"。习近平总书记多次强调："要把扶贫同扶志结合起来"，"脱贫致富贵在立志，只要有志气、有信心，就没有迈不过去的坎"，要"着力激发贫困群众脱贫致富的主动性，着力培育贫困群众自力更生的意识和观念，引导广大群众依靠勤劳双手和顽强意志实现脱贫致富"。可见，要从根本上实现脱贫，最终还是要靠广大群众共同努力。但隆德县作为一个位于西北民族地区的国家级贫困县，其乡村空心化、农户原子化等问题突出，使仅存的社会主体（多为"三留守"人员和残障病弱群体等）无力脱贫也无法信任脱贫。因此，为实现真正意义上的长期脱贫，隆德县将脱贫攻坚与乡村社会治理有机结合，将脱贫攻坚作为乡村社会治理的重要组成部分，将二者同步推进，在国家、社会等外力支持和推动下，不断激活隆德县域的内部能量，在扶贫同时实现增能赋能。

"小康不小康，关键看老乡"，脱贫攻坚不仅仅要"富口袋"，还要让更多的群众"富脑袋""强精神"。贫困群众既是脱贫攻坚的对象，更是脱贫致富的主体。隆德大部分贫困群众都明白"脱贫致富终究要靠自己辛勤劳动来实现"，但地理条件差、产业基础薄弱、空心化和社会分化严重等客观因素限制着部分群众的脱贫信心，加之大量青壮年外出务工，以"三留守"、病弱群体为主体的县域乡村，内部脱贫能力欠缺，发展门路受限。另外，不免还有一些贫困群众进取精神不足，奋斗动力不强，惰性作祟存在"等靠要"思想；一些贫困户认为国家支持、干部帮扶是理所当然的，缺乏自力更生精神；有的子女不尽养老义务，把老人分家单独列为贫困户，把责任全部推给政府；还有的在婚丧嫁娶方面讲排场、搞攀比，办一次红白事花销几万元，使家庭不堪重负，加重贫困程度。

近年来，隆德县内外联动，借国家脱贫攻坚这一伟大政策契机，重新强化乡村社会治理。在脱贫攻坚过程中，不仅关注和解决贫困群众眼前的具体困难和问题，还注重从思想上引导和教育，从精神上鼓励和鞭策，从能力上培育和增强，着力引导贫困群众转变发展观念，成为名副其实的脱贫致富主体。隆德县根据贫困对象个体因素差异不断深化精神贫困治理，以志智双扶不断提升贫困群众脱贫攻坚的内生动力，对有劳动能力而无致富门路的困难户注重智力扶持，大力宣传脱贫富民政策，介绍致富门路和经验，鼓励自主创业；对既缺劳力又无致富门路的困难户，注重送技术、送信息、送门路、送项目进行"造血"等。隆德县不断加深扶贫和扶志的融合度，健全扶贫与扶志的良性循环机制，为激发脱贫内生动力、打赢脱贫攻坚战、全面建成小康社会和实现乡村振兴打牢坚实的思想基础和群众基础。

一、宣教协力，激发自主脱贫内部潜能

以宣传、教育进行引导、启发和带动，激发贫困群众自主脱贫的内部潜能，是隆德县在脱贫攻坚战中的主要做法。在实际工作中，隆德县注重以政策和法治"按响门铃"，从意识和道德层面"打开大门"，从技能和行动方面"迈开步伐"，与此同时，以农民讲习"加油助威"。

（一）以政策宣讲和法治宣传"按响门铃"

贫困群众认识好、理解好、掌握好精准扶贫政策，是治理精神贫困、提升内生动力的基本前提；把握好了这个基本前提，才可"按响"贫困群众主动积极脱贫致富的"门铃"。自 2013 年 11 月中央提出精准扶贫战略，尤其是 2015 年 11 月制定出台《中共中央国务院关于打赢脱贫攻坚战的决定》以来，陆续制定出台了各类帮扶配套政策。隆德县持续加强精准扶贫政策教育和国家脱贫攻坚形势宣讲，帮助脱贫攻坚一线的贫困群众充分了解和全面认识国家精准扶贫的形势和政策，让扶贫政策红利全面释放，引导贫困群众真心、真情、真意相信党和政府的帮扶与付出，积极响应与支持党和政府的扶贫工作，自觉把帮扶政策与自身努力相结合，主动自觉摆脱贫困。

首先，隆德县制定了《打好脱贫攻坚战宣传方案》《隆德县脱贫富民政策宣传任务分工》《关于进一步做好脱贫富民政策讲习工作的通知》《隆德县脱贫攻坚"冬季充电"进一步激发群众内生动力大讲习活动方案》《加大脱贫富民政策宣传力度进一步激发群众内生动力任务分工方案》等文件，对脱贫政策宣传工作进行全面安排部署。

其次，组织县级新媒体宣传推送脱贫富民政策，县电视台、隆德发布微信公众号持续解读各类惠民政策，尤其是向贫困群众讲清楚教育医疗、产业帮扶、社会保障兜底等方面的脱贫政策，不断加强脱贫富民政策讲习宣传工作，提高各类惠民政策群众知晓率。县电视台开办脱贫富民政策访谈类栏目 23 期，隆德发布推送各类脱贫富民政策 77 期，隆德广电推送 82 期。2018 年 3 月 20 日至 4 月 30 日，县广播电视台每天制作播出脱贫富民政策解读专栏，隆德发布、隆德广电微信公众号同步转载脱贫富民政策，乡镇党委书记、乡镇长、各帮扶单位帮扶责任人、第一书记、包村领导、乡镇干部职工、村两委班子成员，采取集中讲习和进户讲习相结合的方式，对全县 99 个行政村的所有常住人口，包括建档立卡户和非建档立卡户，开展全覆盖式进户宣传和集中讲习。在帮扶对象面对面讲习基础上，每个行政村至少开展脱贫富民政策讲习和"知党恩、感党恩、听党话、跟党走"思想教育活动 4 场次以上，确保脱贫富民政策群众知晓率达到 100%，群众脱贫攻坚认可度达到 95% 以上。

同时，作为善治前提之良法，在脱贫攻坚过程中也扮演着重要角色。有法可依是实现依法治贫、法治扶贫的前提条件。要打赢脱贫攻坚这场硬仗，就要坚持立法先行，发挥法治扶贫的引领和保障作用。一方面，隆德县坚持将扶贫工作与法治宣传教育相结合，结合"走基层"等载体，深入基层群众开展"扶贫日"等"法治扶贫"活动，帮助贫困群众树立正确的权利意识，找到正确的维权方式，确立正确的和谐理念；引导群众增强法治观念，依照宪法和法律行使权利、履行义务并维护自身合法权益，不断推进贫困群众民主法治建设，营造农村良好法治环境。另一方面，强调家庭脱贫的共同责任，针对部分老人分户致贫，将赡养义务推给政府等问题，在结合新时代要求，强化道德教化作用，发扬中华民族孝亲敬老的传统美德，引导人们自觉承担家庭责任、树立良好家风，强化家庭成员赡养老人的责任意识同时，联合县公安局、民政局开展不赡养老人专项整治行动，开展孝老爱亲道德模范、百孝之星、最美孝媳等评选表彰活动，营造尊老、敬老、爱老、孝老、养老的良好风气。

（二）以意识培养和道德教育"打开大门"

正如习近平总书记所说："扶贫先要扶志，要从思想上淡化'贫困意识'，不要言必称贫，处处说贫。"隆德县一些贫困群众受困于艰难的生活境遇，加之有限的文化知识和发展能力，人生价值追求不足，人生目标不明，方向感模糊，表现出强烈的宿命感和无所作为的人生哲学。加之以留守老人、留守妇女和留守儿童，以及残障病弱群体为主等现实境况限制着脱贫人员脱贫的信心和发展的能力。为改变这些状况，隆德县以实干精神和实际举措影响意识，引导贫困群众树立主体意识，转变思想观念，激发劳动斗志，抓住政策支持契机，提高家庭建设能力，发扬自力更生精神，大胆追求向往的美好生活，闯出致富之路。

隆德县把思想道德教育贯穿到扶贫开发工作全过程。在精准扶贫工作实践中，政府紧紧围绕"两不愁，三保障"的脱贫目标，多方面实施了一系列惠民帮扶政策，绝大多数贫困群众是懂感恩、讲公德的。但由于各种原因，部分贫困群众存在"应得"心理、"不想脱贫、不愿脱贫"的思想和"脱贫全然置身事外"的态度。这些错误的认识和思想，不仅消弭了自身斗志，带坏了风气，还贻误了脱贫战机，伤害了干群感情。针对这些情况，隆德县加强感恩教育，在具体帮扶实践中，强化党的扶贫政策阐述，算好政策账、经济账、脱贫账、感情账，引导知党恩、怀党情、跟党走，不等、不靠、不要，把党和政府的帮扶化作自身脱贫的动力和助力。

在思想道德教育过程中，隆德还切实增强干部与贫困群众工作的亲和力。亲和力既是精神扶贫教育的说服力、公信力和吸引力，也是精神贫困治理的生命力，能够让贫困群众相信、理解、支持，愿意坚定不移地跟着艰苦实干。隆德县政府始终从贫困群众的客观实际出发，遵循和把握贫困群众认知能力，深入贫困群众心理世界，摒绝衙门官吏的刻板面孔和味同嚼蜡的内容，转换官方语言和不接地气的说教，用贫困群众的日常生活语言、生活爱好、行为习惯，以亲民务实的作风、实用可行的办法来突破贫困群众认知壁垒、情感障碍，让贫困群众从心灵深处愿意接受并产生价值共识和价值认同。这种意识和道德层面的促进，有效帮助贫困群众打开了"困于贫"或"安于贫"的大门。

（三）以技能培训和能力发展"迈开步伐"

要脱贫，还得靠老百姓自己真正实干，而能力的培训和发展真正地使贫困群众迈开步子来追求改变。首先，真抓落实，多方共力。隆德县积极开展"农民教育培训年"活动，引导贫困群众克服等靠要思想，促进形成自强自立、争先脱贫的精神风貌。2018 年制定《隆德县"农民培训教育年"活动方案》，印发《关于做好"农民培训教育年"活动有关事项的通知》等文件，明确 19 个牵头配合部门（单位）工作任务，牵头落实工作任务 48 项。其中宣传部 8 项、组织部 3 项、政法委 3 项、统战部 5 项、文广局 5 项、司法局 5 项、民政局 4 项、党校 2 项、团委 2 项、文联 2 项，县委办、法院、老干局、扶贫办、教体局、卫计局、农牧局、发改局、人社局各 1 项，各乡（镇）配合活动工作任务的落实。同时制定《隆德县"农民培训教育年"活动工作责任清单》落实活动具体工作任务。"农民教育培训年"活动开展以来，隆德县围绕"五项教育""两项培训"广泛开展各类培训教育活动，提振了农民精气神，激发了农民脱贫致富内生动力，汇聚了发展强大合力，探索出了一些成功经验，并在全区推广，产生了一定的社会效应。

其次，在培训过程中，隆德县始终为贫困群众保驾护航，坚持

"扶一把，送一程"，最终让贫困户自力更生，艰苦奋斗，用自己辛勤的双手创造美好的生活。根据地方特色、贫困户实际情况，因地制宜、因户施策开展培训；在尊重贫困主体需要的基础上，精准选择培训内容，开展以养殖、种植和劳务技能为主的实用技术培训；通过培训促进就业，提高贫困对象自我"造血"能力，让他们掌握一门实用技术，找到一项致富发展门路。同时，注重发挥基层党组织的引领示范作用，帮助贫困户谋划产业发展，拓宽致富思路，给予技术、金融和信息等方面的指导和服务。在启动阶段给优惠，在面向市场时给指导，在自我发展时给鼓励，使贫困群体逐步成为市场主体。并采取生产奖补、劳务补助、以工代赈等机制，推动贫困群众通过自己的辛勤劳动脱贫致富。

（四）以新时代农民讲习所"加油助威"

办好新时代农民讲习所，打通宣传教育"最后一公里"，是隆德脱贫攻坚道路上的重大工程；讲习所这一阵地，是政策宣讲、意识道德教育和技能培训的重要场域。近年来，隆德县以新时代农民（市民）讲习所为载体，以扶贫扶志激发脱贫攻坚内生动力为出发点，扎实开展以思想政治、政策法规、实用技术等为主的讲习活动，把新时代党的声音传递到基层，激发群众脱贫致富的内生动力，为打赢脱贫攻坚战奠定基础。

隆德县以新时代农民讲习所建设为基础，围绕"为啥讲、给谁讲、讲什么、谁来讲、在哪讲、咋样讲"的问题，开展各类讲习活动1200余场次，直接受教育群众36000多人次，把新时代党的声音传递到基层，教育农民"知党恩、感党恩、听党话、跟党走"，真正推动习近平新时代中国特色社会主义思想往深里走、往心里走、往实里走、往基层走。加强讲习员队伍建设，把好思想关、政治关、语言关、群众关，选拔一批党政机关干部、专业技术人员、"五老一新"、土专家担任讲习员，建立覆盖县乡村和理论政策、法律法规、实用技术、文化文艺、乡风文明等方面的"三级五类"20 支 426 人的讲习员队伍。创新讲习活动方式，扎实开展思想政治、民主法治、社会主义核心价值观、民族团结进步、社会主义先进文化"五项教育"和惠民政策、实用技能"两项培训"，坚持"群众按需点单，讲习员精准配菜"，由乡镇党委书记讲理论、部门负责人讲政策、业务骨干讲实用技术、道德模范讲正能量、致富能人讲经验，通过理论讲习、政策解读、乡间夜学、专技学堂、田园课堂、身边人讲身边事、文艺宣讲、现场云直播等 8 种讲习形式，达到接地气、有活力、有温度的目标，切实把讲习所办成开展思想教育的"大学堂"、宣传理论政策的"大讲堂"、加强邻里沟通的"交流园"、密切干群关系的"连心桥"、引领群众脱贫的"致富路"。

隆德县真正发挥了讲习所的实干精神和实用价值，如 2018 年 4 月 3 日在联财镇张楼村挂牌成立的宁夏固原市第一家新时代农民讲习所。张楼村新时代农民讲习所围绕五个方面将"讲习"工作做实、做强、做出特色，通过讲习活动载体的创新，开展形式多样的讲习活动，吸引广大干部群众积极参与，推动习近平新时代中国特色社会主义思想和党的十九大精神在基层落地生根，开花结果。目前，共开展了农民宣讲教育培训活动 21 场次，受众 2600 余人次。

隆德县新时代农民讲习所具体讲了些什么？是怎样讲？为何会如此有效呢？

第一，讲感恩，让群众干有激情。"我建档户，党和国家给我的各种补贴是理所当然的"，针对类似的错误想法，举办了"知党恩、感党恩、听党话、跟党走"演讲会。11 名村民上台现身说法。村民张富德从自身如何改掉不良习惯并争做脱贫光荣户的角度讲述了扶贫与扶志相结合的道理；村民张跟勤在讲到自己返乡创业国家给养殖、种植的补贴时，激动地说，"这是党和国家给我们扶持，我们贫困户要感谢党和国家，要知恩图报"；71 岁的老人张炖在讲到自己和老伴

图 8.1 张楼村农民在讲习所参加讲习活动

生重病出院后，国家报销 90% 的医药费时，激动地说："没有党和国家的报销，我恐怕早不在人世了"，这一个个活灵活现的事例，激起现场 150 多人一阵阵的共鸣掌声。

第二，讲思想，让群众干有方向。隆德县在讲习过程中注意围绕党的十九大精神、乡村振兴战略和习近平新时代中国特色社会主义思想等内容开展专题宣讲会，使听众明确了党的政策和国家发展的大致方针。第一书记马军宣讲乡村振兴战略专题后，听众激动地说，"产业兴旺说到我们农民的心坎上了，我们充满信心，有党和国家的扶持，今后要大力发展养殖、种植，今后让城市人也羡慕我们农村人"！

第三，讲政策，让群众干有思路。讲习活动结合脱贫攻坚战略，举办了张楼村惠民政策深度宣传及互动讲解有奖竞赛活动。驻村第一书记马军将 2018 年隆德县惠民政策整理成 24 页手写讲稿，围绕张楼村实际进行了深入浅出、通俗易懂的讲解，再将惠民政策梳理成 60 道问题，让场内场外近 200 余人进行有奖竞答，通过讲、答让群众明白了什么是低保、低保分几档、怎么申请；明白了贫困户养殖肉牛的补贴是多少、大病报销比例是多少、孩子上学从小学到大学国家怎么资助，等等。群众在活跃的互动氛围中快乐地学习了党的脱贫惠民政策，也明白了惠民政策仍在持续发力，听众心中明确了要干什么，怎么干。

第四，讲道德，让群众干有榜样。针对个别村民舍得抽 20 元的烟，却舍不得给老人零花钱，针对个别村民建了新房不让老人住等不良举动，举办了"身边人讲身边事，身边事教身边人"演讲会，村民李托兄从 20 多年如何照顾残疾丈夫和患有重病婆婆的事例讲述了孝老互敬爱幼持家的淳朴家风；村民穆永林讲了发家致富过程中如何兼顾家庭和谐等。邀请了帮扶单位（固原市委宣传部）干部职工来张楼村同建档户联谊举办乡风文明宣讲会，举办了张楼村好儿媳好公婆、脱贫光荣户等表彰大会，发挥树立典型、激励榜样作用，带动群众学习榜样。

第五，讲技术，让群众干有本领。在配合搞好脱贫技能培训的同时，结合张楼村的妇女农闲时"半边天"作用弱化现象，有针对性地开展了 2 期 240 名妇女参加的手工编制培训班。一些妇女感慨地说，"学好了这个手艺，可以向培训学校定制产品，既避免了农闲时扎堆乱聊生是非，又能增多家里收入，花起来气长"。

二、争先创优，增强自我发展信心斗志

近年来，借助各种社会力量的支持，隆德通过树立典型、示范引领和争先创优等激励机制，不断增强贫困群众自我发展的信心斗志，培养了一批政治素质高、辐射带动能力强的"土专家""田秀才"。榜样的力量是无穷的，隆德县委、县政府通过表彰奖励，用百姓身边

的典型教育激励群众苦干真干。

（一）学有榜样：树立典型，形成示范

一方面，隆德县注重深入挖掘积极作为、主动脱贫先进典型，挖掘帮扶带动贫困户脱贫致富的正面典型，设立光荣脱贫奖，召开脱贫表彰大会，采取生产奖励、劳务补助、以奖代补等方式，每年评选表彰宣传"光荣脱贫户""致富光荣户""优秀致富带头人"等先进个人1200名以上，不断激发贫困群众自我发展的斗志，引导贫困户摒弃"等靠要"等不良思想，开阔群众思想和眼界，增强发展后劲。

另一方面，隆德县加强对脱贫光荣户、道德模范、榜样人物等先进典型的宣传报道力度，深入挖掘脱贫光荣户和致富带头人新闻报道线索，讲好隆德脱贫致富故事，通过《宁夏日报》、《固原日报》、宁夏电视台、固原电视台等新闻媒体宣传报道了凤岭乡李士村党支部书记齐永新、联财镇光联村村民李宁宁、张程乡赵北孝村村民胡国孝、杨河乡串河村村民马富兴等20多名脱贫攻坚先进典型、脱贫光荣户和致富带头人脱贫致富故事，并通过隆德发布和隆德广电等微信公众号同步转载，引导教育群众消除"等靠要"思想，树立自力更生、勤劳致富、脱贫光荣的价值观念。各级各类媒体宣传报道民风建设和先进典型人物共计50余篇（条），宣传报道脱贫攻坚典型案例、先进事迹共计250余篇（条），其中隆德县媒体宣传180余篇（条）。

（二）赶有方向：奖励先进，积极引领

隆德县通过对脱贫致富先进典型进行大张旗鼓的宣传和奖励，让贫困户从身边榜样的身上认识到"美好生活是奋斗出来的"，从而汲取了自我发展的精神力量；通过表彰奖励先进，倡导先进带动引领，当好示范员、宣传员、带动员，用自己的经历影响身边的人，提高典

型的影响力和示范效应，让贫困群众学有榜样、赶有方向，树立脱贫致富的信心和决心。在县域内形成勤恳劳动致富光荣、等靠要可耻的社会氛围，积极鼓励贫困对象主动参与贫困治理。相关案例非常丰富，本书以贫困劳动力典型人物李宁宁和张富德的亲身经历为例做简要分享。

隆德县沙塘镇光联村村民李宁宁靠着能吃苦的韧劲，一心一意发展养殖业，通过养猪圆了脱贫梦。1982 年出生的李宁宁，因为家境贫寒，初中毕业后，经人介绍在一家养猪场当饲养员。随后几年间，他四处打工，干过粉刷工、腻子工。2014 年意外摔伤，造成腰脊椎与左小腿骨折，再也不能干重体力活。

面对这样的境遇，李宁宁一度迷失了生活的方向，可又不甘心就此消沉，在与妻子反复商量后，决定利用自己以前当饲养员的经验发展养殖业。2016 年，借助创业贷款，开始动工修圈舍，并向亲戚朋友借了 8 万元，从江苏省溧阳市进购 24 头"太湖"品种母猪和 2 头"苏太"品种的种猪，现在发展到 40 几头，去年出栏了二十几头，收入就是 3 万元。同年，李宁宁将村里的 43 亩撂荒山地流转过来，种植了 35 亩玉米和 18 亩高粱，解决了猪的饲料问题。

李宁宁把所有的心血都倾注在养猪上，猪的存栏量逐年增加，养殖信心也越来越高，通过自己的不懈努力光荣脱贫。同时，还带动了村里其他的建档立卡贫困户发展养殖业。他通过自己的努力实现自己的梦，也想在以后发展更大的规模，现在也就是起步，还是要积累一点经验。在今后能唤起贫困户的内生动力，让更多的贫困户参与到种养殖业来，有了自己的产业，才能有固定的收入，才能脱贫致富。

16 年前，张富德家只有两间破旧的土坯房，一家 8 口靠种地维持生活，勉强糊口度日，为了让家人过上好日子，张富德不得不外出打工，最终找了个接电拉线的工作，辗转内蒙古、陕西等工地，很少回家。2015 年，按照脱贫攻坚相关政策，张富德被纳入建档立卡贫困户，在外奔波了 13 年的张富德看到家乡扶贫政策好，发展有希望，加上对家人的思念之情，他决定回乡创业。他说："人老了，常年在外奔波也不行，家乡扶贫政策好，一定能有脱贫的办法。"

1962 年出生的张富德回到家乡，搭起了牛棚，贷了 5 万元创业贷款购进 4 头基础母牛，承包 40 多亩土地种植蔬菜、中药材等，一年收入近 5 万元。渐渐地，张富德一家的生活开始好起来。2017 年，张富德家有了大变样。牛出栏给家里带来了不少收入，母牛又产下两头牛犊，他又流转 130 亩土地种植马铃薯和冷凉蔬菜，购置 10 台马铃薯收种一体化农用机械扩大种植规模，经济条件好了还修起了新房子。在固原市举办第三期致富带头人培训班时，身为贫困户的张富德也报名参加，他希望能多了解一些种植养殖技术，学习成功者的经验，把自家的地种得更好，牛养得更壮。

在村里，张富德更是积极带头给村民做榜样，主动提出脱贫申请。如今，张富德已实现脱贫，并被评为市级光荣脱贫户，他的发展底气更足了，也有了新的发展目标。他说："不能因为脱了贫就安于现状，要更加勤劳努力，帮助其他村民一起脱贫。"

三、乡风建设，塑造积极改变良好氛围

挖掘乡村价值资源，强化乡村社会治理。为全面推进乡风文明建设，提高民众的素质能力，隆德县以建设文明乡风、淳朴民风为目标，强化组织领导，创新宣传方式，健全工作机制，广泛开展移风易俗、弘扬时代新风行动。民风建设稳步推进，长效机制逐步完善，全民共建的氛围逐渐形成，乡风文明建设成效显著。在 2018 年全区推动移风易俗树立文明乡风群众满意度第三方机构调查中，位居固原市第一，实现农村精神文明建设与脱贫富民协同推进。

（一）以宣传倡导引导共创共建

以宣传倡导引导共创共建的社会氛围是乡风建设的重要举措之一。隆德县制定《"推动移风易俗 弘扬时代新风"主题宣传报道方案》全面部署民风建设宣传工作，引导群众自觉参与到遏制高价彩礼、反对大操大办、倡导文明新风的活动中来，形成共创共建文明乡风的社会氛围。依托电视、广播、微博、微信、文化墙、宣传大牌、文化广场、群众舞台等宣传平台，向干部群众广泛宣传"推动移风易俗，树立文明乡风"对助力乡村振兴、决胜全面建成小康社会的重大意义和必要性，积极引导广大群众倡导文明新风。通过发放"推动移风易俗，树立文明乡风"倡议书、《致广大城乡朋友的一封信》、移风易俗承诺书、移风易俗年历画和绘制移风易俗文化墙以及举办"农村民俗文化节""三下乡"等活动将移风易俗的新理念、新知识、新思想传播到农村的各个角落，提高群众知晓率，引导教育群众改变观念，形成共建文明乡风的普遍共识。2018年各级媒体刊发民风建设和先进典型人物宣传报道共计50余篇（条），举办"推动移风易俗，树立文明乡风"颁奖晚会2场，集体婚礼1场，发放移风易俗年历画3万份，印制《致全县广大城乡群众的一封信》3万份，承诺书5万份。并结合"农民培训教育年"活动，把推动移风易俗树立文明乡风宣传教育作为新时代农民培训教育的重要组成部分，通过开展基层巡讲、移风易俗相关政策宣讲等活动，积极培育和践行社会主义核心价值观，引领道德风尚，提升农民素养，培育新型农民。

（二）以"一约四会"弘扬文明新风

"一约四会"是村规民约和红白理事会、道德评议会、村民议事会和禁毒禁赌会的简称，是一项改变陈规陋习、推进乡村移风易俗、促进农村精神文明建设的村民自治制度。隆德县指导各行政村不断完善村规民约和"四会"组织，开展村规民约朗诵大赛等，充分发挥村规民约作用，引导贫困群众自我教育、自我管理、自我约束。"一约四会"以点带面，通过"立约、传约、践约"，提倡少办酒席、少放烟花爆竹，摒弃搞攀比、讲排场的不良风气，坚决纠正婚丧嫁娶大操大办等陈规陋习，培育健康文明的生活方式，倡导移风易俗新风尚，推动乡村文明建设发生根本性变化。

乡风淳美原是隆德本色，但是近年来随着经济社会发展，原有的节俭、厚德、亲善、和谐的淳朴乡风受到很大冲击。个别人在婚丧嫁娶等喜庆活动中攀比炫富，增加随礼名目，带坏了乡风民风，使攀比之风日盛，人情消费持续攀升。移风易俗、婚丧简办、重塑新风成为广大城乡居民的迫切愿望。为遏制大操大办、铺张浪费、盲目攀比等不良风气，重拾传统美德，再塑文明新风，隆德县把集中整治高价彩礼作为2018年民风建设重点工作。讨论修订《倡导移风易俗整治高价彩礼助力脱贫攻坚暂行规定》，严格落实《隆德县推动移风易俗整治高价彩礼助力脱贫攻坚暂行规定》，推动建立红白事"三书一表"（移风易俗倡议书、简办承诺书、函告书、婚丧事宜登记表），向全县城乡居民发出"婚庆事宜我新办""丧葬礼俗我简办""其他喜庆我不办""文明新风我示范"等倡议；全县各行政村（社区）全部成立红白理事会，健全完善运行机制，组织开展红白理事会骨干培训班、乡风文明培训等，引导履行移风易俗宣传、引导、监督、服务职责，使高价彩礼、大操大办等陈规陋习从根本上可管可控，杜绝了因婚返贫致贫隐患。

全县移风易俗整治高价彩礼过程中，积极倡导举行集体婚礼，为推动乡风文明建设树立典型。2018年8月，隆德县首届移风易俗传统汉式集体婚礼大型公益活动在老巷子举行，16对新人身着汉服，以古风古韵的汉式集体婚礼，倡导移风易俗新风尚，弘扬中华民族传统文化。新人吕映荷说："咱们县倡导移风易俗简办婚礼，我们年轻人理应积极响应和支持，这次大家在一起，既弘扬了传统文化，又避免了浪费，很有纪念意义，我们非常开心。"

图 8.2　隆德县首届移风易俗传统汉式集体婚礼

（三）以典型选树形成示范影响

隆德县广泛开展民风建设示范村、移风易俗模范户等典型选树活动。下发《关于开展民风建设示范村、移风易俗模范户评选活动的通知》，带动引导群众积极参与乡风文明建设，共建文明家园。先后举办"城关镇新时代道德模范人物颁奖晚会""沙塘镇推进移风易俗树立文明乡风文艺晚会""礼说鹊桥美·情定笼竿城"移风易俗传统汉式集体婚礼、"新年新气象，走出新风采"万人健步走等大型文艺体育活动4场，配合自治区党委宣传部、文明办开展"推进移风易俗，树立文明乡风"主题巡回演出1场。同时加强督查指导，制定《关于深入推进移风易俗做好对行政村"过筛子"工作的实施方案》，按照自治区文明委领导"要一个村一个村过筛子"的要求，针对民风建设中存在的问题，逐村摸排、逐项督查、限时整改，健全体制机制，完善工作方法，推动民风建设纵深发展。各乡镇推荐上报"民风建设示范村"近 40 多个、"移风易俗模范户" 160 余户；评选产生固原市"民风建设示范村" 20 个、"移风易俗模范户" 38 户、"十星级文明户" 33 户。

（四）以道德素养保障服务质量

突出典型引领，提高干部群众道德素养。隆德县在道德建设上注重加强身边好人、美德少年、脱贫攻坚光荣户、移风易俗模范户等先进典型选树及宣传报道工作，以鲜活事迹、生动案例、可贵精神传播正能量、唱响主旋律，引领道德文明新风尚。印发《关于开展 2018 年度身边好人评选工作的通知》《关于开展"新时代好少年"学习宣传活动的通知》等文件，在全县范围内开展"自治区 60 周年感动宁夏人物""美德少年""身边好人""移风易俗模范户"等先进典型选树活动，加强宣传报道工作，引导全县广大干部群众自觉践行社会主义核心价值观，助推乡风文明建设，营造崇德向善的良好风尚，为全县脱贫攻坚注入强大的精神动力。截至目前，全县共推选产生"中国好人" 3 人、自治区道德模范 32 人、宁夏最美人物 2 人、"感动宁夏人物" 5 人、自治区"美德少年" 2 人、自治区"百孝之星" 6 人、"宁夏好人" 2 人、"宁夏好少年" 1 人、固原"十大道德模范" 7 人、固原市"身边好人" 38 人。

（五）以文明实践中心凝聚群众

隆德县坚持以新时代文明实践中心凝聚群众、引导群众，以文化人、成风化俗。2019 年 7 月 6 日，中央深改组研究通过《关于建设新时代文明实践中心试点工作的指导意见》，首次提出建设新时代文明实践中心。建设新时代文明实践中心是党中央重视和加强基层思想政治工作的战略部署，是深入宣传习近平新时代中国特色社会主义思想的重要载体，是打通宣传群众、教育群众、关心群众、服务群众"最后一公里"的重要举措。2019年8月21日习近平总书记在全国宣传思想工作会议上强调"推进新时代文明实践中心建设，不断提升人民思想觉悟、道德水准、文明素养和全社会文明程度"。隆德县也是新时代文明实践中心建设试点之一。

新时代文明实践中心建设试点工作开展以来，隆德县认真贯彻落实区、市党委的部署要求，在区、市宣传部门的支持指导下，统筹整合现有公共服务阵地资源，以推动习近平新时代中国特色社会主义思想在基层农村更加深入人心、落地生根为根本，着眼凝聚群众、引导群众，以文化人、成风化俗基本要求，以志愿服务为基本形式，以志愿者为主体力量，按照"征求群众需求，设计志愿项目，招募志愿者，培训志愿者，实施志愿项目，群众反馈情况"的工作流程，因地制宜开展经常性、面对面、群众喜闻乐见的文明实践活动，切实打通宣传群众、教育群众、关心群众、服务群众的"最后一公里"。

隆德县成立新时代文明实践中心办公室，印发《新时代文明实践中心建设试点工作相关制度的通知》，制定《新时代文明实践中心工作职责（试行）》《新时代文明实践中心管理制度（试行）》《新时代文明实践中心大讲堂管理制度（试行）》等文件，贯彻落实《隆德县新时代文明实践中心试点建设工作实施方案》。建立县、乡、村三级架构，县委书记任新时代文明实践中心主任，试点乡（镇）党委书记任新时代文明实践所所长，试点行政村（社区）党支部书记任新时代文明实践站站长，完善试点建设工作运行机制，依托党员活动室、文化站、村级综合文化服务中心、新时代农民（市民）讲习所等现有资源，统筹推进新时代文明实践中心、所、站等阵地建设和有序运作。

抓实五种形式，围绕主体搞活动。隆德县突出群众主体地位，围绕"讲、帮、乐、树、行"五种形式，聚焦群众实际需求，创新活动载体，丰富活动内容，把文明实践活动融入到群众的日常生活中，让群众参与其中，引导群众实践养成，构筑新时代农民群众的精神家园。围绕做什么、怎么做，坚持群众需求、问题导向，举办志愿者培训班，对全县 24 支志愿服务队志愿者进行集中培训，提升志愿服务活动吸引力和感染力。围绕讲理论、讲政策、讲文化、讲法治、讲道德、讲技能，结合"不忘初心、牢记使命"主题教育、形势与政策来讲习近平新时代中国特色社会主义思想理论与党的十九大精神，结合自治区、隆德县的发展变化来讲自治区、固原市、隆德县的相关会议精神，结合精准扶贫、乡村振兴战略来讲党的富民惠民政策，结合公民道德建设、乡风、民俗来讲社会主义核心价值观，结合"身边人讲身边事"来讲致富经验、产业调整，结合隆德县的乡土历史、红色文化来讲家国情怀，做到六讲六结合，目前已开展理论宣讲志愿服务活动 13 场次。尤其是隆德县解放的亲历者雒宽老人为大家讲述红二十五军解放隆德县城的红色故事，娓娓道来，既有历史的温度，又有家国的情怀，令人身临其境，回味久久。

经过隆德县长期的努力，隆德各村乡风民风良好，贫困户精神状态极佳。在本次脱贫攻坚调研过程中，调研小组实地调研和走访了闽宁友好残疾人托养中心、观庄乡前庄村扶贫车间、凤岭乡李士村、老巷子等地，发现各村皆是环境整洁、院落干净，地里庄稼长势喜人，村民家中和谐暖心。调研小组抵达李士村，村干部着正装相迎、热情介绍村庄情况；正逢村里老饭桌用餐，老人们热情地邀请他们共用午餐；在残疾人托养中心，看到每一个残障人士都是有能力、有尊严、有信心地靠着自己的大脑、双手，或忙着制作电商平台，或忙着制手工花，或专心致志剪纸，或应接不暇地编织；在扶贫车间，感受着村民自力更生、自我动手致富的自豪心情……真切感受到隆德县域城乡处处呈现风景美、风尚美、风俗美、风气美的文明新气象，每一个群众都是良好乡风文明的积极建设者。

四、文化浸润，发扬自我增能精神风貌

乡村治理，需以文化为根基；精神脱贫，要以文化为支撑。习近平总书记强调："文化是一个国家、一个民族的灵魂。文化兴国运兴，文化强民族强。没有高度的文化自信，没有文化的繁荣兴盛，就没有中华民族伟大复兴。"脱贫攻坚中，乡村的物质文明和精神文明要两手抓两手都要硬，否则，如果乡村文化衰败，不文明乱象滋生，即使产业兴旺，也难以获得持续长久的繁荣。

隆德历史悠久，文化积淀深厚。自宋设县，已有一千年历史，是享誉西北的丝路古城和书画之乡，书法、绘画、彩塑、砖雕、剪纸、刺绣等民间民俗文化源远流长，先后荣获全国文化先进县、中国书法之乡、中国民间绘画画乡、中国（社火）文化艺术之乡等殊荣，现有国家级非物质文化遗产项目 3 项，国家级非物质文化遗产项目传承人 3 人，杨氏泥彩塑传承基地被评为国家级非物质文化遗产生产性保护示范基地；自治区级非遗项目 12 项 22 人，自治区级传承基地（传承点）2 处；固原市级非遗项目 22 项 34 人，传承基地（传承点）7 处；不可移动文物 243 处，其中国家级文物保护遗址 1 处，自治区级文保单位 6 处，县级文保单位 14 处。深厚的文化底蕴、良好的文化基础以及丰富的文化活动，是浸润人心、触及心灵、发扬群众自我增能精神风貌的重要力量。

（一）深入推进文化扶贫惠民工程

隆德县注重夯实文化基础，实施文化工程，广泛开展群众性文化活动。深入推进文化扶贫惠民工程。全力推进文化馆、博物馆（非遗馆）、图书馆、文化广场、文化舞台、乡村少年宫等文化基础建设，夯实全县文化活动基础，搭建群众文化活动平台。完善公共文化服务体系，丰富文化产品和服务供给，推动公共文化资源向乡村倾斜，积极创建国家公共文化服务体系示范区。2018年按照"七个一"的标准，建设村文化活动室、文化广场、文化舞台，同时，为全县104个村文化活动室配备音响等文化活动设备和专职文化管理员，实现了全县村级综合文化服务中心基础设施建设、文化活动设备配置和专职文化管理员配备的全覆盖。

（二）逐步扩大乡村文化传承创新工程

隆德县在文化建设上扩大乡村文化传承创新工程。着手做好示范性农民文化大院建设，依托村级综合文化活动中心，建设一批村史馆，展陈一批反映区域历史、民俗文化以及农耕文明的各种实物展品；举办"农民丰收节"，开展欢庆丰收、传承文化、振兴乡村等主题活动；充分利用文化大院、文化活动中心等阵地，鼓励支持农村群众自办文化，营造"文化庄稼"氛围；经常性开展文艺文化进乡村和群众喜闻乐见的文体活动，在农村开展文艺演出、农村电影放映、全民阅读、全民健身等群众性文化活动，举办秦腔大赛、小戏小品大赛、群众广场舞大赛、文化大院文艺汇演、农民剪纸刺绣创意大赛等活动。不断满足农民群众精神文化需求，提振精气神、弘扬真善美，引导群众树立自力更生、勤劳致富的正确观念。

（三）因地应时实施传统文化浸润工程

传统文化可浸润一方土地，丰富一方人民。隆德县文化底蕴深厚，政府注重深入挖掘传统农耕文明蕴含的思想观念、人文精神、道德规范，赋予时代内涵，凝聚人心、教化群众、淳化民风。发掘、整理和保护红崖老巷子、梁堡传统村落等物质文化遗产，传承保护高台马社火、魏氏砖雕、杨氏泥彩塑等非物质文化遗产，支持传承人开展传承传播活动，激活乡土文化生命力。另外，隆德县紧紧抓住"红色六盘山，避暑隆德县"招牌，全力推进民俗、非遗文化保护传承，大力发展文化产业带动脱贫，通过产业建设带动贫困户、残疾人就业增收，取得了不菲的成效，在文化引领下，树立了文化自信、脱贫自信。

小结

内生动力是一种能力，能力是一种自由，能过有价值的生活的实质自由。"贫困地区发展要靠内生动力。"中共中央国务院在《乡村振兴战略规划（2018—2022年)》中明确指出，要"巩固脱贫攻坚成果，注重扶志扶智，引导贫困群众克服'等靠要'思想，逐步消除精神贫困"。隆德县在脱贫攻坚中注重调动激发贫困群众脱贫主动性、能动性，引导贫困群众树立主体意识、激发贫困群众内生动力，积极鼓励贫困对象主动参与到贫困治理中，将脱贫的主动权交还给贫困对象。

隆德县在贫困群众内生动力激发和提升方面，切实地做了大量努力，也取得了大量的实际成效。以新时代农民讲习所等为主阵地，开展强化正面宣传教育，激发贫困群众自主脱贫的内部潜能；通过树立典型、示范引领和争先创优等，激励贫困群众自我发展的信心斗志；借助"一约四会"、移风易俗、新时代文明实践等推动乡风建设，塑造县域积极脱贫的良好氛围；以深厚的文化积淀、丰富的文化活动实现文化浸润，发扬脱贫主体自我增能的精神风貌。脱贫攻坚是一个复杂的系统性工程，内生动力的激发是一个内外联动的过程。隆德县在注重从贫困群众内部去挖掘潜能、增强权能的同时，也将内生动力的提升贯穿在产业扶贫、教育扶贫、文化旅游扶贫等各项工作中，借力于国家、社会提供的资金、资源和支持，使贫困群众由外及里被激发，又由内而外地行动起来，并作为主体投入和参与脱贫致富过程。

另外，不容忽视的一点是，隆德县乡村社会治理中的薄弱环节在脱贫攻坚过程中得到强化。在脱贫攻坚过程中，隆德县努力增强各扶贫主体的责任担当，政府各部门帮扶干部在工作中不断转变作风，改良工作方式，选择好的时机，走进田间地头、产业基地、庭院家舍等，用民众听得懂的语言、习惯的交流方式，去摸清贫困群众的状况，寻找迫切需要解决的问题，从而提高了精神贫困治理工作的针对性和实效性，助力贫困群众脱贫内生动力的有效激发。

第九章

隆德县脱贫攻坚的成效、经验与展望

一、隆德县脱贫攻坚的主要成效

宁夏回族自治区隆德县认真贯彻落实党的十八大、十九大精神和习近平总书记关于扶贫工作的重要论述精神，以习近平新时代中国特色社会主义思想为指导，全面落实中央和区市党委、政府决策部署，坚持"精准扶贫、精准脱贫"基本方略，紧紧围绕"两不愁，三保障"脱贫标准，按照"六个精准""五个一批"要求，狠抓责任、政策、工作"三个落实"，深入推进脱贫富民战略，于2019年4月正式退出国家贫困县序列，全县脱贫攻坚工作取得了显著成效。

全县减贫成效显著。全县辖13个乡镇、10个社区和99个行政村，总人口18.3万人，其中农业人口13.9万人。2013年底确定贫困村70个、建档立卡贫困户10167户39612人，贫困发生率28.5%。经历年动态调整，现有库管建档立卡贫困人口10321户39923人。截至目前，全县70个贫困村全部出列，累计减贫9985户38914人，剩余贫困人口49户163人因病、因灾、因自身发展力不足等原因尚未脱贫，贫困发生率下降到0.72%。2019年，全县脱贫281户817人，贫困发生率下降到0.11%。"两不愁，三保障"稳定实现。2018年全县农民人均可支配收入9277元，建档立卡贫困人口可支配收入稳定超过国家现行标准，贫困户均实现了"不愁吃、不愁穿"。九年义务教育阶段学生"零辍学",建档立卡贫困户基本医疗保险参保率达到100%,健康扶贫、危房改造政策享受全覆盖,实现了义务教育、基本医疗、安全住房"三保障"。公共服务建设达到标准要求。贫困户自来水入户率、安全饮水保障率、生活用电和广播电视入户率均达到100%;99个行政村村组道路硬化、动力电、宽带网络实现全覆盖,各行政村组织健全且均有可稳定增收的支柱产业和村集体经济收入,文化活动场所、健身器材、综合服务网点、标准化卫生室、电商服务中心等配备齐全。

(一) 基础设施完善,公共服务水平提升,城乡面貌发生重大变化

自国家出台一系列扶贫政策以来,隆德县根据自身短板弱项,整合投入大量资金,改善基础配套设施,实现了行政村基本公共服务领域主要指标接近全国平均水平的目标。同时带动了隆德县城镇化的发展,为乡村振兴奠定了坚实的基础。

交通方面,隆德县改造提升312国道县城段,新建扩建多条乡村公路,新建若干四级水泥路,实施县城"四化"工程,硬化村组巷道数百公里,成立县公交公司,打通了纵穿东西、横贯南北交通通道,初步形成以县城为中心,312国道、东毛高速公路为主线的"三纵四横"县、乡干线立体交通路网格局。全县公路通车总里程达到1300多公里,城市公交线路实现县城规划区全覆盖,解决了老百姓出行难、出行贵的问题。

水电动力方面,加固病险水库、建设地湾水库、实施张银至张程人饮工程、实施自来水入户攻坚工程,使自来水入户率达到100%,实现全县安全饮水全覆盖。敷设供排水管网、供热管网,建成换热站。安装太阳能热水器、太阳能路灯,农村面貌焕然一新。扩建县热源厂,新建换热站2座,敷设供热管网3.5公里、供排水管网15.3

公里。实施"碧水"行动。建成渝河八里至星火段排污管网、六盘山长征景区至县城集污管网工程。实施甘渭河河道治理及流域生态修复项目，建成渝河流域库坝及供水管网连通工程，实现流域内16座库坝互联互通。实施神林观音土地整理及水利设施配套项目，新增高效节水灌溉面积5000亩。

网络信息化建设方面，随着2014年隆德县在全市率先完成城市光纤宽带入户，4G网络开始走进城区居民生活。随后，持续推进网络通信提速降费，大力推广互联网+、物联网、车联网，实现城区公共空间无线网络全覆盖。实施5G基站项目全县互联网总出口宽带扩容，在2019年底有望与发达地区同步搭上5G信息化便车。

城镇化人居环境改善方面，隆德县完成了县域内大面积的农村危房、城中村、棚户区、老旧小区改造；大力增加保障性住房；开发征迁片区，建设安置小区，解决了贫困居民的基本住房问题；同时开发大面积商业小区，满足不同层次居民对住房的各式需要。建设文化馆、图书馆、综合体育馆、多个城市广场、文化公园和街心公园，打造清凉河、三里店水库环城生态景观水系，大力提升县城绿化亮化水平。不断扩大城区面积，利用各种办法吸引大量人口入住，大大推动了城镇化进程。建设联财小城镇和毛家沟边贸集镇，新增城市社区5个，全县城镇化率达到26%。

（二）产业结构得到较大优化，产业脱贫成效显著

近年来，隆德县把产业扶贫作为主攻方向，大力培育扶贫支柱产业，在不断巩固农业基础地位的前提下，大力发展二、三产业，产业结构发生了根本变化。隆德县根据每个村庄的特点，因地制宜推动产业扶贫，确保每个贫困村都有主导产业、项目基地、带动企业，使有劳动能力的贫困户有脱贫项目、有稳定增收渠道，实现外部"输血"变"造血"的真正的脱贫。

发展特色产业，快速推进现代农业发展。隆德县充分利用本地的特色产业，因地制宜，因势利导，大力发展特色产业，促进了现代化农业的快速发展。首先，中草药产业方面，发起成立中药材技术创新战略联盟，建成香雪药业中药材仓储区。发展规范化种植基地，建成多个大规模中药材种植基地，增加全县种植大田中药材面积，中药材产值大大提升。建立野生中药材资源修复保护区，被评为全国林下经济示范县。其次，花卉产业方面，建立花卉产业园，形成种植基地，在六盘山阴湿区和渝河川道区新发展苗木，全县花卉苗木面积大幅提升。积极探索生态富民产业，建成多个"四个一"林草产业试验示范基地。最后，农副产品方面，建立永久性冷凉蔬菜基地，建成大型蔬菜气调库，蔬菜产业产销两旺；建立肉牛繁育、育肥示范基地，大力发展草畜产业，新建千亩规模肉牛养殖场和养殖示范村，全县肉牛饲养量增加，户均养牛收入大大增加。

建设工业强县，加快工业集聚发展。隆德县深入实施创新驱动战略，不断发展壮大工业经济，推动建立三次产业高度融合的现代产业体系，增强产业综合竞争力，走外向型、高质量发展新路。隆德县牢牢抓住项目建设和招商引资的机会，定期召开项目推进会，分析形势，精准施策，抓投资、增后劲，抓生产、保增长，着力培育新的经济增长点，确保经济高位运行。落实税收、供热等优惠政策，扶持企业技改升级，通过企业代培大力提高务工人员生产效率。新建园区综合服务中心，建成园区公共租赁房，完成园区变电站、道路、绿化、亮化等附属工程。开工建设食品产业园、中小企业孵化园工程，引进企业入园投产。完成工业园区集中供能等低成本改造项目，建成中小企业孵化园四期26栋标准化厂房。香雪及上药集团中药饮片加工、配方颗粒生产项目运营投产，兴宇粗粮加工等项目投产达效，良田食品等6家退城入园企业建成投产。支持香雪、黄土地企业研发中心开展技术创新，扶持爱丽纳等企业申请专利技术20项以上。多家企业跨入规上企业行列，人造花公司，成为全市最大出口创汇企业，人造花、良田食品等参与自治区企业标准"领跑者"评估排名。现有企业扩能升级，新增规上企业 2 家，全县工业增加值达到 3.9 亿元，增长 7.4%。

整合旅游资源抓开发，第三产业迅速发展。隆德县以旅游资源来推动第三产业发展，建设了神林自驾游营地、范家峡森林公园，全年接待游客；成立多家文化企业，开发"六盘人家"系列文化产品，发展文化经营实体，当地旅游收入不断创新高。新建成的星兴购物广场很好地带动了城乡消费，全年社会消费品零售总额大幅增长。全县各金融机构不断拓展业务，其业务存、贷快速发展，为当地经济注入源头活水。2014 年，续建县文化馆、图书馆、博物馆及老县衙旅游项目；扶持建设多家休闲农业示范基地，积极申报"千年古县"，举办休闲运动赛事，凸显民俗文化和乡村旅游景点特色。2019 年，全年接待游客突破 130 万人次，旅游社会总收入 5.2 亿元。

（三）生态环境不断优化，可持续发展潜力明显增加

生态环境保护决策持续优化。近年来，隆德县严格落实生态环境保护制度，强化党政领导干部生态环境损害中的责任追究，严把环境保护、资源节约、土地及水资源利用审批关。完成生态保护红线勘界定标，严格执行生态环境损害赔偿制度，对一切环境违法行为"零容忍"。完成县城集中供热脱硫脱硝改造，空气质量位居全区前列。全面推进城乡环卫保洁网格化管理，积极创建国家卫生县城和农村人居环境整治示范县。完善环境保护执法监管体系，中央环境保护督查反馈问题全部整改到位。

生态文化旅游县城建设积极推进。隆德县开展了一系列的县城建设工程，取得了非常好的效果，打造了清凉河、三里店水库环城生态景观水系，建成骆驼巷丝路文化公园和笼竿城街心公园，在主干道路实施大整治大绿化工程，完成 7.8 万平方米的拆迁，新增绿化面积

6000 亩。建设灵龟山市民休闲森林公园，建成 4 个街心公园，实施清流河、清凉河县城景观水系工程。为了彻底地实现环境整治，还开展了一系列的污染治理活动。首先，隆德县实施渝河生态治理工程，建成运行园区污水处理厂，关停违建涉污企业 21 家，渝河出境断面水质达到Ⅳ类标准。其次，实施道路改造及雨污分流工程，完成餐饮行业油烟污染治理，城市空气质量为全区最优。再次，完成棚户区改造 350 户，改造提升东关小区等 7 个老旧小区，完成长乐街等 7 条主干道路雨污分流改造，成为全区唯一实现县城雨污分流全覆盖的县。最后，他们实施了严格的环境保护执法监管，扎实推进城乡环境综合治理，推进城市管理综合执法改革，县城秩序管理、保洁服务水平进一步提升，创造了良好的宜居环境。严格执行"河长制"，实现渝河全段治理，出境断面水质稳定达标。

生态农村建设卓有成效。建设了神林、陈靳小城镇，建成沙塘锦华等 9 个美丽村庄，新建农村公路 53 公里，开通观庄中梁等 22 个行政村公交线路。新建杨河等 5 个乡镇污水处理站，实施农村水冲式厕所改造 1.26 万户。建立 1 万亩有机肥替代化肥示范基地，推广测土配方施肥 36 万亩，确保农药化肥使用量下降 40%。大力整治"白色污染"，农用残膜回收率达到 90% 以上。打造沙塘特色小城镇，建设毛家沟边贸集镇和好水水磨等 4 个幸福村庄，城关镇杨家店成功争创国家生态村。改造农村危房 3613 户。建成杨河、神林垃圾填埋场，山河乡成功创建自治区生态乡镇。改造提升红崖老巷子民俗文化村、神林自驾游营地，分别被评为自治区 4 星级、3 星级农家乐，红崖村入选"中国最美休闲乡村"。隆德麦田景观喜获"中国美丽田园"称号，观庄前庄等 9 村列入全国乡村旅游扶贫重点村。完善村规民约，积极发挥新时代农民讲习所作用，深入推进精神文明、道德模范等评议创建，大力整治高额彩礼、拒不还贷等问题。

完成生态移民搬迁，造林绿化取得突破。1393 户 5835 名移民搬出大山，扎根黄河金岸。新建三贤居、龙城世家二期等 11 个商住小区和兴安花园安置小区。完成棚户区改造 750 户，建设保障性住房 416 套。鼓励支持移民就业创业，移民收入水平显著提升。退耕还林补植补造 12.8 万亩、封育造林 6.6 万亩、移民迁出区生态修复 5.2 万亩，优美环境成为隆德县最亮丽的名片。建设奠安杨川等 3 个万亩林下经济示范区，建成军民共建万亩生态林。完成山河边庄等土地整理 8200 亩。完成 400 毫米降水线精准造林等林业工程 8.3 万亩，建设精准造林等林业工程，推进主干道路及农村"四旁"绿化。高标准实施"四个一"林草产业示范项目，建成杨店村千亩林下菌菇基地，引入宁苗集团建设庞庄千亩大果榛子基地，在生态造林工程中示范栽植花椒等经果林，新增经果林 5000 亩，栽好"摇钱树"，让"绿水青山变成金山银山"。

平稳推进平安隆德建设。隆德县依法开展扫黑除恶专项斗争，严打惩治盗抢骗黄赌毒等违法犯罪行为，深入整治非法集资、电信网络诈骗等突出问题。强化食品药品和产品质量监管，常态化推进安全生产隐患排查整治，坚决遏制重特大安全事故，大力提升公众安全感。落实党的民族宗教政策。把坚持和加强党的全面领导作为做好民族工作的根本保证，积极创建全国民族团结进步示范县，促进"三个离不开"思想和"五个认同"意识深入人心。坚持宗教中国化方向，推进"四进"宗教场所，依法加强宗教事务管理，坚决防范抵御境外宗教渗透、极端思想传播，促进宗教领域和谐稳定、和顺向上。发挥群团组织职能优势。大力支持工会、共青团、妇联、残联、科协、文联等群团组织更好履行职能。依法做好退役军人事务管理，巩固国家双拥示范县创建成果，开创军民融合发展新局面。

（四）志智双扶，贫困户内生动力增强

在脱贫攻坚工作中，隆德县把培育和增强贫困地区、贫困群众的内生动力作为脱贫攻坚的一项重要内容、重要任务，切实抓紧抓好，

为脱贫攻坚工作的健康稳定发展，为贫困地区和贫困群众如期脱贫，与全国一道同步全面建成小康社会提供强大力量。

以宣传教育为抓手，培育和增强贫困群众脱贫攻坚的主体意识。隆德县以扶贫扶志激发脱贫攻坚内生动力为出发点，以新时代农民讲习所为阵地，强化正面宣传，突出典型引领，推动移风易俗，丰富文化活动，激发农民脱贫致富内生动力，培训教育农民"知党恩、感党恩、听党话、跟党走"。由乡镇党委书记讲理论、部门负责人讲政策、业务骨干讲实用技术、道德模范讲正能量、致富能人讲经验，通过理论讲习、政策解读、乡间夜学、专技学堂、田园课堂、身边人讲身边事、文艺宣讲等讲习形式，开展各类讲习和文明实践活动800余场次，直接受教育群众3.5万多人（次）。开展脱贫光荣户评选表彰，大力营造勤劳致富、奋发进取的社会新风尚，实现党中央关于脱贫攻坚的重大政策、重要部署、总体要求等相关精神的"全覆盖""无盲区"。采用算账对比、当地脱贫典型现身说法、组织贫困户就近就便现场观摩等生动、直观、通俗，易于扶贫对象理解，乐于接受的方式方法，真正起到"以身边人说身边事，用身边事教育身边人"的作用和效果。

以培训学习为抓手，培育和增强了贫困群众脱贫攻坚的实际本领。以调动和激活贫困群众的内因为重点，施加相应的外因，达到内因外因相向联动，"同频共振"，实现贫困群众致富本领的培育与增强。一方面着力培育脱贫攻坚政策的理解运用能力。用群众的语言、站在群众的角度、以群众喜闻乐见的形式，对党的脱贫攻坚政策进行讲解，这是隆德县对基层干部的基本要求。另一方面着力培育脱贫攻坚的生产生活技能。在对贫困群众进行认真排查，对每一户贫困户的致贫原因进行深入、细致、全面调查分析的基础上，准确找出其贫穷的根源所在，针对其素质的可塑性、产业培植的可行性及其市场前景的可靠性，按照因地制宜、因户施策原则，制订"一户一帮扶计划""一户一对策措施"，进而严密地组织开展认真、扎实、持久的分门别类的"一对一""手把手"的跟踪培训，使贫困群众真正掌握相应的科学知识和生产技能，并会熟练地运用到生产生活中。

以引导激励为抓手，培育和增强贫困群众苦干实干精神。一是积极培育激发贫困群众的苦干实干精神。充分发挥"挂包帮，转走访""干部直接联系群众"等机制作用，并通过"送温暖""献爱心""与贫困群众结对子"等形式和载体，牢固树立自觉、积极、认真、负责的态度，主动调整培育阳光、健康、向上的内心世界和自食其力、苦干实干的精气神。二是充分激励贫困群众发扬苦干实干精神。密切跟踪和及时了解掌握贫困群众在脱贫攻坚政策学习、保障房屋建盖、致富产业培植、实用技术操作应用、劳动力转移就业等方面的情况，对行为积极主动、做得实实在在、脱贫成效突出的贫困群众，在当地群众中及时进行宣传报道、通报表扬，让广大贫困群众充分感受到脱贫致富的无上光荣。从而引导和激励更多的贫困群众向身边脱贫致富的先进典型学习，充分发扬自力更生精神，充分发挥自己的主观能动性，依靠自己的力量和艰苦努力摆脱贫困，过上美好生活。

（五）锤炼干部作风，政府公信力、执行力不断提升

隆德县在脱贫攻坚过程中牢固树立"四个意识"，坚定"四个自信"，坚决维护习近平总书记党中央的核心、全党的核心地位，坚决维护党中央权威和集中统一领导，落实全面从严治党要求，加强政府自身建设，深入推进政府职能转变，全面提升履职水平，努力建设人民满意的服务型政府。

加强政府党组建设，完成政府机构改革。修订完善政府工作规则，重大决策实施出台前向县人大常委会报告制度。精简行政审批流程，加快推进"互联网+政务服务"，精简行政审批。涉农惠农资金发放情况全部可通过监管平台查阅。深化"放管服"改革，积极承接区市下放审批事项，取消没有法律依据的证明事项，争取群众、企

业提供办事材料减少60%以上。推进"互联网+政务服务",实体政务大厅70%以上服务事项一窗办理,100个高频事项最多跑一次。优质高效解决"12345"政府服务热线群众咨询反映问题,推进各领域政务信息公开,全面提升政府公信力。

建立健全机制,定规矩、树导向,提士气、正风气,各级各单位把精干力量下沉一线。简政放权,提升政务服务能力。修订政府议事规则、政府常务会议规则,坚持重大事项集体决策,重要事项向县委报告,自觉接受人大、政协监督,促进科学民主决策。单设安监局,成立城市管理综合执法局,组建供销合作社联合社,事业单位分类改革有序推进;深化政务公开,全面推进预算公开,建成涉农惠农资金三级监管平台。推进法治政府建设,政府各部门全面落实法律顾问制度,全体行政执法人员持证上岗、依法履职;实行最严格的督查制度,围绕重点工作、重点项目抓落实、提效能;深入推进党风廉政建设,加大审计监察力度,有力推进廉洁政府建设。

转变作风,提升政府执行能力。推进法治政府建设,自觉接受人大法律监督、政协民主监督,主动听取社会各界意见建议,严格按照法定权限和程序行使权力、履行职责。坚决贯彻执行上级党委、政府和县委决策部署,主动担当,主动作为,主动攻坚,合力推动各项工作上水平、出成效。大力发扬立说立行、马上就办的作风,以广大干部的快干实干苦干,为隆德发展争取先机、赢得主动。遵规守纪,提升拒腐防变能力。

严格落实全面从严治党要求,认真履行"一岗双责"。坚决执行廉洁从政各项规定。从严推进涉农资金、项目建设及政府采购等重点领域环节监管,加强领导干部经济责任、环境保护等审计审查,规范权力运行。严格执行中央八项规定,严肃预算管理,杜绝违规举债,严控一般性支出,把有限的资金用到最需要的地方。零容忍查处腐败问题,教育政府公职人员知敬畏、存戒惧、守底线,带头树立良好作风家风政风。扎实推进"两学一做"学习教育常态化制度化,全面提升干部作风素养。坚决落实党风廉政建设责任制，加强审计监管、督查问责，从严整治"四风"问题，"三公"经费持续下降，政府公信力、执行力不断提升。

密切党群干群关系，受到广大群众的广泛好评。广大干部把心血汗水挥洒到基层，涌现出了省闽侯县人民政府副县长、挂职宁夏回族自治区隆德县县委常委、副县长樊学双，凤岭乡李士村党支部书记齐永新等一大批先进典型。隆德县通过《宁夏日报》、《固原日报》、宁夏电视台、固原电视台等新闻媒体宣传报道了凤岭乡李士村党支部书记齐永新、杨河乡串河村致富带头人摆世虎、杨河乡串河村村民马富兴、陈靳乡新兴村王小银、城关镇吴山村何来清等脱贫攻坚先进典型、脱贫光荣户和致富带头人脱贫致富故事。

二、隆德县脱贫攻坚的主要经验

经过多年努力，隆德县脱贫攻坚工作取得了阶段性胜利。长期以来，隆德县委、县政府始终坚持以习近平总书记关于扶贫工作重要论述为指导，坚持以脱贫攻坚统揽经济社会发展全局，以解决贫困问题为核心，以乡村社会治理为契机，以内外合力助脱贫为主要原则，以调动和激活贫困群众的内因为重点，施加相应的外因，达到内因外因相向联动，实现贫困群众脱贫致富能力的培育与增强，实现了脱贫攻坚与社会治理的同构。隆德县的经验做法主要包括以下几个方面。

（一）树立内部思想高标，坚持基层党建引领

党领导一切。脱贫攻坚是党中央制定的一项功在当代、利在千秋

的伟大工程，关系贫困群众的切身利益、关系全面建成小康社会目标的实现。而抓好党建促脱贫攻坚，是贫困地区脱贫致富的重要经验，要把扶贫开发同基层组织建设有机结合起来，抓好以村党组织为核心的村级组织配套建设。各级党委和政府高度重视扶贫开发工作，把扶贫开发列入重要议事日程，把帮助困难群众脱贫致富列入重要议事日程，摆在更加突出的位置，有计划、有资金、有目标、有措施、有检查，切实把扶贫开发工作抓紧抓实，不断抓出成效。

近年来，隆德县以习近平新时代中国特色社会主义思想为指导，深入贯彻党的十九大、中央经济工作会议精神和习近平总书记视察宁夏时的重要讲话精神，紧紧围绕中央及区市党委关于抓党建促脱贫攻坚促乡村振兴的决策部署，以脱贫攻坚为统揽，按照"融入扶贫抓党建、抓好党建促扶贫"的思路，以实施"6322"工程（突出强化政治功能，严格落实六项基本制度；突出建强基层组织，深入开展"三大三强"行动；突出党员管理监督，扎实开展"双评双定"活动；突出引领脱贫富民，大力加强"两个带头人"队伍建设）抓党建促脱贫攻坚促乡村振兴为重点，通过健全组织体系、建强骨干队伍、创新工作载体、完善制度机制。

农村基层党组织是党在农村全部工作和战斗力的基础，是贯彻落实党的扶贫开发工作部署的战斗堡垒。抓好党建促扶贫，是贫困地区脱贫致富的重要经验。隆德县把扶贫开发同基层组织建设有机结合起来，抓好以村党组织为核心的村级组织配套建设，把基层党组织建设成为带领乡亲们脱贫致富、维护农村稳定的坚强领导核心，深入推进抓党建促脱贫攻坚工作，选好配强村"两委"班子，培养农村致富带头人充实一线扶贫工作队伍，发挥贫困村第一书记和驻村工作队作用，在实战中培养锻炼干部，打造一支能征善战的干部队伍发展经济、改善民生，建设服务型党支部，寓管理于服务之中，真正发挥战斗堡垒作用，为全县脱贫攻坚提供坚强组织保证。

（二）内外统筹兼顾，促进产业协调发展

以增收致富为重点，打好产业发展"攻坚战"。牢记习近平总书记视察宁夏时"把培育产业作为脱贫攻坚的根本出路来抓"的殷切嘱托，立足资源禀赋、产业基础、群众意愿，坚持一、二、三产业融合发展，按照"普惠+特惠"原则，出台特色产业扶持政策，大力发展以草畜、中药材、冷凉蔬菜、文化旅游和劳务为主的脱贫主导产业，不断拓宽增收渠道。隆德县立足当地资源，宜农则农、宜林则林、宜牧则牧、宜商则商、宜游则游，通过扶持发展特色产业，实现就地脱贫。

一是培育壮大支柱产业。围绕草畜、中药材、冷凉蔬菜等支柱产业，突出发展草畜、药材、劳务三大支柱产业。建立以奖代补机制，鼓励有发展能力的贫困户发展增收产业。针对草畜产业，加大基础母畜引进扩繁和品种改良力度，建成县瘦肉型种猪繁育中心，自治区确定隆德县为优质瘦肉型猪基地县，动物防疫免疫率和耳标佩戴率均保持"双百"。针对药材产业，认真实施野生药材围栏工程，建成六盘山道地中药材种子种苗园和联财药材市场。充分发挥冷凉气候资源优势，大力发展花卉、中药材、草畜、薯豆等特色经济。

二是培育新型农业经营主体。隆德县立足补齐短板，促进乡村振兴，不断培育和发展新型农业经营主体。按照"产业兴旺、生态宜居、乡风文明、治理有效、生活富裕"的总要求，优化资金资源配置，加快解决农村空心化问题，不断缩小城乡差距，努力实现农业强、农村美、农民富目标。加快推进"四个一"示范带动工程，加快融合发展，产业结构进一步优化。创新"三带四联"产业带动模式，对单老户、双老户、兜底户等特殊困难贫困户，通过龙头企业、专业合作社和产业大户合作带动，形成"联业得薪金、联股得股金、联产得酬金、联营得租金"的利益联结方式，多种农业经营主体不断发展。

三是大力发展劳务产业。隆德县采取"企业订单、培训机构列单、培训对象选单、政府买单"机制，通过田间地头、工厂车间等各种场合开展实用技能培训。加大生态补偿脱贫力度，设立生态护林员和公益性岗位，实现生态效益和贫困户增收双赢。采取"政府投资+社会帮扶+企业自筹"和"村建、企用、乡管、县补"的模式，围绕"有土"和"离土"扶贫，充分利用废旧村室、学校等闲置资源，建成了人造花组装，小杂粮、食用油、食用醋生产和中药材加工等各类扶贫车间，通过"四送"，实现"四扶"，达到"四赢"，带动留守妇女、有基本劳动能力的残疾人等在"家门口"就业，实现了劳动力的充分就近就业。

四是大力发展文化旅游产业。隆德县以书画之乡、高原绿岛、红色之旅、丝路古城四种资源为依托，以"五个一工程"为抓手，推动文化旅游由资源优势向产业优势和经济优势转变。以六盘山红军长征景区、红崖老巷子等红色文化、民俗文化景点和高台马社火、书画、砖雕、泥塑、刺绣等非物质文化遗产为依托，结合生态文化旅游环线项目，大力发展旅游名村、旅游特色主题村落和旅游住宿设施等一系列特色旅游商品开发等建设工程，建成一批吃、住、行、游、购、娱功能齐全的特色乡村生态文化旅游景点，带动旅游项目沿线区域群众1万余人就业创收。

五是不断壮大村集体经济。隆德县把发展壮大村级集体经济作为破解农民增收"天花板"的重要手段，进一步夯实脱贫基础，以农村产权制度改革为抓手，探索出"股份合作、投资收益、服务创收"等多种村集体经济发展模式。

（三）多措并举，激发群众脱贫内生动力

隆德县在扶贫中，突出扶志扶智，不断拓宽社会帮扶路子。因户施策，扶贫先扶志。在帮扶过程中，关注和解决弱势群体眼前的具体

困难和问题，注重从思想上引导和教育，从精神上鼓励和鞭策，着力引导他们转变发展观念，鼓励自力更生，自主创业。在帮扶过程中，不仅局限于帮钱帮物，对那些有劳动能力而无致富门路的困难户更注重智力扶持，大力宣传脱贫富民政策，介绍致富门路和经验，鼓励自主创业。对于既缺劳力又无致富门路的困难户，更注重送技术、送信息、送门路、送项目进行"造血"。借助致富带头人、龙头企业及村集体经济等力量，采取托管、务工及技术支持等方式增收致富。在干部联户帮扶活动中，充分发挥各自信息、技术、人才等方面的优势，帮助联系村确立思路、制定规划、引进项目、培训实用技术。扶贫扶源，治穷更治本。扶贫中更注重从源头抓起，针对交通不便、基础条件差等现状，从改善基础条件入手，增强发展后劲，在金融扶持、技术帮助、优惠政策上向贫困户倾斜，不断提升他们发展的根本动力，努力提高综合素质，增强贫困人口的脱贫意识和自我发展能力。

通过与闽侯县的交流与合作，隆德县不断认识到，要实现真正的脱贫，必须提升当地的教育水平，加强健康医疗水平，推进文化事业的发展，不断丰富人们的精神文化生活。他们修建了新的教学楼，实施农村薄弱学校基础设施改造工程，大力培训乡村教师，提升教师队伍整体素质，努力办好人民满意教育。加快改善医疗服务，统筹城乡居民社会养老保险，新型农村合作医疗深入人心，农民群众积极参与；深入推进文化惠民，举办首届中国农民丰收节，开展各类群众文体活动，新建新华书店，开放运营"三馆"，推进村级公共文化基础设施全覆盖，让城乡居民精神文化生活更加丰富多彩；农村的人居环境质量不断改善，激发了农业农村发展活力，积极发展农业新业态新模式，让农民成为有吸引力的职业。

（四）精准识别，实现内部扶贫动态管理

以精准识别为基础，打好扶贫对象"精准战"。严格按照国家评

定标准，持续推进精准扶贫精准脱贫工作。一是严格识别退出程序。全面推进"五看十步法"，按照"户申请、两评议、一比对、两公示、一公告"的精准识别程序及"村民小组提名、村民代表评议公示、乡镇审核公示、县级复审公告、区市备案"程序和"445"责任人签字背书后精准退出，确保应纳尽纳、应退尽退。

二是坚持动态管理。建立有进有出的动态管理机制，分年度制订动态调整方案，将因病、因灾等致贫、返贫人员及时纳入建档立卡范畴，深入推进精准扶贫信息数据共享比对机制，定期核实比对，定期更新维护，确保扶贫路上不落一户，不少一人。

三是创新"4个10户"精准识别比对机制。通过精准摸排分析一般户中条件最差的10户、脱贫户中发展最好的10户、脱贫户中脱贫标准较低的10户和贫困户中条件最差的10户，尤其是对一般户中条件最差的10户和脱贫户中脱贫标准较低的10户，分类排序、跟踪监测、精准扶持，及时解决漏评、错退问题，有力推进了贫困人口的精细化管理、扶贫资源的精确化配置、贫困户的精准化扶持。

隆德县始终把扶贫开发作为全面建成小康社会的首要任务，坚持示范带动和机制创新，更加注重整体推进与精准到户，优先让最贫困农户得到发展项目和资金，率先让民族乡镇脱贫致富。全面提升村级基础设施，实现脱贫退出到户基础设施全覆盖、全达标。巩固提升"四个一"示范带动和"三带四联"帮扶成果，村集体经济实现全覆盖。在财税金融上，对人员经费实行了动态管理，确保了干部职工工资的正常发放和各级机构的正常运转，保证了重点支出。严格执行"三级审批""三榜公示""一卡到户"制度，实现了低保工作动态管理下的应保尽保。深化闽隆两地乡村交流协作，拓宽社会帮扶渠道，巩固大扶贫格局。实行教育扶贫、健康扶贫、特殊人群救助供养对象动态管理，新增公益性岗位880个，建立防止返贫机制。

（五）攥指成拳，凝聚外部社会扶贫力量

近年来，隆德县高度重视社会扶贫工作，采取多项措施，拓宽多种渠道，构建"党委领导、政府落实、部门实施、社会参与"的帮扶工作格局，有力地推动了全县脱贫攻坚工作。

突出靠实责任，认真落实帮扶工作机制。隆德县把脱贫攻坚作为第一民生工程，健全脱贫责任体系、政策体系、工作体系、监督体系，紧密团结各级社会力量，举全县之力，确保脱贫攻坚工作实效。

选优派强第一书记及驻村帮扶工作队队员。采取个人报名和组织推荐相结合的方式，按需选派，确保选得优、派得强。创新"321"干部联户包抓帮扶机制。统筹全县干部帮扶力量，制定县级干部包抓帮扶贫困户一般不少于3户，科级干部包抓帮扶贫困户一般不少于2户，其他干部包抓帮扶贫困户一般不少于1户的"321"干部联户包抓帮扶机制，实现了贫困户帮扶全覆盖。实行四大机关包乡、部门单位包村、干部职工包户责任制，建立起以政府投入为主导，企业和农户投入为主体，社会帮扶为补充的多元投入机制。

积极协调各方社会力量助力脱贫攻坚，深化闽隆两地乡村交流协作。隆德县利用闽宁协作和中央、区、市、县单位定点帮扶力量，建好闽隆对口帮扶平台，广泛动员社会各级组织，凝聚合力助力脱贫攻坚，构建了党政主体、部门协作、社会参与的大扶贫格局，如厦门大学、自治区水利厅、自治区银监局等各单位积极协调社会各方企事业单位、发展基金会、社会组织等各方力量为贫困户奉献爱心、出谋划策，致力全县脱贫攻坚工作。积极开展"三个一"联贫帮扶活动，闽宁对口协作帮扶，社会帮扶工作进一步扩大。国际计划、红十字会、中国扶贫基金会等项目顺利实施。深化医疗对口帮扶，推进分级诊疗、医疗控费，加大医技人员交流培训，大力发展"互联网+健康"远程诊疗，开设支气管镜检查等新技术，让城乡居民在家门口

享受优质廉价的医疗服务。

总之，隆德县脱贫攻坚成效的取得是在党的领导下、充分发挥社会主义的制度优势与中国共产党的政治优势、广泛动员社会各界力量参与的结果，是中国特色的扶贫开发道路的具体实践。在脱贫攻坚过程中，隆德县始终坚持内外结合，共筑合力，坚持顶层设计与地方创新相结合，坚持政府主导与多方参与相结合，坚持扶贫开发与社会保障相结合，坚持生产发展与生态保护相结合，坚持外部帮扶与自主脱贫相结合，从而取得了贫困治理的阶段性成效，留下了宝贵的精神财富和成功经验。

三、隆德县脱贫攻坚与乡村振兴的展望

在脱贫攻坚取得阶段性胜利之后，如何巩固脱贫成果、建立稳定脱贫长效机制，如何抓住时代发展契机，结合自身发展将脱贫攻坚与乡村振兴有机地衔接起来，建立一种可持续的联动机制是现阶段面临的重要现实问题。隆德县以习近平新时代中国特色社会主义思想为指导，认真贯彻落实党中央、国务院《关于打赢脱贫攻坚战三年行动指导意见》和《乡村振兴战略规划（2018—2020 年)》总体部署及区市乡村振兴实施方案，把实施乡村振兴战略作为新时代"三农"工作的总抓手，坚持摘帽不摘责任、摘帽不摘政策、摘帽不摘帮扶、摘帽不摘监管，持续推进脱贫富民战略，不断巩固脱贫成果，努力促进脱贫攻坚与乡村振兴战略有效衔接，确保如期实现全面建成小康社会目标。

（一）多措并举，巩固提升脱贫攻坚成果

在巩固脱贫攻坚成果方面，隆德县主要坚持了以下几个原则。

持续完善扶持机制，巩固脱贫成果。坚持把巩固提升脱贫成果放在首位，提升农村道路等级，强化水资源保障，提高农电网安全性和可靠性，提升农村教育、卫生信息化等公共服务水平；紧紧围绕草畜、中药材、冷凉蔬菜、乡村旅游等特色产业，优化区域布局、调整产业结构，走高端化、品牌化、差异化发展路子，提高特色产业组织化程度，延伸产业链条，把特色小产业打造成为脱贫富民的大产业，最大限度巩固脱贫成果，为推动乡村振兴战略奠定坚实基础。

持续实施创新驱动战略，实现产业兴旺。坚持以供给侧结构性改革为抓手，依托资源禀赋，创新驱动发展，积极推动以农村资源变资产、资金变股金、农民变股东为核心内容的土地股份制改革，实施特色产业升级、新型产业提速、全域旅游提档等工程，推进产加销融合发展，将产业发展融入经济活动。依托自然禀赋，大力实施旅游名村、农家乐、旅游住宿设施、旅游餐饮设施、旅游购物设施建设和特色旅游商品开发等工程，不断丰富产业类型，拓宽增收渠道，推动县域经济持续健康发展。

持续实施环境综合整治，实现生态宜居。坚持"绿水青山就是金山银山"的理念，以绿色发展为主导，统筹推进山水林田湖草综合治理工程，大力实施城乡绿化及水土流失治理工程，巩固提升农村基础设施和基本公共服务均等化水平，全面推行乡村环卫保洁网格化管理，推进卫生厕所建设，有效处理生活垃圾和污水，让村容更整洁美丽，不断提升群众幸福感和获得感。

持续实施精神文明建设，实现乡风文明。以加强社会公德、家庭美德、个人品德建设为重点，以新时代文明实践中心和"道德讲堂"等为载体，广泛运用广播电视、政府网站、微信公众号等多种媒体，开展形式多样的社会宣传，在全社会营造崇德向善的浓厚氛围，提振群众精气神。

持续实施乡村治理体系建设，实现有效治理。深入开展"三大三强""两个带头人"和"双评双定"等活动，全面落实农村"两委"联席会议"四议两公开"和村务监督等工作制度，大力整顿软弱涣散党组织；扎实推进扫黑除恶专项斗争，重点治理农村涉黑涉恶、聚众赌博、干扰破坏农村重点工程建设及公共服务设施建设等不良现象，严打"黄赌毒"及非法缠访、无理闹访行为，努力营造农村风清气正的和谐氛围，增强群众的安全感。

持续实施扶贫扶智，实现生活富裕。隆德县按照"扶贫既要富口袋，也要富脑袋"的要求，培育一批有文化、懂技术、会经营的专业化、职业化新型农民，开展诚信教育、家风培育、无访乡村创建等活动，教育引导群众依靠自己的双手自力更生，实现致富奔小康。

总之，隆德县坚持脱贫不脱责任、不脱政策、不脱帮扶、不脱监管，健全脱贫退出动态监测和防返贫长效机制，防止返贫和产生新的贫困。对已脱贫退出的贫困人口，要持续开展"回头看"，发现问题，及时整改；对游离于贫困线边缘的脱贫户，进一步落实政策、强化帮扶、激发动力、巩固提升；重视解决收入略高于建档立卡贫困户的群体缺乏政策支持的问题。按照《隆德县打赢脱贫攻坚战三年行动分工方案》的要求，实施好脱贫攻坚巩固提升项目，进一步完善和落实产业扶贫、就业扶贫、生态扶贫、金融扶贫、社会扶贫、电商扶贫、乡村旅游扶贫等政策，不断巩固教育扶贫、健康扶贫等成果，持续建好人造花、小杂粮加工、中药材深加工等特色扶贫车间，多渠道促进农民增收，有效防止返贫。

（二）聚焦"五个振兴"，做好乡村振兴有效衔接

党的十九大报告提出"实施乡村振兴战略"。中共中央、国务院和区市党委、政府分别出台了《关于实施乡村振兴战略的意见》和《乡村振兴战略规划（2018—2022年)》，隆德县委、县政府也制定下发了《关于实施乡村振兴战略的意见》。脱贫攻坚主要解决发展中的不平衡问题，乡村振兴主要是通过解决不充分来解决不平衡问题。脱

贫攻坚与乡村振兴并不是相互独立的，而是相融共进、相辅相成的一种关系。2018年9月，中共中央、国务院印发的《乡村振兴战略规划（2018—2022年）》中提出"推动脱贫攻坚与乡村振兴有机结合相互促进"。隆德县立足县情，充分认识实施乡村振兴战略的重大意义，把实施乡村振兴战略摆在突出位置，切实做好脱贫攻坚和乡村振兴战略的统筹衔接，认真谋划脱贫退出后的政策措施，全力推进乡村全面发展。

着力推进产业振兴富民。产业振兴，是乡村振兴的物质基础。习近平总书记指出："要推动乡村产业振兴，紧紧围绕发展现代农业，围绕农村一二三产业融合发展，构建乡村产业体系，实现产业兴旺，把产业发展落到促进农民增收上来，全力以赴消除农村贫困，推动乡村生活富裕。"乡村振兴的落脚点是农民生活富裕，而农民生活富裕的关键是农民增收。农民靠什么增收？就是靠发展、靠产业。隆德县紧紧围绕发展现代农业，紧盯草畜、中药材、冷凉蔬菜、乡村文化旅游等特色产业，加快构建和完善现代农业产业体系、生产体系和经营体系，加快农村一、二、三产业融合发展，实现产业兴旺，促进农民增收，推动乡村生活富裕。首先，实施农业生产能力提升行动。坚持市场导向，注重质量效益，鼓励支持企业、合作社推行标准化生产，市场化、品牌化运作，深加工、精包装一体化延伸，大力发展牛羊肉、中药材等精深加工业，健全冷凉蔬菜连片种植和冷链物流、市场营销体系，推动生产、加工、物流、服务相互融合，延长特色产业链，提升产业发展层次，增加农民经营性收入。其次，实施休闲农业和乡村文化旅游精品工程。用好"全国避暑休闲百佳县""全国休闲农业与乡村旅游示范县"的亮丽名片，优化旅游综合配套服务，推进农业与旅游、文化、康养、服务等产业深度融合、集聚发展，大力发展文化旅游、休闲旅游、体验旅游、康养旅游，吸引游客、留住游客，有力促进乡村文化旅游产业发展。最后，完善利益联结机制。推行"产业+扶贫+财政+金融"模式，完善信贷担保体系，健全各类产权抵押贷款机制，扩大信贷资金投放，引导金融资源向产业集聚，以金融助推产业发展。鼓励农民以土地、林权、资金、劳动等为纽带，依法组建农民专业合作社、联合社，培育壮大新型经营主体 20 家，加强多种形式的合作经营、联合经营。鼓励龙头企业通过合作制、股份制、股份合作制、租赁等形式，与农户、合作社、家庭农场建立利益联结关系，采取订单收购、股份合作、信贷担保、利润返还等办法，吸引农民参与产业发展、增收致富。

着力推进生态振兴宜居。生态振兴，是乡村振兴的重要支撑。习近平总书记指出："良好生态环境是最公平的公共产品，是最普惠的民生福祉。"环境就是民生，青山就是美丽，蓝天也是幸福，乡村振兴要坚持绿色发展，打造山清水秀的田园风光，建设生态宜居的人居环境。隆德县实施全域绿化行动。推进天然林资源保护、精准造林、生态修复、乡村绿化等生态重点工程，完成六盘山 400 毫米降水线精准造林、退耕还林、生态修复造林，全面加强林业有害生物防治、森林防火、征占用林地审批和护林员管理。实施生态富民行动。推进山水林田湖草系统治理工程，实现生态修复、资源利用、产业发展的综合效益。实施碧水蓝天净土行动。以岸线管控和水质保护为重点，实施甘渭河河道治理及流域生态修复项目，加快推进渝河八里至星火段等排污管网建设，实施张银水库等水源地环境保护专项行动，全面落实"河长制"，加大对河道乱排乱倒、非法采砂等行为整治力度，强化河流、库坝全域化、系统化、综合化保护和治理，持续改善水质。持续推进大气污染防治，加强高污染燃料禁燃区管控，建成运营天然气综合利用项目，加快淘汰老旧车辆，配备新能源公交车。加强农业面源污染防治，持续治理农田残膜、畜禽粪便污染，促进规模养殖场全部配套粪污资源化利用设施。

着力推进文化振兴铸魂。文化振兴，是乡村振兴的精神基础。乡村的物质文明和精神文明，要两手抓两手都要硬，否则，如果乡村文化衰败，不文明乱象滋生，即使一时产业兴旺，也难以获得持续长久的繁荣。隆德县注重加强农村思想道德建设，以社会主义核心价值观为引领，倡导科学文明健康的生活方式，传承和弘扬农村优秀传统文化，健全农村公共文化服务体系，培育文明乡风、良好家风、淳朴民风，促进农耕文明与现代文明有机结合，实现乡村文化振兴。首先，深入实施文化惠民工程。完善公共文化服务体系，丰富文化产品和服务供给，经常性开展文艺文化进乡村和群众喜闻乐见的文体活动，推动公共文化资源向乡村倾斜，积极创建国家公共文化服务体系示范区。办好"农民丰收节"，开展欢庆丰收、传承文化、振兴乡村等主题活动。充分利用文化大院、文化活动中心等阵地，鼓励支持群众自办文化，种好"文化庄稼"。其次，实施传统文化浸润工程。深入挖掘传统农耕文明蕴含的思想观念、人文精神、道德规范，赋予时代内涵，凝聚人心、教化群众、淳化民风。发掘、整理和保护红崖老巷子、梁堡传统村落等物质文化遗产，传承保护高台马社火、魏氏砖雕、杨氏泥彩塑等非物质文化遗产，支持传承人开展传承传播活动，激活乡土文化生命力。最后，实施农村精神文明建设示范工程。充分利用新时代农民讲习所和新时代文明实践中心主阵地，强化"一约四会"作用，加强社会主义核心价值观教育，深化家风乡风民风建设，开展民风建设示范村、移风易俗模范户等选树宣传活动，持续整治高额彩礼、拒不还贷等问题，创建一批文明村镇，弘扬主旋律和社会正能量。

着力推进人才振兴聚力。人才振兴是实现乡村振兴的必然出路，有了人才，乡村的产业发展、文化建设、生态建设、组织建设等才能有序展开，农村的各项改革才能有效推进，乡村全面振兴的目标才有可能实现。首先，实施新型职业农民培育工程，培养一批有文化、懂技术、善经营、会管理的新型职业农民。其次，实施"引凤还巢"工程。完善和落实市场准入、财税金融、资金扶持、用地用电、创业培训、社会保障、工作调动等优惠政策，吸引大中专毕业生、复退军人、农民工、返乡人员、致富带头人等各类人才到农村创新创业。再次，实施乡土人才培育计划。围绕特色产业，挖掘培育一批带动能力强、有一技之长的"土专家""田秀才"和农村经纪人、乡村工匠、文化能人、非遗传承人、农村电商人才，扶持他们创办科技和经济实体，推进农业科技进企入村下田。最后，鼓励社会人才投身乡村建设。发挥群团组织和各类协会人才聚集优势，推进"巾帼行动""青春建功"服务乡村振兴；鼓励党政干部、企业家、技能人才等，通过担任志愿者、捐资捐物、投资兴业、专业服务等方式参与乡村振兴，汇聚乡村振兴的强大人才力量。

着力推进组织振兴保障。组织振兴，是乡村振兴的保障条件。要以提升组织力为重点，突出政治功能，深入实施农村基层党建"6322"工程，严格落实"三会一课"、主题党日、发展党员、党费收缴、党员管理、组织生活会等制度，学习贯彻落实好《中国共产党农村基层组织工作条例》；开展农村基层党组织"三大三强"行动，推进"两个带头人"工程，加大投入力度，落实为民服务资金、村级办公经费、村干部报酬，加强村级组织活动场所建设，不断强化农村基层党建保障；加大培训力度，通过"走出去""请进来"相结合，着力提升村干部能力素质；加大选拔力度，注重从大学生村官、致富带头人、复退军人、乡镇干部中选优配强村党组织书记，培养锻炼村级后备干部，强化第一书记和村干部管理考核，切实加强村干部队伍建设，全面整顿农村软弱涣散党组织，把基层党组织建设成为乡村振兴的引领者、实践者和推动者；培育壮大农村致富带头人队伍，发挥"两个带头人"引领带动作用。深入开展"双评双定"活动，通过村党组织"评星定级"、党员"评星定格"，形成正向激励、反向监督。深入开展扫黑除恶专项斗争，严厉打击"村霸"和宗族恶势力与黑恶势力"保护伞"、坑农害农和危害农民人身安全及黄赌毒盗拐骗等违法犯罪行为，有效整治社会治安乱点，切实维护社会和谐稳定。持续深化农村承包地"三权分置"加监督改革、农村集体产权制度改革等改革任务，全面激活农村各类主体、要素和市场，切实增强农村发展新动能。认真总结发展村集体经济的经验和做法，进一步理清思路、找准路径、健全机制，加快培育、发展和壮大村集体经济，始终让村集体有明白账、村干部有付出账、老百姓有富裕账，推进农村经济更好发展、社会更加和谐稳定。

隆德县经过几十年的发展和近些年的脱贫攻坚，其经济、社会、文化、教育等事业均取得了显著的发展。脱贫攻坚和乡村振兴是我国为实现"两个一百年"奋斗目标的"中国梦"制定的国家战略。脱贫攻坚是决胜全面建成小康社会三大攻坚战之一，是立足第一个百年目标实现习近平总书记提出的"一个也不能少"的前提条件；乡村振兴是实现第二个百年奋斗目标的长远战略举措，包括贫困乡村在内共同实现振兴，才能把我国建成富强民主文明和谐美丽的社会主义现代化强国。我们相信，在不远的未来，在党中央的坚强领导下，隆德县一定能够在牢牢巩固和扩大脱贫攻坚成果的基础上，让这个西部县城实现真正的繁荣。隆德县作为中国千千万万个脱贫县的一个缩影，在脱贫攻坚的大潮中始终坚定前进的大方向，不断开拓进取，取得脱贫的决定性胜利，相信在未来也一定能够在乡村振兴的道路上高歌猛进，最终实现中华民族的伟大复兴。

在新时代，隆德县将认真学习贯彻党的十九届五中全会精神着力巩固拓展脱贫攻坚成果。对照习近平总书记关于脱贫攻坚的重要论述，把握全面建设社会主义现代化国家新形势，进一步提高站位，凝聚共识，整合力量，把脱贫攻坚工作不断引向深入。对标党的十九届五中全会精神，把握脱贫攻坚工作新任务，进一步认真找一找短板，摆一摆问题，查一查弱项，理清思路，制订措施，创新方法，精准发力，扎实推进。对标促进共同富裕目标任务，把握巩固拓展脱贫攻坚成果与乡村振兴相衔接新要求，进一步强化统筹，完善机制，深化拓展，狠抓落实。一方面，用乡村振兴的办法来巩固脱贫成果、防止返贫，全面推进乡村振兴，夯实发展基础，增强脱贫群众发展能力，对农村低收入人口搞好常态化帮扶。另一方面，要借鉴脱贫攻坚的办法推进乡村振兴，把脱贫攻坚形成的一套行之有效的办法经验移植过来，搞好领导体制、发展规划、政策投入、工作体系、考核机制等有效衔接，像抓脱贫攻坚一样抓乡村振兴。实现脱贫攻坚接续乡村振兴顺乎逻辑的演进发展，加快脱贫地区社会治理与现代化建设，努力推动新时代脱贫攻坚工作适应新形势，明确新任务，展现新作为，谱写新篇章。

后　记

脱贫攻坚是实现我们党第一个百年奋斗目标的标志性指标，是全面建成小康社会必须完成的硬任务。党的十八大以来，以习近平同志为核心的党中央把脱贫攻坚纳入"五位一体"总体布局和"四个全面"战略布局，摆到治国理政的突出位置，采取一系列具有原创性、独特性的重大举措，组织实施了人类历史上规模空前、力度最大、惠及人口最多的脱贫攻坚战。经过 8 年持续奋斗，现行标准下 9899 万农村贫困人口全部脱贫，832 个贫困县全部摘帽，12.8 万个贫困村全部出列，区域性整体贫困得到解决，完成了消除绝对贫困的艰巨任务，脱贫攻坚目标任务如期完成，困扰中华民族几千年的绝对贫困问题得到历史性解决，取得了令全世界刮目相看的重大胜利。

根据国务院扶贫办的安排，全国扶贫宣传教育中心从中西部 22 个省（区、市）和新疆生产建设兵团中选择河北省魏县、山西省岢岚县、内蒙古自治区科尔沁左翼后旗、吉林省镇赉县、黑龙江省望奎县、安徽省泗县、江西省石城县、河南省光山县、湖北省丹江口市、湖南省宜章县、广西壮族自治区百色市田阳区、海南省保亭县、重庆市石柱县、四川省仪陇县、四川省丹巴县、贵州省赤水市、贵州省黔西县、云南省西盟佤族自治县、云南省双江拉祜族佤族布朗族傣族自治县、西藏自治区朗县、陕西省镇安县、甘肃省成县、甘肃省平凉市崆峒区、青海省西宁市湟中区、青海省互助土族自治县、宁夏回族自治区隆德县、新疆维吾尔自治区尼勒克县、新疆维吾尔自治区泽普县、新疆生产建设兵团图木舒克市等 29 个县（市、区、旗），组织中国农业大学、华中科技大学、华中师范大学等高校开展贫困县脱贫摘帽研究，旨在深入总结习近平总书记关于扶贫工作的重要论述在贫困县的实践创新，全面评估脱贫攻坚对县域发展与县域治理产生的综合效应，为巩固拓展脱贫攻坚成果同乡村振兴有效衔接提供决策参考，具有重大的理论和实践意义。

脱贫摘帽不是终点，而是新生活、新奋斗的起点。脱贫攻坚目标任务完成后，"三农"工作重心实现向全面推进乡村振兴的历史性转移。我们要高举习近平新时代中国特色社会主义思想伟大旗帜，紧密团结在以习近平同志为核心的党中央周围，开拓创新，奋发进取，真抓实干，巩固拓展脱贫攻坚成果，全面推进乡村振兴，以优异成绩迎接党的二十大胜利召开。

由于时间仓促，加之编写水平有限，本书难免有不少疏漏之处，敬请广大读者批评指正！

本书编写组

责任编辑：邵永忠
封面设计：姚　菲
版式设计：王欢欢

图书在版编目（CIP）数据

隆德：基于社会治理同构的县域脱贫攻坚/全国扶贫宣传教育中心 组织编写.
　—北京：人民出版社，2022.10
（新时代中国县域脱贫攻坚案例研究丛书）
ISBN 978－7－01－024438－9

Ⅰ.①隆…　Ⅱ.①全…　Ⅲ.①扶贫-案例-宁夏　Ⅳ.①F127.43

中国版本图书馆 CIP 数据核字（2022）第 013436 号

隆德：基于社会治理同构的县域脱贫攻坚
LONGDE JIYU SHEHUI ZHILI TONGGOU DE XIANYU TUOPIN GONGJIAN

全国扶贫宣传教育中心　　组织编写

人民出版社 出版发行
（100706　北京市东城区隆福寺街 99 号）

北京盛通印刷股份有限公司印刷　新华书店经销

2022 年 10 月第 1 版　2022 年 10 月北京第 1 次印刷
开本：787 毫米×1092 毫米 1/16　印张：17
字数：230 千字

ISBN 978－7－01－024438－9　定价：48.00 元

邮购地址 100706　北京市东城区隆福寺街 99 号
人民东方图书销售中心　电话（010）65250042　65289539